大教育书系

让教育回归人性（升级版）

周国平 著

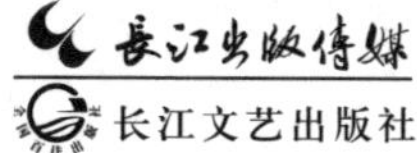

长江文艺出版社

图书在版编目（C I P）数据

让教育回归人性 ：升级版 / 周国平著. -- 武汉 ：
长江文艺出版社， 2021.6
（大教育书系）
ISBN 978-7-5702-1013-8

Ⅰ. ①让… Ⅱ. ①周… Ⅲ. ①教育－文集 Ⅳ.
①G4-53

中国版本图书馆 CIP 数据核字(2019)第 092518 号

让教育回归人性
RANG JIAOYU HUIGUI RENXING

责任编辑：秦文苑　　　　责任校对：毛　娟
封面设计：白砚川　　　　责任印制：邱　莉　　杨　帆

出版：长江出版传媒 | 长江文艺出版社
地址：武汉市雄楚大街 268 号　　　　邮编：430070
发行：长江文艺出版社
http://www.cjlap.com
印刷：武汉珞珈山学苑印刷有限公司

开本：720 毫米×970 毫米　　1/16　　印张：18.5　　插页：1 页
版次：2021 年 6 月第 1 版　　　　2021 年 6 月第 1 次印刷
字数：264 千字

定价：42.00 元

版权所有，盗版必究（举报电话：027—87679308　　87679310）
（图书出现印装问题，本社负责调换）

用大众立场看大家作品

——“大教育书系”序言

教育是世界上最特别最奇妙最千变万化的事情。

世界上任何变化，政治的、经济的、社会的、科技的……桩桩件件，都会发生蝴蝶效应，都会对教育产生这样那样的影响。所以，教育总在变化着。比如，计算机的出现，网络教学的流行，未来的课堂教学模式将发生根本的变革。当粉笔距离我们的讲台渐行渐远，未来的纸质书籍的阅读是否也会逐步让位于电子书籍？甚至，翻译机器可以完成基本的交流沟通时，语言教学是否也可能变得不再重要？这些已经发生的、即将发生的、可能发生的改变，让我们的明天变得不可预知。

同时，教育也是最坚韧最牢固最不会变化的事情。

万物改变迅捷，人性进化缓慢，教育因此万变不离其宗。所以，古今中外，人同此心，心同此理，人的身心发展的特点，人的学习与成长的过程，有着普遍规律可循。所以，无论我们读两千多年前的《论语》《学记》，还是读近百年来的杜威、苏霍姆林斯基，总觉得是那么亲切，离我们今天的教育是那么近。所以，我们只需稍稍去芜取精，就能将其中的绝大部分原理再度运用于教育教学实践，就会发现这些原理依然生命常青。也正是这个原因，百年来中外教育家的杰出著作，仍然活在当下，仍然对我们的教育具有重要的作用。

长江文艺出版社的这套“大教育书系”，正是围绕后者而努力。

最初看到“大教育书系”的选题策划，是在年初的湖北长江出版集团的选题论证会上。坦率地说，当时的感觉不是很好。认为主题不够突出，选择人物看不出逻辑，选择标准不够清晰，而且大部分书是重新出版。

后来长江文艺出版社总编尹志勇来信告诉我，其实，“大教育书系”有自己的主题和逻辑。之所以命名为“大教育”，首先是选择教育家的范围之大。书系将遴选从近代到当代的中外教育名家的代表性著作或新作，梳理中外现代教育的发展轨迹，并展示近一个世纪以来的教育所取得的成果。其次是读者群体之大。书系针对不同的读者群，主要有三个方向：一是针对中小学老师的教师培训，阐述现代教育理念，解决教育实践中面临的具体问题，培养优秀教师。二是针对父母的家庭教育，用现代的教育观念和手段影响父母，使父母成为教育体系中的重要且有效的环节，最终培育青少年健康成长与全面发展。三是针对中小学生以及学前儿童的学生教育，帮助学生提高学习效率，学会交往合作，学做现代公民。一句话，是用大众立场看大家作品。

至于选择的标准，他们提出了三条原则：一是作者具有足够影响力。所选作者应该是国内外被公认的教育名家，产生过广泛而深远的影响。比如陶行知、陈鹤琴、蒙台梭利等。二是突出实践性。所选作品能够深入浅出，具有可操作性，在作品风格方面，力求通俗化、大众化，做到理论与实践的有机统一。三是强调创新性。在遴选经典的同时，也推出当代在教育理论或实践方面有一定建树、观点新锐、富有探索精神且得到公众认可的作品。

所以，虽然我在作这序之时，尚无法看到书系的全貌，也无法估计书系的最终体量，但是能够感觉到出版方用心良苦，感觉到他们的宏大愿景。大浪淘沙，那些真正能够不断被人们捧起的书籍，总是有其强大的生命力的，总能冲破时间与空间的束缚到达我们的手中，抵达我们的心中。倘若教师、父母、孩子三方真正缔结为教育的同盟军，那时教育势必突破困局，得以成长壮大，成为现实生活中的真正大教育了。祝贺大教育书系诞生，更期盼现实大教育的来临。

是为序。

朱永新

目　录 | CONTENTS

第一辑

让教育回归人性

教育的七条箴言

何为教育？教育究竟何为？教育中最重要的原则是什么？古今中外的优秀头脑对此进行了许多思考，发表了许多言论。我发现，关于教育的最中肯、最精彩的话往往出自哲学家之口。专门的教育家和教育学家，倘若不同时拥有洞察人性的智慧，说出的话便容易局限于经验，或拘泥于心理学的细节，显得肤浅、琐细和平庸。现在我把我最欣赏的教育理念列举出来，共七点，不妨称之为教育的七条箴言。它们的确具有箴言的特征：直指事物的本质，既简明如神谕，又朴素如常识。可叹的是，人们迷失在事物的假象之中，宁愿相信各种艰深复杂的谬误，忘掉了简单的常识。然而，依然朴实的心灵一定会感到，这些箴言多么切中今日教育的弊病，我们的教育多么需要回到常识，回到教育之为教育的最基本的道理。

第一条箴言：教育即生长，生长就是目的，在生长之外别无目的。

这个论点由卢梭提出，而后杜威作了进一步阐发。“教育即生长”言简意赅地道出了教育的本义，就是要使每个人的天性和与生俱来的能力得到健康生长，而不是把外面的东西例如知识灌输进一个容器。苏格拉底早已指出，求知是每个人灵魂里固有的能力，当时的智者宣称他们能把灵魂里原本没有的知识灌输到灵魂里去，苏格拉底嘲笑道，好像他们能把视力放进瞎子的眼睛里去似的。懂得了“教育即生长”的道理，我们也就清楚了教育应该做什么事。比如说，智育是要发展好奇心和理性思考的能力，而不是灌输知识，德育是要鼓励崇高的精神追求，而不是灌输规范，美育是要培育丰富的灵魂，而不是灌输技艺。

“生长就是目的，在生长之外别无目的”，这是特别反对用狭隘的功利尺度衡量教育的。人们即使似乎承认了“教育即生长”，也一定要给生长设定一个外部的目的，比如将来适应社会、谋求职业、做出成就之类，仿佛不朝着这类目的努力，生长就没有了任何价值似的。用功利目标规范生长，结果必然是压制生长，实际上仍是否定了“教育即生长”。生长本身没有价值吗？一个天性得到健康发展的人难道不是既优秀又幸福的吗？就算用功利尺度——广阔的而非狭隘的——衡量，这样的人在社会上不是更有希望获得真正意义的成功吗？而从整个社会的状况来看，正如罗素所指出的，一个由本性优秀的男女所组成的社会，肯定会比相反的情形好得多。

第二条箴言：儿童不是尚未长成的大人，儿童期有其自身的内在价值。

用外部功利目的规范教育，无视生长本身的价值，一个最直接、最有害的结果就是否定儿童期的内在价值。把儿童看作“一个未来的存在”，一个尚未长成的大人，在“长大成人”之前似乎无甚价值，而教育的唯一目标是使儿童为未来的成人生活做好准备，这种错误观念由来已久，流传极广。“长大成人”的提法本身就荒唐透顶，仿佛在长大之前儿童不是人似的！蒙台梭利首先明确地批判这种观念，在确定儿童的人格价值的基础上建立了他的儿童教育理论。杜威也指出，儿童期生活有其内在的品质和意义，不可把它当作人生中一个未成熟阶段，只想让它快快地过去。

人生的各个阶段皆有其自身不可取代的价值，没有一个阶段仅仅是另一个阶段的准备。尤其儿童期，原是身心生长最重要的阶段，也应是人生中最幸福的时光，教育所能成就的最大功德是给孩子一个幸福而有意义的童年，以此为他们幸福而有意义的一生创造良好的基础。然而，今天的普遍情形是，整个成人世界纷纷把自己渺小的功利目标强加给孩子，驱赶他们到功利战场上拼搏。我担心，在他们未来的人生中，在若干年后的社会上，童年价值被野蛮剥夺的恶果不知会以怎样可怕的方式显现出来。

第三条箴言：教育的目的是让学生摆脱现实的奴役，而非适应现实。

这是西塞罗的名言。今天的情形恰好相反，教育正在全力做一件事，就是以适应现实为目标塑造学生。人在社会上生活，当然有适应现实的必要，但这不该是教育的主要目的。蒙田说：学习不是为了适应外界，而是为了丰富自己。孔子也主张，学习是“为己”而非“为人”的事情。古往今来的哲人都强调，学习是为了发展个人内在的精神能力，从而在外部现实面前获得自由。当然，这只是一种内在自由，但是，正是凭借这种内在自由，这种独立人格和独立思考能力，那些优秀的灵魂和头脑对于改变人类社会的现实发生了伟大的作用。教育就应该为促进内在自由、产生优秀的灵魂和头脑创造条件。如果只是适应现实，要教育做什么！

第四条箴言：最重要的教育原则是不要爱惜时间，要浪费时间。

这句话出自卢梭之口，由我们今天的许多耳朵听来，简直是谬论。然而，卢梭自有他的道理。如果说教育即生长，那么，教育的使命就应该是为生长提供最好的环境。什么是最好的环境？第一是自由时间，第二是好的老师。在希腊文中，学校一词的意思就是闲暇。在希腊人看来，学生必须有充裕的时间体验和沉思，才能自由地发展其心智能力。卢梭为其惊世骇俗之论辩护说：“误用光阴比虚掷光阴损失更大，教育错了的儿童比未受教育的儿童离智慧更远。”今天许多家长和老师唯恐孩子虚度光阴，驱迫着他们做无穷的功课，不给他们留出一点儿玩耍的时间，自以为这就是尽了做家长和老师的责任。卢梭却问你：什么叫虚度？快乐不算什么吗？整日跳跑不算什么吗？如果满足天性的要求就算虚度，那就让他们虚度好了。

到了大学阶段，自由时间就更重要了。依我之见，可以没有好老师，不可没有自由时间。说到底，一切教育都是自我教育，一切学习都是自学。就精神能力的生长而言，更是如此。我赞成约翰·亨利的看法：对于受过基础教育的聪明学生来说，大学里不妨既无老师也不考试，任他们在图书馆里自由地涉猎。我要和萧伯纳一起叹息：全世界的书架上摆满了精神的美味佳肴，可是学生们却被迫去啃那些毫无营养的乏味的教科书。

第五条箴言：忘记了课堂上所学的一切，剩下的才是教育。

我最早在爱因斯坦的文章中看到这句话，是他未指名引用的一句俏皮话。

随后我发现，它很可能脱胎于怀特海的一段论述，大意是：抛开了教科书和听课笔记，忘记了为考试背的细节，剩下的东西才有价值。

知识的细节是很容易忘记的，一旦需要它们，又是很容易在书中查到的。所以，把精力放在记住知识的细节，既吃力又无价值。假定你把课堂上所学的这些东西全忘记了，如果结果是什么也没有剩下，那就意味着你是白受了教育。

那个应该剩下的配称为教育的东西，用怀特海的话说，就是完全渗透入你的身心的原理，一种智力活动的习惯，一种充满学问和想象力的生活方式，用爱因斯坦的话说，就是独立思考和判断的总体能力。按照我的理解，通俗地说，一个人从此成了不可救药的思想者、学者，不管今后从事什么职业，再也改不掉学习、思考、研究的习惯和爱好了，方可承认他是受过了大学教育。

第六条箴言：大学应是大师云集之地，让青年在大师的熏陶下生长。

教育的真谛不是传授知识，而是培育智力活动的习惯、独立思考的能力等，这些智力上的素质显然是不可像知识那样传授的，培育的唯一途径是受具有这样素质的人——不妨笼统地称之为大师——的熏陶。大师在两个地方，一是在图书馆的书架上，另一便是在大学里，大学应该是活着的大师云集的地方。正如怀特海所说：大学存在的理由是，拥有一批充满想象力地探索知识的学者，使学生在智力发展上受其影响，在成熟的智慧和追求生命的热情之间架起桥梁，否则大学就不必存在。

林语堂有一个更形象的说法：理想大学应是一班不凡人格的吃饭所，这里碰见一位牛顿，那里碰见一位佛罗特，东屋住了一位罗素，西屋住了一位拉斯基，前院是惠定宇的书房，后院是戴东原的住房。他强调："吃饭所"不是比方，这些大师除吃饭外，对学校绝无义务，学校送薪俸请他们住在校园里，使学生得以与其交游接触，受其熏陶。比如牛津、剑桥的大教授，抽着烟斗闲谈人生和学问，学生的素质就这样被烟熏了出来。

今天的大学争相标榜所谓世界一流大学，还拟订了种种硬指标。其实，事情本来很简单：最硬的指标是教师，一个大学拥有一批心灵高贵、头脑智慧的一流学者，它就是一流大学。否则，校舍再大，楼房再气派，设备再先进，全都白搭。

第七条箴言：教师应该把学生看作目的而不是手段。

这是罗素为正确的师生关系规定的原则。他指出，一个理想教师的必备品质是爱他的学生，而爱的可靠征兆就是具有博大的父母本能，如同父母感觉到自己的孩子是目的一样，感觉到学生是目的。他强调：教师爱学生应该甚于爱国家和教会。针对今日的情况，我要补充一句：更应该甚于爱金钱和名利。今日一些教师恰恰是以名利为唯一目的，明目张胆地把学生当作获取名利的手段。

教师个人是否爱学生，取决于这个教师的品德。要使学校中多数教师把学生看作目的而不是手段，则必须建立以学生为目的的教育体制。把学生当作手段的行径之所以大量得逞，重要原因是教师权力过大，手握决定学生升级毕业之大权。所以，我赞同爱因斯坦的建议：给教师使用强制措施的权力应该尽可能少，使学生对其尊敬的唯一来源是他的人性和理智品质。与此相应，便是扩大学生尤其研究生的权利，在教学大纲许可的范围内，可以自由选择老师和课程，可以改换门庭，另就高明。考核教师也应主要看其是否得到学生的爱戴，而非是否得到行政部门的青睐。像现在这样，教师有本事活动到大笔科研经费，就有多招学生的权利，就有让学生替自己打工的权力，否则就受气，甚至被剥夺带学生的权利，在这种体制下，焉有学生不沦为手段之理。

2007 年 3 月

向教育争自由

逝世前一个月，正值母校苏黎世工业大学成立一百周年，爱因斯坦应约为之写纪念文章。在文章中，他没有为母校捧场，反而是以亲身经历批评了学校教育体制的不合理。他回忆说，入学以后，他很快发现自己不具备做一个“好学生”所需要的一切特性，诸如专心于功课，遵守课堂纪律，认真记笔记和做作业，等等。因此，他便始终满足于做一个有中等成绩的学生，而把主要精力放在自己真正感兴趣的东西上，“以极大的热忱在家里向理论物理学的大师们学习”。

他接着回忆说，毕业以后，他感到极大幸福的是在专利局找到了一份实际工作，而不是留在学院里从事研究。“因为学院生活会把一个年轻人置于这样一种被动的地位：不得不去写大量科学论文——结果是趋于浅薄。”他在专利局一干就是七八年，业余时间埋头于自己的爱好，这正是他一生中“最富于创造性活动”的时期。

据我所知，爱因斯坦的经历绝非例外。不论在科学领域，还是在哲学、文学、艺术领域，几乎所有的天才人物在学校读书时都不是“好学生”，都有过与当时的教育制度做斗争的经历。可以毫不夸张地说，他们的成材史就是摆脱学校教育之束缚而争得自主学习的自由的历史。

爱因斯坦在晚年时异常关心教育问题，我认为可以把这看作这位伟人留给我们的最重要的精神遗嘱。他不是那种拘于某个特定领域的科学工作者，而是一个对精神事物有着广泛兴趣和深刻理解的大思想家。他十分清楚，从事任何精神创造的基本因素是什么，因而教育应该为此提供怎样的条件。在他的有关论述中，我特别注意到两个概念。一是“神圣的好奇心”，即探究未知事物的强烈兴趣，以及在这探究中所获得的喜悦和满足感。另一是“内在的自由”，即不受权力和社会偏见的限制，也不受未经审察的常规和习惯的羁绊，而能进行独立的思考。如果说前者是每个健康孩子都有的心理品质，那么，后者是要靠天赋加上努力才能获得的能力。在一切伟大的精神创造者身上，都鲜明地存在着这两种特质。这两种特质的保护或培养都有赖于外在的自由。因此，学校教育的主要使命就是提供一个自由的环境，对两者都予以鼓励，最低限度是不要去扼杀它们。遗憾的是事实恰好相反，以至于爱因斯坦感叹道：“现代的教育方法竟然还没有把研究问题的神圣好奇心完全扼杀掉，真可以说是一个奇迹。”

今天，现行教育体制的弊病已经引起了社会的广泛注意。但是，完全可以预料，由于种种原因，情况的真正改变将是一个极其漫长的过程。在这个过程中，一代代的学生仍然会不同程度地身受其害。有鉴于此，我想特别对学生们说：你们手中毕竟掌握着一定的主动权，既然在这种有弊病的教育体制下依然产生出了许多杰出人物，那么，你们同样也是有可能把所受的损害减少到最低限度的。为了做到这一点，就必须像爱因斯坦那样，要善于向现行教育争自由，不要去做各门功课皆优的“好学生”，而要做一个能够按照自己的兴趣安排学习计划的“自我教育者”。在我看来，一个人在大学阶段培养起了自主学习的兴趣和能力，找到了真正吸引自己的学科方向和问题领域，他的大学教育就可以说是出色地完成了，这一收获必将使他终身受益。至于课堂知识，包括顶着素质教育的名义灌输的课本之外的知识，实在不必太认真看待。为了明白这个道理，你们不妨仔细琢磨一下爱因斯坦引用的一个调皮蛋给教育所下的定义：“如果你忘记了在学校里学到的一切，那么所剩下的就是教育。”

2001 年 6 月

教育小论

1

在任何一种教育体制下，都存在着学生资质差异的问题。合理的教育体制应该向不同资质的学生都提供相应的机会。

所谓“天才教育”的结果多半不是把一个普通资质的人培养成了天才，而是把他扭曲成了一个高不成、低不就的畸形儿。

教育不可能制造天才，却可能扼杀天才。因此，天才对教育唯一可说的话是第欧根尼的那句名言：“不要挡住我的阳光。”

2

一切教育都可以归结为自我教育。学历和课堂知识均是暂时的，自我教育的能力却是一笔终身财富。经验证明，一个人最终是否成才，往往不取决于学历的长短和课堂知识的多少，而取决于是否善于自我教育。

3

天赋平常的人能否成才，在很大程度上取决于所处的具体教育环境，学校能够培养出也能够毁灭掉一个中等之才。天才却是不受某个具体教育环境限制的，因为他本质上是自己培育自己。当然，天才也可能被扼杀，但扼杀他的只能是时代或大的社会环境。

4

真实的、不可遏止的兴趣是天赋的可靠标志。

5

一个人的天赋素质是原初的、基本的东西，后天的环境和教育都是以之为基础发生作用的。对于一个天赋素质好的人来说，即使环境和教育是贫乏的，他仍能从中汲取适合于他的养料，从而结出丰硕的果实。

6

把你在课堂上和书本上学到的知识都忘记了，你还剩下什么？——这个问题是对智力素质的一个检验。

把你在社会上得到的地位、权力、财产、名声都拿走了，你还剩下什么？——这个问题是对心灵素质的一个检验。

7

我们衡量教育，不应该用狭隘的功利尺度，而应该用广阔的人性尺度和人生尺度。

人性尺度是指：教育应使每个人的天性和与生俱来的能力得到健康生长，而不是强迫儿童和青年接受外来的东西。

人生尺度是指：教育应使受教育者现在的生活就是幸福而有意义的，并以此为幸福而有意义的一生创造良好的基础。看教育是否成功，就看它是拓展了还是缩减了受教育者的人生可能性。与幸福而有意义的人生这个目标相比，获得一个好职业之类的目标显得何其可怜。

8

是到全民向教育提问的时候了。中国现行教育的弊病有目共睹，有什么理由继续忍受？可以毫不夸张地说，在今日中国，教育是最落后的领域，它剥夺孩子的童年，扼杀少年人的求知欲，阻碍青年人的独立思考，它的所作所为正是教育的反面。改变无疑是艰难的，牵涉到体制、教师、教材各个方面。但是，前提是澄清教育的理念，弄清楚一个问题：教育究竟何为？

教育小语

1. 幼儿教育体现文明程度

幼儿园入园难、入园贵是一个经久不衰的热门话题。幼儿教育是人一生教育的起点，其重要性不必多说。大家讨论的结论也很明确、很一致，就是必须让幼儿园重归公益定位，政府负起责任来，大力开办公立幼儿园和扶植民办幼儿园。当然，这需要钱。谁都知道，政府不差钱，拿一些出来办幼儿教育绝非难事，就看想不想了。

在任何一个文明国家，孩子的教育和福利都是最受重视的。这很自然，你是一个文明人，你在管理国家的时候，一是有人性的，必定会爱孩子，要让孩子拥有幸福的童年；二是有眼光的，知道孩子身上寄托着国家的未来，要让孩子受到良好的教育。从政府对幼儿教育是否重视，最能看出一个国家的文明程度。

2. 不可割断孩子与自然的联系

孩子天然地亲近自然，亲近自然中的一切生命。孩子自己就是自然，就是自然中的一个生命。

然而，今天的孩子真是可怜。一方面，他们从小远离自然，在他们的生活环境里，自然最多只剩下了一点儿残片。另一方面，他们所处的文化环境也是非自然的，从小被电子游戏、太空动漫、教辅之类的产品包围，天性中的自然也遭到了封杀。

我们正在从内外两个方面割断孩子与自然的联系，剥夺他们的童年。他们迟早会报复我们的！

3. 不做无趣之人

人活世上，一定要有好奇心，对世界有探究的兴趣，对人生有体验的兴趣，也一定要有自己特别的兴趣之所在，有自己真正喜欢做的事情，这样才会活得有意思，你和他相处才会觉得有意思。一个对什么都没有兴趣的人，他的生活是无趣的，他作为一个人在别人眼中也是无趣的。

4. 智慧照亮知识

怀特海说：一个仅仅见多识广的人是世上最无用而讨厌的人。这也正是我的感觉。有一种人，无论在私人聚会，还是在公共场合，对任何话题都能滔滔不绝，仿佛无所不知，可是你听了会这么想：他虽然见多识广，但毫无见识。唯有智慧才能赋予知识以生命，使之成为见识。换句话说，智慧是光源，而知识是被照亮的东西。没有智慧，知识只是散落在黑暗中的碎片，散落了一地也白搭。

5. 肚子、脑子和心灵

对于饥饿者，肚子最重要，脑子不得不为肚子服务。吃饱了，肚子最不重要，脑子就应该为心灵工作了。人生在世，首先必须解决生存问题，生存问题基本解决了，精神价值就应该成为主要目标。如果仍盯着肚子以及肚子的延伸，脑子只围着钱财转动，正表明缺少了人之为人的最重要的“器官”——心灵，因此枉为了人。

民族也是如此。其情形当然比个人复杂，因为面对的是全体人民的生存问题，而如何保证其公平的解决，一开始就必须贯穿民主、正义、人权等精神价值的指导。

6. 能力的两个层次

人的能力有两个层次。第一个层次是智力的一般品质，即是否养成了智力活动的兴趣和习惯，是否爱动脑子和善动脑子。第二个层次是个体的特殊禀赋，由基因或者说先天的生理心理特性所决定，因之而具备在某个特定领域发展的潜在优势。前者好，后者才会显示出来，这是铁的规律，一个智力迟钝的人是永远不可能发现自己有什么特殊禀赋的。首先让自己的一般智力品质发育得好，在此基础上找到最适合自己特殊禀赋的领域，使自己最好的能力得到最好的运用和发展，我称之为事业。

7. 什么是知识分子

一个人仅仅有了大学本科或研究生学历，或者有了某个领域的知识，他还不能算是知识分子。依我之见，一个人唯有真正品尝到了智力生活的快乐，从此热爱智力生活，养成智力活动的习惯，一辈子也改不掉了，让他不学习不思考他就难受，这样的人才叫知识分子。

8. 今日作文教学的弊病

小学和中学都有语文课，语文课上都教学生写作文。是为了培养作家吗？当然不是，绝大多数学生将来是从事其他各种不同职业的。在基础教育阶段之所以都要学习写作，目的不在写作本身，而是为了培养真实感受、独立思考和诚实表达的能力，这种能力是一个人整体文化素质的基础和不可缺少的组成部分。今日学校里作文教学有两大弊病。第一是造假，诱导甚至逼迫学生伪造符合意识形态导向的经历和感受。第二是媚俗，鼓励甚至要求学生用搜集来的华丽词句——所谓好词好句——表达那些伪造的经历和感受。无论内容，还是形式，都是假的、空的、千人一面的，以此败坏了学生真实感受、独立思考和诚实表达的能力，恰恰起了相反的作用。

让教育回归常识，回归人性

——曹保印《聆听教育的真声音》序

近年来，媒体报道过大大小小发生在学生身上的悲剧性事件。这些事件既是触目惊心的，又是发人深省的。然而，由触目惊心到发人深省，还必须听者有心。曹保印就是这样一个有心人。在本书中，他选择了相当数量的典型个案，从教育的角度对之进行认真分析。正如他所警告的，倘若人们仅仅把这些事件当作“新闻”看待，过眼即忘，不予重视，就难保自己的孩子有一天不会成为这类“新闻”中的主角。为了我们的孩子，是到全社会关注教育的时候了。

中国现行教育的弊端有目共睹，事实上已成为民众受害最烈、怨声最多的领域之一，引起了越来越多有识之士的忧思。根本的症结当然是在体制上，举其大者，一是教育资源分配不公和市场化名义下的高收费、乱收费，导致大量贫困家庭子女实际上被剥夺受教育的权利；二是应试教育变本加厉；三是教育目标和过程的急功近利。在这三种因素交互作用下，滋生了种种教育腐败现象。体制问题的解决，一方面要靠民意充分表达，另一方面要靠政府痛下决心。自今年两会召开以来，我们在这两个方面都看到了一些积极的迹象。

但是，体制的改革非一日之功，我们不能坐等其完成。我们应看到，即使在现行体制下，老师和家长仍拥有相对的自由，可以为自己的学生和孩子创造一个尽可能好的小环境，把大环境对他们的危害缩小到最低程度。当然，这就要求老师和家长站得足够高，对于现行体制的弊端有清醒的认识，对于教育的理念有正确的理解。可以想象，这样的老师和家长多了，不但其学生和孩子受益，而且本身就能成为促进体制变革的重要力量。说到底，有什么样的人民，就有什么样的制度。

事实上，发生在学生身上的悲剧，虽可追根溯源到体制的弊端，但基本上都有小环境的直接导因。比如说，现在学生自杀事件频繁而且呈低龄化趋势，其中有一大部分学生的老师或家长难辞其咎。在本书所分析的个案中，就有多起初中学生因为不堪教师的虐待和羞辱而自杀的事例，有的学生在遗书中明言，自杀是为了以死证明他的老师没有资格做老师。因为学习成绩不好或未完成作业，家长对孩子体罚，逼死甚至打死孩子，这样的事情也时有发生。死亡事件只是冰山一角，不知还有多少孩子生活在极端非人性的小环境中，身心遭受着严重摧残，我为所有这些孩子感到悲伤和愤怒。

当然，最后仍无法回避体制的问题，因为在现行应试教育和急功近利的体制下，中国孩子的成长环境在总体上就是非人性的，普遍承受着与年龄极不相称的功课负担和功利期待，其恶果是童年被无情地剥夺，人性遭到扭曲。本书所分析的对生命冷漠和残忍、为小事自杀或杀人、校园暴力等事例说明，相当一部分孩子在人性上存在着缺陷。这些事例也只是冰山一角，今日孩子们的心理问题一定是很普遍的，在非人性的总体环境中仍能生长出健全的人性，这只能是幸运的例外。

教育的基本道理并不复杂，其主要使命就是提供一个良好的环境，使受教育者所固有的人性特质得到健康的生长，成为人性健全的人。毫无疑问，一个人唯有人性健全才可能真正幸福，也才可能真正优秀。毫无疑问，一个由这样的人组成的社会才能够是一个真正和谐和生机勃勃的社会。如同作者所说，这本来是一个常识，我们所需要做的只是听从常识的指引，实践这个常识。令人震惊的是，我们的教育在做着与常识相反的事情，这么多的家长和老师在做着与常识相反的事情，而大家似乎都停不下来，被一种莫名的力量推着继续朝前走。当此之际，我愿借本书呼吁：本书所涉及和未涉及的无数悲剧事件早已敲响警钟，应该结束这种大规模的愚昧了，让教育回归常识，回归人性，回归教育之为教育。也许，我们还来得及。

2006 年 4 月

教育的目的

一、教育的理念

1. 哲学与教育

今天很高兴和来自浙江名校的校长和老师们进行交流，交流的题目是《教育的目的》。其实你们都是专家，我完全是业余的，是一个外行，没有当过老师，更没有当过校长。我看教育的角度有两个。一个我是家长，我的孩子在上初中二年级，那么从她小时候起，家里的教育也很重要，我两年前出过一本书，叫《宝贝，宝贝》，其中很多内容是讲我怎么看待对子女的教育的，我想家庭教育和学校教育的基本道理是一样的。另一个角度是，我是研究哲学的，哲学就成为我看教育的一个角度。

事实上，历史上许多哲学家都很重视和关注教育，西方的哲学家，比如柏拉图、洛克、卢梭、杜威、怀特海，他们都有关于教育的专著或言论，而且都相当精彩。我是研究尼采的，尼采对教育也有很精彩的见解。我翻译了一本他早期的著作，叫《我们教育机构的未来》，最近出版了，这本书以前没有汉译本，尼采在里面对当时的德国教育做了批判，非常深刻，着重批判的是教育功利化的倾向，对于我们今天也很有现实意义。

哲学家关注教育完全是题中应有之义，是理所当然的。哲学所讨论的问题，从人生哲学来说，就是人应该怎么生活，什么样的生活才是好的生活，那么教育真正要让受教育者懂得的也就是这个道理，人应该过什么样的生活，具备过好的生活的目标和能力。哲学和教育是相通的，做人的道理和育人的道理是相通的，所以我对自己子女的教育也好，或者让我一般地来谈一谈教育问题也好，我就有一个根本的出发点，就是人生中什么东西是值得珍惜和追求的，那么我就应该让我的孩子得到这个东西，教育就应该让受教育者得到这个东西，我认为这就是教育的目的。

人生中最值得珍惜和追求的是什么？人生的目标应该是什么？我想来想去无非是两样东西。第一是优秀，人活在世界上应该做一个优秀的人，所谓优秀就是人所具有的那些禀赋能够得到很好的生长，包括身体的健康，当然更重要的是人之为人的属性，人的精神禀赋得到很好的生长。第二是幸福，其实幸福和优秀是相通的，幸福的一个最重要内涵是享受人的高级属性，享受精神的快乐，所以这些精神属性必须生长得好你才能真正幸福。幸福是一种能力，一个人并不是想幸福就能幸福的，你必须有好的素质，才能享受精神层面的幸福，你素质差，精神层面的幸福就和你无缘。所以，我看教育的目标基本上是两个尺度，用人性的尺度看就是优秀，要成为人性意义上优秀的人，让受教育者的精神禀赋得到很好的生长；用人生的尺度看就是幸福，让受教育者具备幸福的能力，有一个幸福的人生。

这是我的一个基本出发点，教育的目标就是人性的优秀和人生的幸福，二者的关键都在于精神禀赋的良好生长。

2. 教育就是生长

在哲学家的教育观点中，我想特别谈一下教育就是生长，这是我特别欣赏的一个观点。教育就是生长，生长本身就是目的，这个观点首先是法国哲学家卢梭提出的，后来美国哲学家杜威加以阐释和发展。这个观点强调的是只要生长得好，教育就是成功的，并不是在生长之外还另有一个标准、一个目的，或者说要朝着某个目标去生长。不要给生长另外设定一个目标，比如说将来能够适应社会，能够谋取一个好的职业，能够做出成就，你给生长设定了这样一个功利性的目标，这本身就是对生长的压制和扭曲，实际上已经不是真正把生长本身当作目的了。

有的人可能会说，孩子总是要走向社会的，所以你就要对他走入社会以后能不能适应社会、能不能成功负责。我说对的，但是什么样的孩子在走入社会以后真正能在社会上发挥好的作用？当然是生长得好的孩子，也就是素质优秀的人。适应社会不应该是被动的，古罗马哲学家西塞罗说，教育的目的是要让受教育者摆脱现实的奴役，而不是单纯的适应现实。一个素质优秀的人对于现实不是被动地适应，而是能够做出积极的反应，从而改变现实。如果只是适应现实，要教育做什么？

说到优秀与成功的关系，我们可以比较一下两种模式。一种是按照优秀的目标培养学生，如果这个目标实现了，这个学生在德智体各方面都生长得很好，他在走入社会以后，你说他成功的机会大不大？而且这个成功不仅仅是谋得一个好的职业，不是这种表面的、狭隘的成功，而会是真正对社会有所贡献，是真正意义上的成功。相反，如果把功利性的成功设定为目标，就像现在这样，把应试、升学、就业放在首位，势必会压制真正的生长，结果只能培养出平庸的人，将来即使成功也是那种低层次的成功。

这是从个人的成功来说。从社会的效果来说，我们可以用社会的尺度来衡量教育是否成功，但是这个社会的尺度应该是广阔的，不应该是狭隘的，不应该是纯粹功利性的。我相信罗素的判断，他说一个社会如果是由本性优秀的男女组成的，这样的社会肯定比相反的情形要好。如果我们以优秀和幸福为教育的目标，培养出的是整体素质优秀、充满幸福感受的男女，那么，在这样的男女成为社会的基本成员以后，人和人之间的关系一定是积极的、和谐的，社会本身的品质一定是好的。我们这样来看教育的社会效果，才真正是对社会负责，对孩子的将来负责。

根据教育就是生长这个观点，我们可以引申出一个很重要的观点，就是人生的各个阶段，每个阶段本身都有不可取代的价值，没有一个阶段仅仅是为了下一个阶段做准备的。现在很流行的却是，幼儿园是为小学做准备，所以孩子在幼儿园里就要认许多字，甚至要学英语，小学是为小升初做准备，初中为升高中做准备，高中为升大学做准备，总之每个阶段好像都没有自身的价值，教育的目的不是把这个阶段的价值也实现出来，仅仅是为后面的阶段做准备。这样的观点和做法，真的是扼杀了很多宝贵的东西，扼杀了每个阶段自身的价值。

对于这个问题，杜威曾经谈到过，他指出教育是生活的过程，而不是将来生活的准备。讲得最清楚的是教育家蒙台梭利，他说对于儿童期有两种不同的观点。一种观点是把儿童看作没有长成的大人，我们要帮助他长大成人。“长大成人”这个说法本身就很荒唐，难道儿童不是人吗？这实际上就是认为儿童期本身是没有价值的，如果说有价值，其全部价值就是为成人阶段做准备，做这个准备就成了教育的唯一目标。另一种观点就是蒙台梭利和杜威所主张的，认为儿童期本身具有极重要的价值，是一个人身心生长最迅速、最活跃的阶段，这个价值是以后任何一个阶段都不能代替的。所以，教育的目标就是实现这个价值，使孩子的身心健康生长，有一个幸福而有意义的童年，以此为他整个人生的幸福而有意义创造一个良好的开端，打下一个坚实的基础。事实上，看一个孩子将来能不能幸福，现在就可以有一个初步的判断，如果他现在不幸福，现在的生长受到挫折，整天疲于应付功课和考试，没有玩的时间，内心很压抑，童年的这种痛苦是会留下阴影的，他以后的幸福就有问题。

我们看一看中国教育的现状，真的很令人忧虑。从幼儿园开始，包括整个基础教育阶段，目标很狭隘，就是应试和升学，用这个目标规划了孩子的全部学校生活，甚至放学回家以后的生活。最后，学生的头脑里塞满了为考试而背诵的知识，心里充满了升学和谋生的焦虑，对人之为人的幸福越来越陌生，离人性意义上的优秀越来越遥远，我们理应问一下：这还是教育吗？成人世界把自己渺小的功利目标强加在孩子的头上，把他们驱赶到升学和就业的战场去拼搏，使得很多的孩子事实上没有了童年，起码没有一个快乐的童年。这种做法的后果，我们现在也许还看不出来，但是，在孩子们将来的人生中，在他们长大以后组成的社会的状况中，这种童年价值被野蛮剥夺的恶果真不知道会以怎样可怕的方式显现出来！

二、从智、情、德三方面谈教育的目的

教育就是生长，教育的目的是要生长得好，成为人性意义上优秀的人，并且因此具备幸福的能力，这是一个基本出发点。那么，教育要使人的哪些品质生长得好呢？当然，从身体来说，是要健康，这个我今天不说，我只说精神品质的生长。人的精神属性可以相对地分成三个方面。第一是智力，就

是头脑，理性，认识能力。第二是情感，就是感受能力，也可以说就是心灵生活。第三是意志，按照康德的说法，就是支配自己行为的能力，人不只是受本能的支配，更受道德的支配，有崇高的精神追求，这是人和动物的区别之所在。用儒家的语言来说，就是义，正义的义。这三个方面，就对应于我们经常讲的三种主要的精神价值，头脑追求的是真，情感追求的是美，道德追求的是善。从教育来说，也对应于三种主要的教育，就是智育、美育和德育。我认为，智育的目的是自由的头脑，美育的目的是丰富的心灵，德育的目的是善良、高贵的灵魂。下面我分三个方面来讲，因为学校教育的主要工作是智力教育，所以重点讲智育。

1. 智育的目的：自由的头脑

智育的目的是培育自由的头脑，而不只是灌输知识。我始终认为，最重要的智力品质是两个东西。第一是好奇心，就是对世界、事物和知识充满着兴趣，有强烈的求知欲望。第二是独立思考的能力，就是对自己感兴趣的问题，一定要用自己的头脑想明白，对一切现有的说法要追问它的根据，去得出自己的结论。在初级和基础教育阶段，好奇心的保护和鼓励尤其重要。孩子理性开始觉醒的时候，好奇心是最活跃的，这个时候如果受到压制和挫伤，后果就会很严重。兴趣是学习的内在动力，学习有没有成效，首先取决于有没有兴趣。如果一个学生对学习始终没有兴趣，我觉得他基本上是没有希望了。

爱因斯坦回忆他对科学发生兴趣的经历，最早是在 5 岁的时候，他父亲送给他一个指南针，他玩的时候很惊讶，我的手并没有碰那根针，为什么它会动，总是回到同一个方向。他说当时他就产生了一个感觉，觉得事物内部藏着一个秘密，等待他去找出来。这种感觉实际上就是一种科学探索的冲动。第二个契机是 13 岁的时候，学平面几何，那些证明题，他又感到非常惊奇，在图形上看不出来的关系，但是你可以很精确地证明出来。我学平面几何的时候也是这个感觉，上中学的时候，我最喜欢的功课是数学，解几何题让我非常入迷，我觉得不完全是逻辑思维，里面也有一种理性的直觉，这个东西真的有魅力。

好奇心这么重要，但是正如爱因斯坦所说的，它是一棵脆弱的嫩苗，很容易被扼杀掉，他说我们的教育竟然没有把它完全扼杀掉，这简直是一个奇迹。其实欧洲的教育体制是比较注重兴趣和独立思考的，但是这确实是一个难题，不要说我们这种应试主导的教育体制，凡是体制性的、机构性的教育，都面临着这个难题，就是在有统一教材和方案的情况下，如何保护好奇心，尽可能少地损害不同个人的禀赋和兴趣。像爱因斯坦这样的天才是任何教育体制都压不住的，能够冲破任何体制的束缚自学成才。但是一般学生就不是这样了，体制的伤害可能是致命的。我们现在的应试体制就是这样，我觉得至少有两点是必须改变也可以改变的。第一是功课太重。我的孩子在上初中，功课负担已经很重了，每天放学回家要花近两个小时做作业，做完作业就该睡觉了，根本没有多余时间来发展自己的兴趣。其实，作业中有很大部分是没有多少智力含量的简单劳动，完全可以精简。所以，第二就要改变教学内容和方法，提高功课的智力含量，让学生对功课本身也有兴趣。一方面功课本身是让人有兴趣的，另一方面在功课之外有余暇发展自己的兴趣，这才是好的智力教育。

英国哲学家怀特海有一本书叫作《教育的目的》，和我今天的讲题是相同的，我建议你们看一看，非常棒。书中谈到一点，就是从儿童一开始接受教育起，就应该让他们体验到智力活动的快乐。最应该让孩子们在学习中得到的东西，就是好奇心的激发和满足，求知和思考的乐趣。让学生在受教育的过程中，品尝到智力活动本身的快乐，从此养成智力活动的习惯，这才是智育的主要目标，也是判断智力教育成功与否的主要标准。

具体地说，智力教育的重点是培养学生的两个能力，一个是快乐学习的能力，学习本身就是快乐，喜欢学习；另一个是自主学习的能力，不但喜欢学习，而且能够根据自己的兴趣安排自己的学习。这一点到大学更加重要，大学基本应该是自学，但底子是在中学里打下的，如果在中学阶段已经具备了一定的自学能力，到大学里就自由了，就能真正按照自己的目标来学习了。这两个能力真的是一笔终生的财富，人是要一辈子学习的，不必说小学、中学和大学本科，就是你研究生毕业了，那也只是一个开头，以后就靠你自己了。如果你在学校里没有养成这两种能力的话，出了校门，你的学习就停止了，就那么一点儿东西，那一点儿东西往往也都忘记了，不会有什么长进的。相反，如果在学校里养成了这两个能力，喜欢学习，并且能够自主学习，这样的学生将来一定能够找到他最擅长的领域，会有自己真正的事业，他的成功会是有质量的，而这就会成为他的人生幸福的一个重要方面。

2. 美育的目的：丰富的心灵

美育的目的是培育丰富的心灵，而不只是训练技艺，比如弹琴、画画之类。现在很多家长让孩子学这些，目的非常功利，就是为了以后多一条出路，或者是小升初、上高中有一个特长生证书，这都扭曲了美育的本义。人不但有认识能力，而且有感受能力，美育是要让你的感受能力得到很好的生长，让心灵变得丰富。

我说教育最后的目的是优秀和幸福，那么感受能力对于优秀和幸福都很重要。从优秀来说，人的感受能力，包括直觉、想象力、感觉的敏感度、内心体验的丰富度，是人的创造力的重要源泉。不必说人文和艺术领域，即使你是从事哲学或科学研究的，也不能仅仅靠理性思维，如果直觉能力和感受能力不好，是不会有多大成就的。从幸福来说，一个人感受能力好，心灵丰富，就是在自己身上有了一个快乐的源泉。一个心灵丰富的人是不怕独处的，他自己一个人待着也是享受。有的人是很怕自己一个人待着的，其实很可怜，连自己都不喜欢自己。一个人应该喜欢自己，这个自己是丰富的，你就会喜欢，所以要让自己丰富起来。

怎么样让自己丰富起来？阅读是最主要的途径。中学阶段是培养阅读习惯和品位的最关键时期，我回忆自己，就是从中学开始对课外阅读产生强烈兴趣的，读了很多课外书。我提出一个概念，叫作青春期的阅读，青春期的孩子一旦爱上了书籍，阅读就真的有一种恋爱的感觉，纯粹而又陶醉，那种幸福感不亚于真正的谈恋爱。一个人在中学阶段有没有这个经历，会影响到一生。那些品尝过青春期阅读的快乐的学生，我相信他们就会从此养成读书的习惯，因为他们绝不愿意放弃那种快乐，相反，没有品尝过这种快乐的人，错过了那个阶段，再也没有机会体验这种纯粹、陶醉的阅读了，就有可能成为一个一辈子不读书的人。所以，一定要给孩子们的课外阅读留出时间，如果让他们疲于应付功课，完全没有时间读课外书，这个损失对他们来说也许是无法弥补的。

的确有很多人走出校门以后基本上不读书了，最多读一些畅销书或者实用类的书，没有严格意义上的阅读，这是很可悲的，人生的幸福少了一大块。人类创造了许多物质财富，包括科技的成果，电脑和手机越来越先进，我们都愿意去享受，但是人类还创造了这么多精神财富，它们主要的保存方式就是书籍，我们不去享受就太可惜了。对今天的青少年来说，这是一个严重的问题，新媒体的诱惑力太大，随时手机上网，看八卦，看快餐小说，聊天，如果有课余时间也都被占用了。我认为这只是在享用物质性的科技成果，不是在享用精神财富。也许没有什么好办法，只能引导，我相信好的书籍的魅力无穷，关键是要创造条件让他们感受到这个魅力，他们自己会做出比较的。

要让心灵丰富起来，还有一个重要途径是写作。我说的是那种为自己的写作，就是珍惜自己的经历，自己在经历中的感受和思考，如实地把它们记录和保存下来。这实际上就是写日记。如果说阅读是把人类创造的精神财富占为己有，那么，写日记就是把自己的外部经历变成内在财富。一个养成了写日记的习惯的人，他会感觉自己的人生是完整的，自己的心灵是完整的。最好是从小就养成这个习惯，我自己是上小学就开始写的，从高一开始几乎天天写。从中学到大学，其实我只有两门主课，一个是读课外书，一个是写日记，课内的东西都不是我的主课。我特别提倡中学生写日记，而且不要对付，要很认真地写。不过，这需要时间，所以同样的问题发生了，现在的中学生既没有时间读课外书，也没有时间认真地写日记。和他们比，我真的觉得我们当年要幸福得多。

3. 德育的目的：善良、高贵的灵魂

德育的目的是培育善良、高贵的灵魂，而不应该停留在规范的灌输上，甚至是意识形态的灌输上。要抓住道德的根本，道德教育在根本上是灵魂教育。

三、学校和教师的使命

如果说教育就是生长，那么，学校的使命就是为生长提供一个良好的环

境。这个良好的环境，我认为主要是两个方面。第一个方面是自由时间。要给学生留出足够的自由时间，可以发展自己的个性和兴趣。现在的应试教育，基本上把学生的全部时间都占了，学生完全没有自己可支配的时间，这对生长是最不利的。在应试教育的大环境里，学校和老师也没有办法，但我想总还可以尽量为孩子们创造一个比较好的小环境，要站在他们这一边，帮助他们向这个应试体制争自由。

第二个方面是好的老师。学校要为学生的生长提供好的环境，对于学生来说，最经常、最直接的环境是什么？就是教师。所以，我一直认为，衡量一个学校是不是好学校，不看硬件设备如何，名气多大，就看有没有好的校长和老师。什么样的算是好老师？我强调两条。第一，我们要让学生在智力、情感和道德上都生长得好，那么老师自己首先应该是这样的人，具备优良的精神素质，是智力活泼、心灵丰富、灵魂高贵的人。老师对学生不只是通过上课传授一些知识，最重要的影响是老师自己的素质和行为对学生的熏陶。你看很多伟人和优秀人物，他们往往会回忆学生时代某个老师对他的影响，心智优秀的老师对学生的影响是一辈子的，永远不会忘记。所以，真正重视素质教育，对老师的要求一定是更高的。怀特海说过，大学教育的核心问题是要有一批心灵高贵、智力活跃的老师，由他们去影响学生。这样的老师会在学生周围形成一个磁场，在无形中发生作用，使他们对美好的心智生活心向往之，影响到他们的人生观和价值观。

另外一条就是要爱学生，就像英国哲学家罗素说的，身为教师必须有博大的父母本能，把学生都当作自己的孩子，把学生看作目的而不是手段，一切都是为了学生。

我认识北京的一位中学校长，从他身上，我看到了在今天这个应试体制下，一个有良知、有识见的好校长会怎么做，应该怎么做。一方面，他对这个体制的弊端有清醒的认识，并且在老师和学生面前也不讳言，要他们保持警惕。他对全校老师说：在今天这个社会，最大的弱势群体其实是被考试和作业夺去了无数黑夜与白天的孩子们，我们虽然无法破解体制造成的这个困局，但是一定不要盲从和追风。他对全校学生说：你们是压力和年龄不匹配的一代人，从小升初开始就辗转于各种班的痛苦，父母的无助，学校的无力，一路走来，紧张、焦虑、茫然、无所适从，刚到十八岁已是一身沧桑了！他向他们规劝和呼吁：考不上理想大学算什么，不要把人看得太简单和渺小，只要你保有自我选择的勇气，就有一线生机让自己不成为众多的别人。孩子们，我们要一起合作！我看了他在校内不同场合的讲话稿，这样的内容很多，非常坦诚，用意是帮助学生在无法改变的应试体制面前保持内在的自由。

另一方面，在教育实践中，他的目标是最大限度地减轻应试体制的危害，为学生拓宽外在的自由。他要求老师尽可能智慧地工作，少占用学生的时间，说这是为孩子们其实也是为自己找回属于人的基本权利。这个话说得非常好，其实怀特海也说过类似的话，他说高明的老师是什么样的？就是善于清楚地确定学生必须精确掌握的知识，这样就不必勉强学生在次要的东西上花费大量精力了。当然，关键在于老师有没有这个水平。事实上，在应试体制下追风是最省力的，要抵御它的弊端就非常艰难，既需要勇气，也需要真本事。这位校长采取了许多措施，比如分数不排名，以减弱应试上的竞争。这样做的结果，学校在高考成绩上也许会稍受影响，其实成绩也不差，只是比某些全力应试的学校略微差一点，但是他说，他无意和那些顶级名校攀比，而是立足于人的全面教育，如果要在名气和明亮之间选择，他毫不犹豫地选择后者，全力打造一所照亮学生内心的学校。

我相信，他所做的是一个好校长在今天这个体制下所能做得最好的事，而这样的事，你们都可以做。

现场互动选摘

问：记得您曾经说过，教育种种弊端的症结在于高考，因此主张废除高考，采取自主招生的方式，现在这已经开始，可是教育的弊端并没有得到根本的改善，那么您是否会重新审视当时的判断？

答：我的看法没有变，仍然认为高考是现行教育体制弊端的症结。当然，高考不是孤立的问题。所谓高考就是全国统一命题，统一评分，按照分数录取学生，这种方式其实已经实行几十年了，最早是从苏联学来的。我在60年代的时候也经历过高考，可是为什么以前没有现在千军万马过独木桥、从小学开始就为之奋斗这样的情况？现在出现这样的情况，是和另两个弊端有关的。第一就是十几年来学校类型的单一化，职业学校萎缩，要解决就业问题就必须上大学，上大学成了解决就业问题的唯一途径，这就逼迫所有的孩子都必须走这条路了。这样一来，大学供不应求，于是就扩招，但是事实证明，这不但不能解决就业问题，就业反而更难了。其实原因很简单，就是社会需求量最大的职业人才断档，而大批大学生实际上既非精英人才，也非职业人才，成了多余的人。所以，必须调整教育结构，大力发展职业学校，大学不但不应该扩招，而且应该缩招，回归培养精英人才的本位。这就是说，要改变高考是就业独木桥的现状。第二个弊端，就是90年代后期以来教育资源的严重不平衡，以及在这个基础上的所谓教育产业化，实际上围绕高考已经形成了一个产业链，许多个利益集团。从小学开始，围绕着小升初、初升高和最后的高考，现在高考也不是最后了，考研也纳入了，各种课外班、补习班、教辅等，加上名校、重点学校的择校费，所有这些都是利用了家长们怕孩子在独木桥上掉队的心理。所以，必须改变教育资源严重不平衡的状况，那些资源优良的学校，至少要禁止它们办课外班和收择校费，让教育回归公益事业。高考最主要的弊端，第一是独木桥，第二是统一命题和判分，分数至上，一考定终身。如果废除了高考，那些靠押题取胜的各种班也就没有市场了，那些靠应试走红的所谓高考能校也就没有优势了。现在部分高校在搞一些自主招生的试验，但比例很小，只是非常小的改良，总体格局没有变。我认为最后的方向还是要像欧洲的大学那样，以自主招生为主，取消决定命运的全国统一考试。有人说自主招生有腐败怎么办，我说很好办，用法律来解决，健全法律、依法惩罚就是了。

问：我有一个小一点的问题。您谈到高贵的灵魂，我想问这高贵的灵魂是先天就有的，还是教育出来的？

答：我认为种子是先天的，发芽、开花、结果是后天的过程，与教育有关。就是孟子的说法，人有四端：恻隐之心，仁之端也；羞恶之心，义之端也；恭敬之心，礼之端也；是非之心，智之端也。仁义礼智是精神品德，这些品德在人性中都有萌芽，或者说种子，就是先天的同情心、羞耻心，等等。

问：先天的种子是平等的，还是本来就有高贵和低贱之分呢？

答：也许不能用高低贵贱来说，那是一种社会的评价。但是我相信种子的品质是有区别的，后天的表现可能是向善或向恶的倾向，也可能是能量的大小，成大善大恶还是成小善小恶。从小生活环境相近，但精神生长悬殊，这是常见的现象，佛教用轮回来解释，我觉得有一定道理。

问：有三个没想到。第一个没想到哲学家也平易近人。第二个没想到我们的周教授还如此年轻，富有活力，你用恋爱的心情读书、写作，不仅女同志崇拜，也是我们男同胞的榜样。第三个没想到，你讲到教育的目的是优秀和幸福，和我的观点有类似之处，非常惊喜。关于教育的核心价值观，我提出一个概念，叫作幸福力的提升，包括四个方面，就是幸福的感受力、创造力、享受力和亲和力。我不是研究哲学和教育的专家，想请周老师评价或纠正我的意见。

答：我觉得我没有资格来评判和修正。（掌声）把幸福作为教育的核心价值观，细节还可以斟酌，我认为方向是对的。

问：我们反对说教式的意识形态教育，但是也不能回避人是有社会属性的，您说道德教育的目标是善良、高贵的灵魂，这和我们现在讲的社会道德包括公民教育是什么关系？

答：道德教育应该以人性为基础，公民教育同样如此。人性不是抽象的，一个同情心，一个做人的尊严，这两个东西丝毫不抽象。亚当·斯密说，最基本的社会道德有两个，第一是正义，第二是仁慈，而这两者都是建立在同情心基础上的。做人的尊严，自尊并且尊重他人，也是现代社会中公民觉悟的一个基础，有尊严观念才会有诚信，才会自觉地遵守公共规则。所以，我认为这里面不存在矛盾。

问：请教周老师三个问题。一、灵魂是不是人和动物都拥有的？二、是不是每个人都有灵魂？三、灵魂的哲学解释和通俗解释有什么不同？

答：这是一个很好的问题，三个问题是一致的，就算一个问题了。灵魂这个概念的确有不同的用法。佛教讲轮回，轮回的主体不一定是灵魂，但也和灵魂差不多。六道轮回，主要在人和动物之间轮回，在这个意义上，动物也是有灵魂的，所以佛教主张善待动物，不可杀生。我从哲学角度讲的灵魂，是指精神追求，人不但要生存，而且要生存得有意义，是一种对意义的追求。

这个意义上的灵魂，动物是没有的，动物只有生命的知觉，对环境的简单认知，没有达到精神的层次。基督教讲的灵魂，是指来自天国又回到天国的一种不死的精神实体，这个意义上的灵魂也是动物没有的。有没有不死的灵魂，我不知道，既不能证明也不能否定，有这个可能性。我的态度是宁信其有，相信它存在对人生是有好处的。按照灵魂不死这样的假设来生活，你就会更加看重灵魂的修炼和提高，把它放在物质生活之上，你的人生会更有格调。

（举行此讲座的时间地点：2012 年 3 月 28 日杭州师大继续教育学院，地点在北京京师大厦。）

漫谈教育

我本来是想，今天我不讲，主要用对话的方式，跟你们交流，这样更有意思。现在让我讲，我就先简单地说一些。大家看到这里放着我的一本新书，叫《宝贝，宝贝》，这本书是写我的女儿从出生到上小学这一段时间，我对她的生长的观察，包括智力和情感的生长，我的观察，我的感受，我的思考，是这样的一本书。在这本书里，贯穿了我对教育的看法，我就谈谈我对教育的看法。

我知道锡山中学是江苏的名校，你们是很幸运的，有一个懂人性、懂教育的教育家当校长，这在今天应试教育的大环境中不可多得。刚才在开会之前，唐校长告诉我，你们学校的座右铭是“大爱无疆，大智有道”，这两句话很精彩，把人性中最珍贵的东西，也就是教育最应该发扬的东西，很准确地点出来了。我的讲话也可以说是对这两句话的体会。

我没有当过老师，但是作为一个父亲，也承担着教育孩子的任务。当我教育孩子的时候，我应该看重什么？我就问自己，对于我自己，我最看重的是什么，我认为人生中最值得追求和珍惜的是什么，那个东西也就是我教育孩子的时候应该看重的东西。那么我想，无非是两个东西，一个是生命，一个是精神，从生命来说应该幸福，从精神来说应该优秀。所以，我教育孩子，目标应该是让她幸福和优秀。怎样才是优秀呢，就是有大爱和大智，爱和智是人必须具备的两个精神品质。从智来说，就是要有自由的头脑，有活泼的智力生活。从爱来说，就是要有真挚的情感，有丰富的心灵生活。同学们现在在上学，你们在学习的过程中，最要培育的就是智和爱的良好品质，成为智力优秀、情感饱满的人。

关于智力教育，我想强调一点，就是真正的智力教育并不是灌输一些知识，而是要让人的智力品质得到良好的生长。人的最重要的智力品质，一个是好奇心，对世界、对事物、对知识充满兴趣，研究学问也好，做事情也好，这是内在的动力，这个动力要足够强大，才会有成就。另一个是独立思考的能力，你有了好奇心，对某个问题有了兴趣，就要自己去寻找答案。这两个东西合起来说，就是从事智力活动的兴趣和能力。我看一个学生在智力教育上是否合格，就看他是不是具备了这个兴趣和能力。

一个人热爱智力生活，动脑筋本身就给他带来了极大的快乐，他对一个问题发生了兴趣，就把解决这个问题本身当作目的，沉浸在其中，别无所求，我觉得这是特别可贵的品性，我相信各个领域真正做出成就的都是这样的人。近代以来，欧洲就有许多这样的人，所以各个领域出了很多大师。我最近看到一个报道，俄罗斯数学家佩雷尔曼，他破解了庞加莱猜想，是一千年来数学界公认最难解的七个题目之一，就把成果公布在互联网上了。他不是发表在专业学术刊物上，不是拿去评奖，而是放到互联网上，让所有感兴趣的人共享。他从破解难题的过程中得到了最大的快乐，别的都无所谓了。事实上，2006 年世界数学家大会授予他菲尔兹奖，相当于数学界的诺贝尔奖，最近克莱数学研究所授予他 100 万美元大奖，美国和俄国的大学争相用高薪聘请他，他都一概拒绝了。他对名利毫无兴趣，生活上极其简朴，陪老母租住在彼得堡的二居室里，他的屋子里只有一个桌子、一个凳子、一张床，坍陷的床垫还是老房客留下的。这样的人真是完全生活在精神世界里的，是科学领域里的圣徒。很遗憾，我们中国从近代以来没有出过真正的大师，有世界影响的大师，原因在什么地方？就是太功利，缺少以智力生活本身为最大快乐的人，缺少热爱智力生活这样一个氛围。

结合到学校里的教育，我觉得学生在受教育期间，最应该培养的是两个能力，一个是快乐学习的能力，另一个是自主学习的能力。学习本身就是快乐的，同时要做学习的主人，学会自己来安排自己的学习。简单地说，就是爱上学习，学会学习。人是一辈子要学习的，学校学习是为一辈子的学习打基础，这个基础就是喜欢学习并且具备了自学的能力。作为学生来说，你们只有在学校里做了自己学习的主人，将来才会有自己真正的事业，才能是自己事业的主人。知识分子是拥有智力活动的兴趣和习惯的人，如果一个人走出校门之后，他再也不学习了，再也不动脑筋了，就是过日子了，他就是一个庸人，他不是知识分子。

怎样算是做学习的主人，爱因斯坦是最好的例子。他去世前一个月的时候，应约写了一篇文章，纪念母校成立九十周年。他上的是瑞士的苏黎世理工大学，他不像某些人，一写纪念文章就吹捧母校，而是批评母校。他说当年入学的时候，我马上发现我不可能成为一个好学生，因为成为一个好学生就意味着上课要认真听讲，要认真做作业，要应付考试，要写规定的论文，他说我做不到，所以就下决心满足于做一个中等成绩的学生，把时间节省下来，在自己家里向理论物理学的大师们学习。他事实上就是这么做的，上课就对付一下，大量的时间自学。毕业的时候，他也没有留校，其实当时最好的出路是留校，可以搞研究，但是因为他对功课只是应付，他的导师不喜欢他，就没留成。后来他说，幸亏没有留校，因为留校就意味着要参加评职称，为此必须写那些符合规定的论文，结果我就会变得平庸。你们要知道，现在我们的大学里，评职称也是很重要的事情，关系到一个人的前途，结果的确产生了许多平庸的论文和平庸的学者。爱因斯坦毕业以后干什么呢？他找不到工作，想做代课老师，登了一个广告，他一辈子就登过这一个广告，广告上说他毕业于什么学校，现在想做家庭教师，结果也没有人聘请他。最后通过他一个朋友介绍，在一个专利局当了一个普通的公务员，一干就是八年，处理一些杂务。但恰恰就在这段时间里，他用业余时间搞他的理论物理学，有了一系列重大发现，最著名的是狭义相对论，成了顶级大师，牛顿以后最伟大的物理学家。1905 年被称为是爱因斯坦年，有趣的是这个时候的爱因斯坦不是专业物理学家，而是一个公务员。当然他是天才，我们没法和他比，但是做自己学习的主人这一点适用于每一个学生，你可以尽你的天赋之所能做得最好。

我上面讲的实际上就是大智有道，智力教育要从大处着眼，抓住根本，这个根本就是培养智力活动的兴趣、习惯和能力。用爱因斯坦的话来说，就是培养内在的自由，你有一个自由的头脑，具备独立思考的能力。这样的智力教育才是大器的，才是大智有道，而不是停留于具体的专业知识和职业技能。

下面我讲大爱无疆，就是情感教育、心灵教育。我们通常所说的美育，从对象来说是美的教育，要学会欣赏自然的美、文化的美、艺术的美，从主体来说就是爱的教育，亦即情感教育、心灵教育，要有丰富的心灵，有广大而深刻的情感体验。爱还有一个含义，就是人与人之间的同情心，属于德育的范畴，我今天不讲。这么说来，的确是大爱无疆，情感生活的领域无比辽阔，有大爱的人爱人生，爱世界，爱一切众生。

那么一个人怎么样才能有丰富的心灵生活呢？根据我的经验，我觉得有两种习惯对我帮助特别大，一个是写日记，一个是博览群书。你们看我为孩子写了这么厚的一本书，在我出版的书里，这本书是字数最多的。如果光是凭记忆的话，我肯定写不出来，我是根据我的日记写的。我一直有写日记的习惯，孩子出生以后，我的日记就很自然地围绕她来写了。我始终认为，一个人的生活经历是最宝贵的财富，而且这是一笔仅仅属于你的财富。不管经历的是快乐还是痛苦，顺利也好，挫折也好，遇到的人或喜欢，或厌恶，这些都会掀起你内心的波澜，如果你是一个有心人，它们都可以成为你的财富，而写日记就是把外在经历转化成内在财富的一个方法。通过写日记，你反思你的经历，以经历为素材，你去认识世界和感悟人生。

从中学到大学，我的主课可以说只是两门课，一门是看课外书，一门就是写日记，我写日记可认真了，每天背了书包到阅览室里，拿出日记本，一写就是两三个小时，一写就是好几页。很可惜，后来都烧掉了。那是“文化大革命”的时候，有两个原因。一个是学校里抄家成风，很多同学的日记被抄出来，写成大字报公布，扣上反动学生的帽子，在大字报前面批斗。如果我的日记被抄出来，一定是反动日记，那时候有独立思考就是反动，你没法说理。另一个原因是我最好的朋友郭世英自杀了，也可能是被害，我特别绝望，我的日记里写了许多我们交往的情况，那时候我觉得生活没意思了，人生到此为止了，我用日记为他殉葬，抱着这样的心情，我把日记全烧掉了。后来后悔啊，多少次痛哭，哭我的人生中最美好的时光，我的青少年时代就这样消失了，没有留下任何文字。不过，后来我忍不住又开始写，一直到现在，写日记的习惯保留下来了。

面对中学生，我总是劝你们养成写日记的习惯，写私密的日记，不是作为作文，就给你自己看，也不要给父母看，锁起来。写作最重要的是要有真情实感，面对自己的情感要诚实，对于我来说，这种诚实就是通过写日记培养出来的。我后来成了一个作家，写了很多东西，但是我自己最珍惜的仍然是我为自己写的这些日记，它们是最真实的。成了作家以后，面向社会，面向读者，就有可能变得不诚实。尽管我非常警惕，但是我看自己的作品，真的觉得是在退步啊，这令我惭愧。

另一点是养成读书的习惯，这也是让自己心灵丰富的重要途径。尤其是今天，互联网非常发达，特别要强调这一点。我估计你们中也有染上网瘾的人，有吗？但愿很少。现在很多人上网，无非是做几个事情。一个是看八卦新闻，你看这么多八卦新闻有什么用啊，某某明星怎么样了，和你有什么关系，对你的生活起什么作用啊，看了以后你的精神能生长得好一点吗？不管上网也好，读书也好，你要有一个标准，就是对你的精神生长有没有益处，能不能带来精神上的愉悦。如果只是消遣，有些谈资，人家说的时候你也能插上一嘴，这有什么意思啊，浅薄得很。

还有就是玩游戏，或者聊天，我觉得完全是浪费时间，很可悲的。现在人人都有手机、电脑，我经常在飞机和火车上看到，西装革履的人，带着一个笔记本电脑，打开来忙碌着。我心中很佩服，这个人真是抓紧时间，在旅途上还学习和工作，可是悄悄一看，原来是在玩游戏，或者看无聊电影。我出门是不带电脑的，觉得太重，就背一个小包，里面放几张纸，随时想到什么就记下来，还有就是一两本书。你看欧洲，那里的人哪怕是乘地铁，普遍的就是拿着一本书，在那里安静地看。在国外的公共场所，阅读真是一道风景。你到公园里，看见长椅上坐着一个姑娘，安静地看书，多美啊！我们中国人在公共场所干什么？现在到国外旅游的人越来越多了，等候飞机的时候，聚在一起打扑克牌，或者大声喧哗，那个时候，我感到无地自容啊，为自己是中国人惭愧。

我希望从你们开始，不再有这种情况，不给中国人丢脸，要为中国人争光。那么，从在学校里开始，就要养成读书的爱好。每个人喜欢读什么书，是与个性和兴趣有关的，不可能一律，但是品位一定要高，一定要读好书。

好，我就说到这里。

现场互动选摘

问：周伯伯好。以前在我的印象里面，讲座是一件很无聊的事，但是，听了您的讲座之后，感觉这个机会对于我非常宝贵，因为它给我带来了很多思考。我记得有一天晚上，我和我的上铺同学花了不知道多少时间，谈到深夜。我们谈的是，我认为世界是唯物的，他认为是唯心的，我们都尝试去说服对方，但是谁也说服不了谁。我就想问一下，这个世界到底是唯物的还是唯心的？

答：你们两个谁都说服不了对方，我认为是当然的。唯物主义和唯心主义，二者在理论上是没有办法驳倒对方的。为什么呢？因为世界的本质到底是物质的还是精神的，宇宙完全是一个物质的存在，还是有一个精神性的本质，比如说有一个上帝，这个问题是超出我们经验范围的，既没有办法证明，也没有办法证伪。所以，最后就是一个信念的问题，而不是理论上正确与否的问题。不过，我想告诉你，争论这个问题其实没什么意思，你应该具体地去了解那些重要哲学家的思想，这才有意思，不管他被我们的教科书贴上了唯物主义的标签，还是唯心主义的标签。一个哲学家对人类思想的贡献大小，和他被贴上什么标签无关。我认为，你们热衷于争论这种问题，本身就是受了我们的教科书的误导，是盲人摸象式的争论。

问：您刚才讲到好奇心的重要，您对您女儿的教育确实很用心，所以我想问，父母怎样教育孩子才能引导孩子保持好奇心？我们现在的课程排得有点满，学生根本没有自我发展的空间，所以我挺困惑的。

答：回想起来，在我女儿小时候，我从来没有刻意去做智力教育，我主要做的事情是什么呢？孩子天生就有好奇心，会提很多问题，我是一个细心的父亲，会留心听她提的问题，然后对那些提得好的问题，我会鼓励她，和她讨论。实际上，你和孩子讨论她所感兴趣的问题，这个过程本身就是一个最自然的智力教育，让她感受到了思考的乐趣。关于课程太满了，这个我就没有什么办法了，作为家长，我无法为孩子减负，只能做到不再给她加负。我起码做到了一点，不让女儿参加任何课外班，她现在快小学毕业了，没有上过任何课外班，这在他们学校里是绝无仅有的。面对学校现在的情况，我只能寄希望于有见识的校长和老师，一定要为孩子们争取自由的空间，尽量用最少的时间有效地对付应试教育。你们是戴着镣铐跳舞，希望你们跳得好一点。

问：我是作为无锡教育网的博友来参加这个活动的，想问一个关于普及哲学教育的问题。过去我们也学过一些哲学，知道哲学是阶级斗争的武器，认识世界和改造世界的武器，是人必需的一种精神武器，非常重要，所以我想请问周先生，作为一个哲学家，如何来普及哲学教育，尤其在青少年当中应该怎么做？

答：我不太同意说哲学是认识世界和改造世界的武器，当然更不同意说是阶级斗争的武器。哲学根本就不是武器，反而是要你放下武器，和世界进行和平的对话。真正的哲学是要让你爱智慧，去思考世界和人生的根本问题。普及哲学教育，首先应该让人们对哲学形成一个正确的概念，现在的教材恰恰相反，学完了还不知道哲学究竟是什么，甚至误以为哲学只是一些教条。所以，第一件要做的事情，就是对从中学到大学的哲学基础课教学进行改革，教材必须重写，编出真正能够传递哲学正确概念的教材。我认为最好的办法是精选哲学家的原著，有一个大的框架，按照问题来精选相关的内容。我自己就是通过读大师们的著作，才对哲学是什么形成了一个比较清楚的概念。

问：我是一名中学语文老师，而且非常惭愧的是，也是一个经常把您的文章肢解开来做成阅读理解题的老师。当然我知道，这不是我的错，更不是您的错。作为一名哲学家、作家，我想至少在语文学习方面，用我们现在一般的评价标准来看，您应该是一个语文学习很好的人。所以我想问的是，在您的学生阶段，您的语文学习成绩到底如何？第二个问题是，在您的印象当中，有没有哪个语文老师给您留下了比较深刻的印象？最后我想问的就是，在学生的语文学习中，乃至在他个人成长的过程中，语文老师应该发挥怎样的作用？

答：问题提得很好。我的语文成绩，小学的时候很一般，初中的时候在班里算最好的，高中的时候是最好的两个学生之一。我印象很深的是，高中的语文老师经常会把我和另一个同学的作文作为范文在班上宣讲，说那个同学作文好在什么地方呢？语法非常准确，结构非常完整。我的好在哪里呢？有自己独特的见解。我觉得他还是抓得挺准的。这位语文老师姓钱，他鼓励我在作文中有感而发，表达自己的独立见解，这对我以后的写作是有好的影响的。除他之外，初中的时候，语文老师姓王，同时是班主任，他是最早鼓励我课外写作的人。说来好笑，那个时候政治空气很浓，大跃进啊，他争取入党，就写歌颂的打油诗，也发动全班同学来写，办壁报，我是写得最多的，也是他认为写得最好的。这几乎就是我课外文学创作的开头，如果日记不算的话，专门搞创作，还真是一个开头，起点很低啊。当时上海举办中学生红旗奖章读书活动，也是在他的鼓励下，我开始写读书心得，这可以算是我课外写论说文的开头。我觉得语文老师在学生的成长中起很大的作用，不过应该广义地来看语文学习，一个好的语文老师，他自己一定是一个有人文素养的人，喜欢读书和写作，对母语怀有激情，那么在他的感染下，就会有比较多的学生也产生这种激情，喜欢阅读和写作。这个作用就不仅仅是语文成绩好了，更重要的是拥有一个丰富的心灵。当然，语文老师的水平很不一样，有没有好的影响，影响的大小，是因人而异的。

问：现在职业高中的学生比大学文科的学生更加受到企业单位的青睐，他们就业的机会更加多，这是为什么呢？还有，在今天这个会场内，带教科书和教辅来的人不在少数，您作为一个教授，除了演讲之外，还有没有别的什么方式可以改变一下这个现象呢？

答：真的吗？我没看见啊。请没有带教科书和教辅来的同学举手。（多数同学举手）还是大部分没带嘛。带了也没关系，他们并没有在会场上看。你说的学生就业问题，我觉得不难解释，其实是暴露了我们的教育结构的毛病。正常的情况应该是逐级分流，我记得以前就是这样的：小学毕业后，一部分人上初中，一部分人上技校；初中毕业后，一部分人上高中，一部分人上中专；高中毕业后，一部分人上大学，一部分人上大专。这是一个分层次、多流向的结构。最近十几年来，这个结构被打乱了，职业学校萎缩，中专升格为大专，大专升格为大学，然后大学就拼命扩招，实际上把本来由各级职业学校承担的培养不同职业人才的任务给取消了。职业学校所剩无几，毕业生供不应求，当然好就业。现在大学生是最尴尬的，数量巨大，既没有职业技能，又成不了精英，高不成低不就，不，不是低不就，是高不成低也不成，就业当然困难。所以，唯一的解决办法是回归逐级分流的教育结构，这是最合理的。职业学校的培养目标是就业，大学不应该这样，上大学的人应该是相对少数，大学培养的是从事科学研究和文化创造的精英人才。现在的情况是职业人才和精英人才都缺，双输。

问：我是高一学生，记得您说过您对平面几何非常感兴趣，同时您现在还能给女儿辅导数学，可以看出您的数学成绩非常不错。所以我想问您，为什么会走上哲学的道路呢？您对高一学生的分科有什么建议？请谈谈您的中学生活。

答：从初中到高中，我的确非常喜欢数学，成绩也很好，一直担任数学课代表。我们当时是到高三才开始分科复习的，我报了文科，参加文科的复习。在这之后，上海举行中学生数学竞赛，学校里先举行初赛，我很冒失地去参加了。那个时候，人家已经复习了半年，而我很久没有碰数学了，竟然还入选了，可是这给我带来了麻烦。因为上海中学非常重视数理化，数学好的人多的是，全校 14 个毕业班，每个班 50 人，选拔出来参加县区一级数学竞赛的名额只有十几个，被我占了一个。我只是侥幸胜出，非常想把名额转给别的同学，但是不允许，结果到了原上海县的考场，那些习题真的很难，我看了一遍卷子，一道题都不会做，第一个交卷，浪费了一个名额。你问我为什么走上了哲学的路，说来好笑，我高中最喜欢的科目是数学和语文，报志愿的时候就很犯难，文理都不想放。毛主席有一句话：“哲学是自然科学和社会科学的概括和总结。”毛主席的话指引了我，我就报了哲学，心想这样数学和文学都不会丢了。后来我发现我是歪打正着，走对门了，走进了一个我真正喜欢的领域。关于分科，你们现在高一就分科，我觉得太早了。高中阶段还是应该把文理两方面的基础打得扎实一些，使得今后学理工科的学生也具备较好的人文素养，学文科的学生也具备一定的自然科学基础。同时，真正明确自己喜欢哪个方向，这是需要时间的，分得太早，许多学生可能并不知道自己的兴趣在哪里，就糊里糊涂地选了科。我认为高三开始分科比较合理。你们这么早分，基本上是为了应试，几乎把整个高中阶段都用来为高考做准备了。

问：您自信吗？您是如何看待自己以前的同学的？

答：我不是一个自信的人，甚至可以说是一个自卑的人。在一些公共场合，比如说参加什么讨论会的时候，我肯定是那个坐在角落里的人，生怕让我发言，因为我觉得自己说不出什么有价值的话，非常怯场，而别人往往很自信，说得头头是道。不过，后来这种场合经历多了，发现好多人激情满怀说的多半是一些老生常谈，也就觉得自己没必要那么自卑了。你说我以前的同学，我不知道你指的是哪一段，如果是指北大哲学系那一段，我想多数人的追求和我是不同的。那时候哲学就是意识形态，许多同学上哲学系是为了走仕途，后来的确也走了仕途。上帝是公平的，你看重什么，追求什么，最后就可能得到什么。人各有志，只要自己满意就好。

问：我相信您有一颗细致敏感的心，我想请教您交友应该注意些什么？

答：你一定在交友中遇到了问题，能不能具体地说一下？

问：我有一个朋友，开始时觉得特别合得来，后来发现不是这么回事，就分手了，我为此很伤心。

答：其实这很正常，说明开始的时候你们互相并不了解嘛。西方有一句谚语说：我们因为不了解而走到一起，因为了解而分手。当然，如果总是出现这种情况，你就应该反省一下了，开始时是不是太轻率，后来是不是太苛求。年轻人交友容易这样，开始时把友谊想得很完美，然后就用这个完美的标准去要求友谊，结果一定出问题。在友谊中，不能没有宽容，要尊重双方的差异。

问：在您的《爱情的容量》这本书中，您阐述了对女性的观点，您这样描述：女人只有一个野心，骨子里总把爱和生儿育女视为人生最重大的事情；一个女人才华再高，成就再大，如果她不肯做一个温柔的情人，体贴的妻子，慈爱的母亲，她给我的美感就要大打折扣。现在女性的独立已经得到了越来越多的重视，而您认为女强人在生活中很孤独，不幸福，但是我认为，她们自己也许并不这样觉得，因为她们的价值观中独立是第一位的，她们因此实现了自己的人生价值。如果让她们回归家庭的话，她们也许会觉得更累。这样的女性现在越来越多了，这是一个不可回避的问题。您认为这种重事业、重独立、轻家庭的女性一定是有缺憾的吗？

答：价值观是非常个人化的，因人而异，千差万别，每个人都有自己的选择，不能强求一律。我说的只是我自己的价值观，如果我遇见这种和我价值观完全不同的女人，只要事业、不顾家庭，反正我是不喜欢的，会觉得她不可爱。我也想问你一下，为什么一定要非此即彼呢？为什么不能家庭和事业兼顾呢？

（举行此讲座的时间地点：2010 年 4 月 25 日江苏锡山中学。）

儿童教育五题

一、童年的价值

在人的一生中，童年似乎是最不起眼的。大人们都在做正经事，孩子们却只是在玩耍，在梦想，仿佛在无所事事中挥霍着宝贵的光阴。可是，这似乎最不起眼的童年其实是人生中最重要的季节。粗心的大人看不见，在每一个看似懵懂的孩子身上，都有一个灵魂在朝着某种形态生成。

在人的一生中，童年似乎是最短暂的。如果只看数字，孩提时期所占的比例确实比成年时期小得多。可是，这似乎短暂的童年其实是人生中最悠长的时光。我们仅在儿时体验过时光的永驻，而到了成年之后，儿时的回忆又将伴随我们的一生。

对聪明的大人说的话：倘若你珍惜你的童年，你一定也要尊重你的孩子的童年。当孩子无忧无虑地玩耍时，不要用你眼中的正经事去打扰他。当孩子编织美丽的梦想时，不要用你眼中的现实去纠正他。如同纪伯伦所说：孩子虽是借你而来，却不属于你；你可以给他爱，却不可给他想法，因为他有自己的想法。如果你执意把孩子引上成人的轨道，当你这样做的时候，你正是在粗暴地夺走他的童年。

二、野蛮的做法

今日的家长们似乎都深谋远虑，在孩子很小时就为他将来有一个好职业而奋斗了，为此拼命让孩子进重点学校和上各种课外班。从孩子这方面来说，便是从幼儿园开始就投入了可怕的竞争，从小学到大学一路走过去，为了拿到那张最后的文凭，不知要经受多少作业和考试的折磨。有道是：不能让我们的孩子输在起跑线上。可是，在我看来，这种教育方式恰好一开始就是输局了。身心不能自由健康地发展，只学得一些技能，将来怎么会有大出息呢？

一个人从童年、少年到青年，原是人生最美好也最重要的阶段，有其自身不可取代的价值，现在这个价值被完全抹杀了，其全部价值被归结为只是为将来谋职做准备。多么宝贵的童年和青春，竟为了如此渺小的一个目标做了牺牲。这种做法无疑是野蛮的。我不禁要问：这还是教育吗？教育究竟何为？

然而，现行教育体制以应试和急功近利为特征，使得家长和孩子们难有别的选择。因此，当务之急是改变这个体制。

三、不可误用光阴

如果说教育即生长，那么，教育机构和教育者的使命就是为生长提供最好的环境。

怎样的环境算最好？生长是人的能力的自由发展，可称之为内在的自由，最好的环境就是为之提供外在的自由。外在自由有两个方面，一是政治自由，包括言论自由、学术自由等；另一是自由时间。这里单说后一方面。

在希腊文中，学校一词的意思就是闲暇。在希腊人看来，学生必须有充裕的时间体验和沉思，才能自由地发展其心智能力。卢梭说："最重要的教育原则是不要爱惜时间，要浪费时间。"由我们今天的许多耳朵听来，这句话简直是谬论。但卢梭自有他的道理，他说："误用光阴比虚掷光阴损失更大，教育错了的儿童比未受教育的儿童离智慧更远。"今天许多家长和老师唯恐孩子虚度光阴，驱迫着他们做无穷的作业，不给他们留出一点儿玩耍的时间，自以为这就是尽了做家长和老师的责任。卢梭却问你：什么叫虚度？快乐不算什么吗？整日跳跑不算什么吗？如果满足天性的要求就算虚度，那就让他们虚度好了。

仔细想一想，卢梭多么有道理，我们今日的所作所为正是逼迫孩子们误用光阴。

四、城里的孩子没有童年

一个人的童年，最好是在乡村度过。一切的生命，包括植物、动物、人，归根到底来自土地，生于土地，最后又归于土地。上帝对亚当说：“你是用尘土造的，你还要归于尘土。”在乡村，那刚来自土地的生命仍能贴近土地，从土地汲取营养。童年是生命蓬勃生长的时期，而乡村为它提供了充满同样蓬勃生长的生命的环境。农村孩子的生命不孤单，它有许多同伴，它与树、草、野兔、家畜、昆虫进行着无声的谈话，它本能地感到自己属于大自然的生命共同体。相比之下，城里孩子的生命就十分孤单，远离了土地和土地上丰富的生命，与大自然的生命共同体断了联系。在一定意义上，城里孩子是没有童年的。

今天的孩子已经越来越没有童年。到各地走走，你会发现到处都在兴建雷同的城镇，千篇一律的商厦和水泥马路取代了祖先们修筑的土墙和小街，田野和村庄正在迅速消失。孩子们在这样一种环境中成长，压根儿没有过同大自然亲近的经验和对土地的记忆，因而也很难在他们身上唤起对大自然的真正兴趣了。有一位作家写到，她曾带几个孩子到野外去看月亮和海，可是孩子们对月亮和海毫无兴趣，心里惦记着的是及时赶回家去，不要误了他们喜欢的一个电视节目。

五、向孩子学习

耶稣说：“你们如果不回转，变成小孩子的样子，就一定不得进天国。”帕斯卡尔说：“智慧把我们带回到童年。”孟子说：“大人先生者不失赤子之心。”几乎一切伟人都用敬佩的眼光看孩子。在他们眼中，孩子的心智尚未被岁月扭曲，保存着最宝贵的品质，值得大人们学习。

与大人相比，孩子诚然缺乏知识。然而，他们富于好奇心、感受性和想象力，这些正是最宝贵的智力品质，因此能够不受习见的支配，用全新的眼光看世界。

与大人相比，孩子诚然缺乏阅历。然而，他们诚实、坦荡、率性，这些正是最宝贵的心灵品质，因此能够不受功利的支配，做事只凭真兴趣。

如果一个成人仍葆有这些品质，我们就说他有童心。凡葆有童心的人，往往也善于欣赏儿童，二者其实是一回事。

相反，有那么一些童心已经死灭的大人，执意要把孩子引上自己的轨道。在他们眼中，孩子什么都不懂，什么都不行，一切都要大人教，而大人在孩子身上则学不到任何东西。恕我直言，在我眼中，他们是世界上最愚蠢的大人。

2005 年 4 月

谈谈幼儿教育

我对幼儿教育感兴趣，首先是作为幼儿的父亲。我的孩子正在上幼儿园，我发现，在孩子心目中，老师是绝对权威，老师说的话是绝对真理，这真让我羡慕，同时也有些担心。老师对孩子的影响太大了，因此老师的素质太重要了。其次，我的专业是哲学，历来哲学家对教育都非常关注，每一种教育理论背后都有一种哲学，哲学是教育的根据、理念、核心。如果说哲学是对世界和人生的根本看法，描绘了人、人类应该怎样生活的蓝图，那么，教育就是实现这个蓝图的最重要途径，而幼儿教育则是其起点和关键时期之一。

一、对儿童和儿童教育的根本观点

对于儿童和儿童教育，有两种对立的观点。一种观点认为，孩子是尚未长大的成人，儿童期的全部价值在于为将来做准备，教育的目标也在此，即掌握知识，将来适应社会。所谓“长大成人”，仿佛在长大之前还不是人似的，这种提法本身就十分荒唐。另一种观点认为，孩子就是孩子，儿童期本身具有价值，儿童教育的目标是实现此种价值，使孩子有一个幸福的童年，身心健康地生长，以此为一生的幸福和健康生长打好基础。

杜威是后一种观点的旗帜鲜明的代表，他指出：教育即生长，生长就是目的，而非生长另外还有一个目的。“教育是生活的过程，而不是将来生活的准备。”人生各个阶段的生活同样重要，儿童期生活有其内在品质和意义，不应把它当作一个但愿快快过去的未成熟阶段。他坚决反对前一种观点，即认为生长是朝着一个固定目标的运动，教育的目的是为将来的成就或职责之类做准备。

蒙台梭利也尖锐地批评了“过去的错误”，即视儿童为“一个未来的存在”，在达到成为一个人的阶段之前，儿童无甚价值，教育的唯一目标是使儿童为未来的社会生活做好准备。他指出：儿童有自己的人格，有创造精神的美和尊严。

对儿童期的尊重，事实上对教师提出了更高要求。教师不能以成人的经验和需要为标准，简单地让孩子适应成人世界，其结果必定是压制了儿童的本能和需要，而是必须细心体察和研究孩子的特性。

这种观点不是否认，而是更重视儿童期对于一生的重要性，但着眼点不是为将来适应社会做准备，目标定位在孩子未来的整个人生，使其过幸福而有意义的一生。正如蒙台梭利所说：儿童期是一生中最重要的时期，精神上也是如此。强调儿童期对于一生的重要性，却反对把儿童期看作未来适应社会的准备，二者之间是否冲突呢？我的回答是没有，因为第一，人格健全的人不是被动地适应社会，而是能对环境做出积极的反应；第二，罗素说得好：一个由本性优秀的男女所组成的社会，将比相反情形的社会能产生更好的结果。

归纳起来，儿童教育的目标，从眼前来说，是要给孩子一个幸福而有意义的童年，身心健康地生长；从长远来说，是要为孩子拥有一个幸福而有意义的人生创造良好的基础。

一个好的幼儿教师，最重要的素质是爱孩子、懂孩子。所谓爱孩子，就像罗素所说，好的教师具有博大的父母本能，深深感觉到孩子是目的而不是手段。这个要求非常高，在中国，许多做父母的，其父母本能也扭曲了，实际上是把孩子当作实现自己狭隘人生目的的手段了。

二、幼儿的特点与相关的教育任务

幼儿的特点，第一是生命力的蓬勃生长。孩子喜欢玩，那是其生命力的自我享受。好老师、好父母首先是孩子的好玩伴。童年的快乐是一生幸福的基础，快乐的孩子往往有自信心和独立性，内在人格健全。让孩子快乐，这是幼儿教育的第一原则，这样才能把他们培养成热爱人生、对生活有信心的人。不要从功利目标出发强求孩子，比如学各种班。中国的孩子最大的问题是不快乐。一个尖锐的问号：是谁夺走了中国孩子的幸福？爱默生说：“婴儿期是永生的救世主，为了诱使堕落的人类重返天国，他不断地来到人类的怀抱。”现在我们是在做相反的事，逼迫孩子早早地堕落，堵死我们重返天国的路。

第二，幼儿有强烈的好奇心。好奇心是最重要的智力品质，必须鼓励和保护。怀特海说：儿童应该从一开始受教育就体验到发现的愉快。对孩子的提问，不要置之不理，不要堵回去，更不要给一个简单的答案。重要的不是知识，而是心智的活泼和敏锐。中国孩子缺乏好奇心是有名的，责任在我们的学校教育和家庭教育。

第三，创造性。孩子没有先入之见，不受现成的概念、观念、规则之束缚，拥有看事物的第一眼，未被污染的直觉，不受拘束的想象力。这从儿童画中可以看得很清楚，其特点是自由感知、自发性、表现性。孩子讲故事也是如此。应该鼓励创造性，不要用现成的规则约束儿童。例如教绘画，往往把孩子原来的创造性教没了，画作雷同。标准不应该是像不像，应该是有没有意思。马斯洛说：创造性是人性中天生的潜能，多数人因适应社会的文化而被压抑甚至丧失。现在教育的问题就是使劲让孩子适应社会的文化，导致创造性很早就丧失。

第四，丰富的潜能。孩子的才能未定型，这是优点，不是缺点，蕴含着无限的可能性。在教育中，应保持潜能及其发展的开放性，培养全面发展的人。单向挖掘和发展，过早定型，结果必然是成为片面的人。

第五，也应看到，孩子不是一张白纸，每个孩子的基因是独一无二的，这是个性的生物学基础，并决定了不同的禀赋。教育不是把知识灌输进一个空的容器，而是既有禀赋的生长。杜威说：“兴趣是生长中的能力的信号和象征。”教育者对孩子的兴趣应予以同情的观察，发现隐藏在其后的能力，给予鼓励、引导。不过，仍要注意不可单向定型。

根据幼儿的特点，教育的任务可归结为：

第一，提供外在的自由。认识幼儿的优点，为其生长提供最佳环境，善于发现、鼓励、引导，切勿压抑和损害。教育的任务往往是否定性的，优秀的人是生长成的，不是训练成的。

第二，培育内在的自由。在外在自由环境中，通过好奇心、创造力、自信心的生长，形成独立思考和行动的能力。内在自由即此种能力，有此就能继续生长。杜威说教育的价值在于创造继续生长，就是这个意思。

中国的孩子缺乏两种自由，根源在于教育的功利性。

（举行此讲座的时间地点：2003 年 11 月 2 日北京启明幼儿园。）

第二辑

阅读与成长

留住那个心智觉醒的时刻

一个五岁的男孩看见指南针不停转动，最后总是指向同一个方向。他心中顿时充满惊奇：没有一只手去拨动，怎么会发生这样的事呢？从这个时刻起，他相信事物中一定藏着某种秘密，等待着他去发现。爱因斯坦之所以成为伟大的科学家，就是从这个时刻开始的。在所有孩子的成长过程中，都会出现这样的时刻：好奇心觉醒了，面对成年人已经习以为常的世界，他们提出了绝大部分成年人没有想到也回答不了的问题。和好奇心一起，还有想象力和理解力，荣誉感和自尊心，心灵的快乐和痛苦，总之，人类精神的一切高贵禀赋也先后觉醒了。假如每个孩子生命中的这个时刻在日后都能延续下去，成为真正的起点，人类会拥有多少托尔斯泰、爱因斯坦、海德格尔啊。当然，这是不可能的，由于心智的惰性、教育的愚昧、功利的驱迫、生活的磨难等原因，对于大多数人来说，儿童时代的这个时刻仿佛注定只是昙花一现，然后不留痕迹地消失了。但是，趁现在的孩子们正拥有着这个时刻，我们能否帮助他们尽可能多地留住它呢？

《诺贝尔奖获得者与儿童对话》所做的也许就是这样一件有意义的工作。不妨说，获奖者们正是一些幸运地留住了那个心智觉醒时刻的人，在那个时刻之后，他们没有停止提问和思考，终于找出了隐藏在事物中的某个或某些重大秘密。比如 1986 年物理学奖得主宾尼希，在他小时候，由于父母不让他随便打电话，他就自己想办法，用两个罐头盒和一根紧绷的长绳子制作了一部土电话机。当孩子们能够用它在相邻房间清楚地通话时，他品尝到了成功的巨大快乐。后来他因研制可以拍摄到原子结构的光栅隧道显微镜而得奖，我相信这一成果与那部土电话机之间一定存在着某种联系。伟大的创造之路往往始于童年的某个时刻，不但科学家如此，其他领域的精神创造者很可能也是如此。1997 年文学奖得主达里奥·福是一位大剧作家，他从小就喜欢和两个弟弟一起演戏给别的孩子看，不过当时他并不把这看作戏剧，而只是当作游戏。正是根据亲身经历，对于“究竟是谁发明了戏剧”这个问题，他给出了一个意味深长的答案：是儿童发明的，没有游戏就不会有戏剧，剧作家和演员不过是把儿童的游戏当作职业干的人而已。

为什么天空是蓝的？为什么树叶是绿的？为什么我们忘记一些事情而不忘记另一些事情？为什么有男孩和女孩？为什么 1 + 1 = 2？为什么有贫穷和富裕？为什么会有战争？……这些诺奖获得者所回答的问题似乎都属于“十万个为什么”的水平，可是，请仔细想一想，不必说孩子，有多少大人能够说清楚这些貌似简单的问题？他们的讲述还表明，他们每个人的特殊贡献往往就是建立在解决某一简单问题的基础之上的，是那个简单问题的延伸和深化。关于科学家工作的性质，1986 年化学奖得主波拉尼有一个生动的说法：和小说家一样，科学家也是讲故事的人，他们用自己讲的故事来为看似杂乱的事物寻找一种联系，为原因不明的现象提供一种解释。的确，在一定意义上，一切创造活动都是针对问题讲故事，是把故事讲得令人信服的努力。譬如说，自然科学是针对自然界的问题讲故事，社会科学是针对社会的问题讲故事，文学艺术是针对人生的问题讲故事，宗教和哲学是针对终极问题讲故事。我由此想到，我们不但要鼓励孩子提问题，而且要鼓励他们针对自己提的问题讲故事，通过故事给问题一个解答。是对是错无所谓，只要是在动脑筋，就能使他们的思考力和想象力得到有效的锻炼。

请诺奖获得者与儿童对话，这是一个有趣的构想。对诺奖获得者自己来说，这是向童年的回归，不管这些大师们所发现的秘密在理论上多么复杂，现在都必须还原成儿童所能提出的原初的、看似简单的问题，仿佛要向那个儿童时代的自己做一个明白的交代。对读这本书的孩子们来说，这是很及时的鼓励，他们也许会发现，那些在成年人世界里备受敬仰的大师离他们却非常近，其实都是一些喜欢想入非非的大孩子。这本书当然未必能指导哪一个孩子在将来获得诺贝尔奖，但它可能会帮助许多孩子获得比诺贝尔奖更加宝贵的东西，那就是对提问权利的坚持、对真理的热爱和永不枯竭的求知欲，有了这些东西，他们就能够成长为拥有内在的富有和尊严的真正的人。

2003 年 4 月

做一个真正的读者

读者是一个美好的身份。每个人在一生中会有各种其他的身份，例如学生、教师、作家、工程师、企业家等，但是，如果不同时也是一个读者，这个人就肯定存在着某种缺陷。一个不是读者的学生，不管他考试成绩多么优秀，本质上不是一个优秀的人才。一个不是读者的作家，我们有理由怀疑他作为作家的资格。在很大程度上，人类精神文明的成果是以书籍的形式保存的，而读书就是享用这些成果并把它们据为己有的过程。直言之，做一个读者，就是加入到人类精神文明的传统中去，做一个文明人。在某种意义上，一个民族的精神素质取决于人口中高趣味读者的比例。相反，对于不是读者的人来说，凝聚在书籍中的人类精神财富等于不存在，他们不去享用和占有这笔宝贵的财富，一个人唯有在成了读者以后才会知道，这是多么巨大的损失。历史上有许多伟大的人物，在他们众所周知的声誉背后，往往有一个人所不知的身份，便是终身读者，即一辈子爱读书的人。

然而，一个人并不是随便读点什么就可以称作读者的。在我看来，一个真正的读者应该具备以下特征：

第一，养成了读书的癖好。也就是说，读书成了生活的必需，真正感到不可缺少，几天不读书就寝食不安，自惭形秽。如果你必须强迫自己才能读几页书，你就还不能算是一个真正的读者。当然，这种情形绝非刻意为之，而是自然而然的，是品尝到了阅读的快乐之后的必然结果。事实上，每个人天性中都蕴含着好奇心和求知欲，因而都有可能依靠自己去发现和领略阅读的快乐。遗憾的是，当今功利至上的教育体制正在无情地扼杀人性中这种最宝贵的特质。在这种情形下，我只能向有识见的教师和家长反复呼吁，请你们尽最大可能保护孩子的好奇心，能保护多少是多少，能抢救一个是一个。我还要提醒那些聪明的孩子，在达到一定年龄之后，你们要善于向现行教育争自由，学会自我保护和自救。

第二，形成了自己的读书趣味。世上书籍如汪洋大海，再热衷的书迷也不可能穷尽，只能尝其一瓢，区别在于尝哪一瓢。读书是一件非常私人的事情，喜欢读什么书，不论范围是宽是窄，都应该有自己的选择，体现自己的个性和兴趣。其实，形成个人趣味与养成读书癖好是不可分的，正因为找到了和预感到了书中知己，才会锲而不舍，欲罢不能。没有自己的趣味，仅凭道听途说东瞧瞧，西翻翻，连兴趣也谈不上，遑论癖好。针对当今图书市场的现状，我要特别强调，千万不要追随媒体的宣传只读一些畅销书和时尚书，倘若那样，你绝对成不了真正的读者，永远只是文化市场上的消费大众而已。须知时尚和文明完全是两回事，一个受时尚支配的人仅仅生活在事物的表面，貌似前卫，本质上却是一个野蛮人，唯有扎根于人类精神文明土壤中的人才是真正的文明人。

第三，有较高的读书品位。一个真正的读者具备基本的判断力和鉴赏力，仿佛拥有一种内在的嗅觉，能够嗅出一本书的优劣，本能地拒斥劣书，倾心好书。这种能力部分地来自阅读的经验，但更多地源自一个人灵魂的品质。当然，灵魂的品质是可以不断提高的，读好书也是提高的途径，二者之间有一种良性循环的关系。重要的是一开始就给自己确立一个标准，每读一本书，一定要在精神上有收获，能够进一步开启你的心智。只要坚持这个标准，灵魂的品质和对书的判断力就自然会同步得到提高。一旦你的灵魂足够丰富和深刻，你就会发现，你已经上升到了一种高度，不再能容忍那些贫乏和浅薄的书了。

能否成为一个真正的读者，青少年时期是关键。经验证明，一个人在这个时期倘若没有养成读好书的习惯，以后再要培养就比较难了，倘若养成了，则必定终身受用。青少年对未来有种种美好的理想，我对你们的祝愿是，在你们的人生蓝图中千万不要遗漏了这一种理想，就是立志做一个真正的读者，一个终身读者。

2004 年 7 月

读永恒的书

人类所创造的精神财富是通过各种物质形式得以保存的，其中最重要的一种形式就是文字。因而，在我们日常的精神活动中，读书便占据着很大的比重。据说最高的境界是无文字之境，真正的高人如同村夫野民一样是不读人间之书的，这里姑且不论。一般而言，我们很难想象一个关注精神生活的人会对书籍毫无兴趣。尤其在青少年时期，心灵世界的觉醒往往会表现为一种勃发的求知欲，对书籍产生热烈的向往。“我扑在书籍上，就像饥饿的人扑在面包上一样。”高尔基回忆他的童年时所说的这句话，非常贴切地表达了读书欲初潮来临的心情。一个人在早年是否经历过这样的来潮，在一定程度上透露和预示了他的精神素质。

然而，古今中外，书籍不计其数，该读哪些书呢？从精神生活的角度出发，我们也许可以极粗略地把天下的书分为三大类。一是完全不可读的书，这种书只是外表像书罢了，实际上是毫无价值的印刷垃圾，不能提供任何精神的启示、艺术的欣赏或有用的知识。在今日的市场上，这种以书的面目出现的假冒伪劣产品比比皆是。二是可读可不读的书，这种书读了也许不无益处，但不读却肯定不会造成重大损失和遗憾。世上的书，大多属于此类。我把一切专业书籍也列入此类，因为它们只对有关的专业人员才可能是必读书，对于其余人却是不必读的，至多是可读可不读的。三是必读的书。所谓必读，是就精神生活而言，即每一个关心人类精神历程和自身生命意义的人都应该读，不读便会是一种欠缺和遗憾。

应该说，这第三类书在书籍的总量中只占极少数，但绝对量仍然非常大。它们实际上是指人类文化宝库中的那些不朽之作，即所谓经典名著。对于这些伟大作品不可按学科归类，不论它们是文学作品还是理论著作，都必定表现了人类精神的某些永恒内涵，因而具有永恒的价值。在此意义上，我称它们为永恒的书。要确定这类书的范围是一件难事，事实上不同的人就此开出的书单一定会有相当的出入。不过，只要开书单的人确有眼光，就必定会有一些最基本的好书被共同选中。例如，他们绝不会遗漏掉《论语》《史记》《红楼梦》这样的书，柏拉图、莎士比亚、托尔斯泰这样的作家。

在我看来，真正重要的倒不在于你读了多少名著，古今中外的名著是否读全了，而在于要有一个信念，便是非最好的书不读。有了这个信念，即使你读了许多并非最好的书，你仍然会逐渐找到那些真正属于你的最好的书，并且成为它们的知音。事实上，对于每个具有独特个性和追求的人来说，他的必读书的书单绝非照抄别人的，而是在他自己阅读的过程中形成的，这个书单本身也体现出了他的个性。正像罗曼·罗兰在谈到他所喜欢的音乐大师时说的："现在我有我的贝多芬了，犹如已经有了我的莫扎特一样。一个人对他所爱的历史人物都应该这样做。"

费尔巴哈说：人就是他所吃的东西。至少就精神食物而言，这句话是对的。从一个人的读物大致可以判断他的精神品级。一个在阅读和沉思中与古今哲人文豪倾心交谈的人，与一个只读明星逸闻和凶杀故事的人，他们当然有着完全不同的内心世界。我甚至要说，他们也是生活在完全不同的外部世界上，因为世界本无定相，它对于不同的人呈现不同的面貌。列车上，地铁里，我常常看见人们捧着形形色色的小报，似乎读得津津有味，心中不免为他们惋惜。天下好书之多，一辈子也读不完，岂能把生命浪费在读这种无聊的东西上。我不是故作清高，其实我自己也曾拿这类流行报刊来消遣，但结果总是后悔不已。读了一大堆之后，只觉得头脑里乱糟糟又空洞洞，没有得到任何有价值的东西。歌德做过一个试验，半年不读报纸，结果他发现，与以前天天读报相比，没有任何损失。所谓新闻，大多是过眼烟云的人闹的一点儿过眼烟云的事罢了，为之浪费只有一次的生命确实是不值得的。

1996 年 7 月

书中的育儿世界

女儿啾啾今年九岁，上小学四年级。从幼儿园开始，她就喜欢看书。我们从来没有特意教导她，督促她，她对书的喜爱，完全是自然而然产生的。

从两岁开始，每天晚上，她妈妈给她念一段童话故事，这成了她入睡前的必有节目。她非常爱听，如果哪天妈妈忘了，她必提醒，一天也不可缺。她就这样听完了《爱丽丝漫游奇境记》《安徒生童话》《格林童话》等许多经典童话故事，有的听了好几遍。有一回，她盯着妈妈正在念的书，问："妈妈，书上都是字，故事在哪里呀？"妈妈没法跟她解释清楚，只好说："宝贝以后认字多了，就知道了。"

其实，那时候，她已经能认一些字了。认字的过程也非常自然，玩看图识字的卡片，看碟时跟着声音看字幕，上街时问招牌上的字，诸如此类，当然认的字还不多，零星得很。

忽然有一天，我看见她自己捧着一本书，一边用手指着书上的字，一边大声朗读。一串又一串我听不懂的句子，可是，她念得非常投入，念了很久。自此以后，我发现她常常这样自得其乐地念书，所念的书则逐渐有了目标，往往是妈妈前一天晚上给她念的那一本，她找到才念过的地方，连猜带蒙，把书上的故事复诵一遍。

终于，有一天晚上，妈妈又要给她念书，她说："妈妈，你不要给我念了，你念了我再读就没有意思了。"原来，通过这样的过程，她认的字越来越多，基本上能够自己阅读了。这时候，她不到四岁。她随手翻到《骑鹅旅行记》的一页，念出上面的一条标题："斯莫兰的传说"。妈妈惊叹："你真行啊！"她感到奇怪，说："这里不是写着吗？"那个曾经有的困惑——"书上都是字，故事在哪里?”——已经自行消解。

通过女儿自己学会阅读的事例，我真切地看到，孩子天生有强烈的好奇心，有潜在的认知能力，只要给他们一个良好的环境，他们的天赋能力就会健康生长，结出果实。培养孩子的阅读能力和习惯，最重要的是保护和鼓励他们对书籍的兴趣，使他们感到阅读本身是一件无比快乐的事。最糟糕的做法是强迫他们学习，其结果只会适得其反，甚至使他们对读书永远心怀惧怕和敌意。

啾啾三岁时，好友于奇主持台湾作家几米的绘本大陆版的出版事务，送给我一套。刚拿到手，我就翻开其中一本，与啾啾同看。她指着一个变形的人物形象说：“这个什么也不像的东西真好玩。”一语道破了艺术的真谛。接下来的那些天里，她成了最热情的几米迷，整天坐在地毯上，摇头晃脑，高声朗读几米的妙语。有一天早晨，她吃煎蛋，像往常一样不吃脆边，我劝她吃，说那个最好吃。她向我一字一顿大声宣布：“不一样的脑袋有不一样的想法，不一样的眼睛有不一样的看法，不一样的嘴巴有不一样的说法。”我笑了，问她从哪儿学来的，她说是几米的书里的。她可真会活学活用。几米知道了自己在大陆有这么一个小“粉丝”，不久后，托于奇转送给她一本亲笔签名的新作。

我和妻子都喜欢读书，我们各人捧着一本书读，是啾啾天天看到的情景。我相信，这种氛围发生的潜移默化作用是最有效的。家里到处是书，她经常从书柜里抽出一本书来，随意地翻看。有一回，她抽出一本卡夫卡的短篇小说集《变形记》，看见封面上有叶廷芳的名字。叶廷芳也是我们的好友，她感到好奇，问：“是叶爷爷写的?”我解释，是叶爷爷翻译的。她又问：“整本书都是《变形记》?”我告诉她，《变形记》是其中的一篇。她表示想看一看，根据目录翻到了那一页，看了开头，立刻笑着说：“一开头就变成甲虫了。”

童年不但是养成读书爱好的关键时期，也是形成读书品位的重要时期。我一向认为，读书的起点一开始就要高，应该为孩子提供适合其年龄的优质的书。啾啾五岁时，我订购了一套河北教育出版社出版的“世界名著之旅”丛书，放在她的书柜里，想看看她有什么反应。这套书共二十来册，都是根据名著缩写的，我翻了一下，觉得缩写得不错。我发现，她很快就对这套书产生了兴趣，在很短时间里读完了三本：《鲁滨逊漂流记》《苦儿流浪记》《八十天环游地球》。最早读的是《鲁滨逊漂流记》，但在三本中最晚读完，她说她害怕，终于读完以后，在笔记本上写了一句感想："很激动人心的故事，尤其是在无人岛上的时候。"我从不催她，她在一年多的时间里基本读完了这套书，最喜欢《堂·吉诃德》，经常对我们说起里面的情节。在这之后，她最喜欢的书是卡尔维诺编的《意大利童话》，厚厚两大册，一千多页，反复读了好几遍，到了几乎能背诵的地步。她欣赏那种民间风格的幽默，随便你翻到哪一页，她立刻就能活灵活现地给你讲述相关的那个故事。

啾啾看书是非常专注的。经常的情况是，我自己在忙，突然想起很长时间没有听到她的声音了，到她的房间看，只见她坐在窗边，捧着一本书在读，我跟她说话，她一脸茫然，可见她的心还沉浸在书里。这情景真令人感动。有一回，她妈妈表示想看《战争与和平》，她从书柜里替妈妈找了出来。过了几天，她发现妈妈在看别的书，就问："你为什么不看《战争与和平》了？"妈妈说："我翻了一下，觉得别的书更好看，就看别的书了。"她说："你没有看进去。"真是一针见血啊。

有一本书，她从四岁到现在一直喜欢，就是《窗边的小豆豆》，也是百读不厌。一开始是妈妈读给她听，她听完后宣布："以后我也要写自己的事。"因为那本书有后记，她又加上一句："当然也要写后记的喽。"我借此机会叮嘱我的宝贝：说话要算数呀，爸爸就等着你兑现诺言啦。

在同龄的孩子里，啾啾肯定不算读书最多最用功的。我的有些朋友的孩子，年纪很小就读成人读的大厚本，能背诵许多古文。和他们比，啾啾仍显得孩子气。不过，我觉得这样挺好。在孩子智育的问题上，我有一颗平常心，不给她施加任何压力。我给她的只是一个布满书籍的环境，一种以读书为乐的氛围，如此足矣，其余皆顺其自然。智力的生长有自己的季节，何必揠苗助长呢。

2007 年 12 月

青春期的阅读

青春期是人生最美妙的时期。恋爱是青春期最美妙的事情。我说的恋爱是广义的，不只是对异性的憧憬和眷恋，更未必是某个男生与某个女生之间的卿卿我我。荷尔蒙所酿造的心酒是那么浓郁，醉意常在，万物飘香。随着春心萌动，少男少女对世界和人生都是一种恋爱的心情，眼中的一切都闪放着诱人的光芒。在这样的心情中，一个人倘若有幸发现了一个书的世界，就有了青春期最美妙的恋爱——青春期的阅读。

回想起来，我的青春期的最重大事件是对书的迷恋，这使我终身受益。从中学开始，我的课余时间都是在阅览室里度过的，看的多半是课外书。阅览室的墙上贴着高尔基的语录："我扑在书籍上，就像饥饿的人扑在面包上一样。"当时真是觉得，这句话无比贴切地表达了我的心情。现在想，觉得不够贴切了，因为它只表达了读书的饥渴感，没有表达出那种如痴如醉的精神上的幸福感。

青春期的阅读真正具有恋爱的性质，那样纯洁而痴迷。书的世界里，一本本尚未翻开的书，犹如一张张陌生女郎的谜样面影，引人遐想，招人赏析。每翻开一本新书，心中期待的是一次新的奇遇，一场新的销魂。人的一生中，以后再不会有如此纯洁而痴迷的阅读了，成年人的阅读几乎不可避免地被功利、事务、疲劳损害。但是，一个人在青春期是否有过这种充满激情的阅读经验，这一点至关重要，其深远的影响必定会在后来的人生中显示出来。青春期是精神生长的关键期，也是养成阅读习惯的关键期，二者之间有着内在的联系。通过青春期的阅读，一个人真正发现的是人类的一个丰富多彩的精神生活世界，品尝到了在这个世界里漫游的快乐。从此以后，这个世界在他的人生地图上就有了牢不可破的位置，会不断地向他发出召唤。相反，有些人在学生时代只把力气用在功课和考试上，毫无自主阅读的兴趣，那结果是什么，你们看一看那些走出校门后不再读书的人就知道了。

学习是一辈子的事情。事实上，在我迄今所读的书中，当学生时读的只占很小一部分，绝大部分是在走出校门后读的。我相信，其他爱读书的人一定也是如此。我还相信，他们基本上也是在年少时代为一辈子的读书打下了基础。这个基础，一是产生了强烈而持久的阅读兴趣，二是形成了自己的阅读眼光和品位。

看一个学生的心智素质好不好，我就看他是否具备了两种能力，一是快乐学习的能力，二是自主学习的能力。简言之，就是喜欢学习和善于自学。这样的能力，一方面诚然也可以体现在功课上，比如探索出一套有效的方法，能够比较轻松地对付考试。但是，另一方面，我认为更重要的是体现在课外阅读上，课外阅读是学生个性和禀赋自由发展的主要空间，素质优秀的学生一定不会舍弃这个空间的。我由此得出了一个衡量学生素质的简明尺度，就是看课外阅读在他的全部学习中所占的比重有多大。我坚信，一个爱读书、会读书的学生，即使功课稍差，他将来的作为定能超过那种功课全优但毫无自主阅读兴趣的学生。同样，衡量一所学校的教育水准，我也要看是否有浓厚的阅读风气，爱读书、会读书的学生占的比重有多大。如果只是会考试，升名校率高，为此搭进了学生们的全部时间和精力，那不能算是好学校，一个恰当的名称叫应试能校。

2011 年 7 月

让穷孩子们仰望星空

近日，北京慈弘慈善基金会和人民文学出版社举行新闻发布会，正式启动一个名叫“慈弘图书角”的合作项目。据介绍，该项目主要针对西部贫困地区县、乡级中学及部分小学学生，选择教育资源贫乏的学校，给每个班级配备75～100册图书，图书均由人民文学出版社供货，以中外文学名著为主。基金会负责人称，该基金会曾对青海省县、乡级3所中学500名学生做抽样调查，发现拥有一册以上图书的学生仅占0.5%。也就是说，几乎所有学生没有课外书。各学校图书室的藏书也极为可怜，基本上只有一些过时的读物，而且不向学生开放。由于西部经济状况和消费水平的限制，当地书店很少进新书，因为进了也卖不掉。因此，对于那些中外名著，孩子们至多在语文课本上闻其名，无缘一睹真容。这是慈弘图书角项目的缘起，旨在让西部贫困孩子能够读到好书。

我对这个项目的立意和做法十分赞赏。回顾自己的精神成长的历程，我深知在儿童和少年时期养成读好书习惯的重要。每一个孩子心中都有一种渴望，对知识和光明的渴望，对真善美的渴望，这种渴望有待点燃，而书籍是最好的火种。世上有一些穷孩子，因为及早发现了书籍的世界，日后不但改变了自己的命运，而且成了改变世界的人。我在这里特别想到了19世纪美国的钢铁大王卡耐基，他早年贫困，只上学到13岁，就为生计所迫当了小邮差。然而，正是在这一年，一位退休上校用自己拥有的400册文学名著办了一个图书角，向穷孩子们开放，而小卡耐基成了最积极的借阅者。他在自传中说：他感激这位上校的“充满智慧的慷慨”，“是他培养了我对文学的爱好和品位，即使用人类所有的钱财与之交换，我也不愿意。”事实上，少年时代养成的这种“对文学的爱好和品位”奠定了卡耐基一生精神追求的基础，众所周知，他后来成了美国民间公益事业的奠基人，所赞助的主要领域恰是教育和社区图书馆。

王尔德有一句名言：“我们都生活在阴沟里，但我们中有些人仰望星空。”一个为生存挣扎的穷人是生活在阴沟里，一个为财富忙碌的富人也是生活在阴沟里。然而，不论穷人富人，总有一些人的灵魂觉醒了，看到了头顶上的星空，心中有了精神的目标。我相信，仰望星空的人越多，生活在阴沟里的人就越有希望，而那些伟大书籍所传递的正是星空的信息。

今天，中国西部地区的广大孩子生活在贫困的阴沟里，最需要获得星空的信息。在我看来，慈弘图书角项目的意义即在于此，是给西部孩子送去星空的信息的。我最欣赏的一点是，送去的真正是好书，是中国最好的文学出版社出版的文学名著，使穷孩子们直接就得以汲取最好的精神营养。相比之下，城里的孩子虽然生活优越得多，但同时也置身在一个充斥着垃圾信息的文化环境中，许多人迷恋于动漫之类的快餐，反而距离文学宝库更加遥远。

毫无疑问，要根本改善西部贫困孩子的处境，必须从多方面努力，有赖于中国经济、政治、教育体制的整体改善，不是只送一些好书去就能奏效的。但是，这是众多努力中不可缺少的一维。心灵的关怀是大善、根本之善，其作用深刻而长远，非物质的援助所能比。同时，鉴于当地书籍稀缺的现状，此举具有紧迫性，不啻是精神上的雪中送炭。我期待有更多的基金会和出版社也这样做，让高质量的图书角在贫困地区遍地开花，让穷孩子们都有仰望星空的机会。

2011 年 3 月

阅读小语

1. 人生不可缺少的三种交谈

阅读是与历史上的伟大灵魂交谈，借此把人类创造的精神财富“占为己有”。写作是与自己的灵魂交谈，借此把外在的生命经历转变成内在的心灵财富。信仰是与心中的上帝交谈，借此积聚“天上的财富”。这是人生不可缺少的三种交谈，而这三种交谈都是在独处中进行的。

2. 人生不可缺的两个朋友

人生不能没有朋友。在一切朋友中，有两个朋友是最不可缺的。一个朋友就是你自己，是你身上的那个更高的自我。每个人身上都有一个更高的自我，哲学家称之为理性，基督教称之为灵魂，佛教称之为佛性，但它常常是沉睡着的，你要去把它唤醒。为了使这个更高的自我变得丰富而强大，你还必须有另一个朋友，就是那些好书，活在好书里的那些伟大的灵魂。

3. 读无用的书，做有梦的人

读无用的书，做有梦的人。这是我给一家民营书店的题词。书分有用和无用，有用的书关乎生计，无用的书关乎心灵。人分有梦和无梦，无梦的人是生计的奴仆，有梦的人是心灵的富翁。无梦的人生是乏味的，与无梦的人相处也是乏味的。人生在世，生计之外，还是得讲究个味。

4. 读书的两种收获

读书的收获有两种。一是通过读书知道了自己原来不知道而且也没有的东西，这样收获到的东西叫知识。二是通过读书知道了自己原来已经有但没有意识到的东西，这些东西是自己感悟到的，但好像一直沉睡着，现在被唤醒了，激活了，并且因此获得了生长、开花、结果的机会。这样收获到的东西，我称之为智慧。

5. 阅读可以养生

阅读不但可以养心，而且可以养生，使人心宽体健。人的身体在很大程度上受心灵支配，忧虑往往致病，心态好是最好的养生。爱阅读的人，内心充实宁静，不易陷入令人烦恼焦虑的世事纷争之中。大学者中多寿星，原因就在于此。

阅读还可以救生，为人解惑消灾。人遇事之所以想不开，寻短见，是因为坐井观天，心胸狭窄。爱阅读的人，眼界开阔，一览众山小，比较容易超脱人生中一时一地的困境。

阅读甚至可以优生，助人教子育人。父母爱阅读，会在家庭中形成良好的文化氛围，对子女产生不教之教的熏陶作用。相反，父母自己不读书，却逼迫孩子用功，一定事倍功半。

6. 阅读怎么改变命运

人们常说：阅读改变命运。在我看来，此话可有两种含义。其一，读那些所谓“有用的书”，也就是接受正规教育，获取专业知识，这样可以改变外在的命运，即改变在社会上的地位。其二，读那些所谓“无用的书”，那些哲学、宗教、人文方面的书籍，未必能改变你的外在命运，但能改变你的内心世界，使你拥有智慧、信仰、丰富的心灵生活，拥有一个强健的灵魂，因此也就改变了你与外在命运的关系，从而在精神上立于不败之地。我认为后一种改变是更可靠也更重要的。

7. 文化上的绿色食品

经典作品是最接近自然的文化制品。这首先是因为，作者自己是大自然所诞生的健康的生灵，因此对事物有饱满而真实的感受，他只需把这感受如实地表达出来就可以了。用食品作譬，他采用的是天然原料，没有化肥和农药的污染，没有添加剂，制作出来的是真正的绿色食品。

在食品卫生状况恶劣的今天，你也许无处寻觅令口腹放心的物质上的绿色食品了，但是，令心灵放心的精神上的绿色食品就在那里，你为何不去享用，却甘愿受营养贫乏、添加剂泛滥的文化快餐的毒害呢？

8. 读经典就像回家

卡尔维诺谈经典的两句话，我觉得也说出了我读经典的感觉。一是初读就像是重温。人文经典所探究、叙述的主题，无非是人性和人生，我对之有自己的体验和思考，因此并不陌生。二是重温就像是初读。大师毕竟是大师，所展现的精神世界丰富而深邃，因此常温常新。结合这两种感觉，我觉得读经典就像是回到了我久违的真正的家，既似曾相识，又不断有意外的发现和惊喜。其实，这个家就是人类共同的精神故乡，而经典则是带领我们回家的向导。

9. 怎么打读经典的基础

我主张读书的起点要高，直接从大师的经典作品开始。有人问：读经典必须有一定的基础，现在基础太差，怎么打这个基础？我的回答是：读经典的基础也是通过读经典来打的。经典的共同之处是有很高的含金量，但它们在文字表达上也有深浅难易之别，你可以由浅入深，从易到难，循序渐进，这本身就是一个逐步打基础的过程。相反，如果你总是读那些平庸的书，即那些没有含金量的书，就永远不可能学会识别和欣赏金子，永远不可能具备读经典的基础，只会离经典越来越远。

10. 大师和偶像

过去出大师，今天出偶像。但大师并未成为过去，而是永远活在他们的作品中，活在文化的传承中。偶像则依附于时尚而昙花一现。

我给自己的定位：大师的学生。我当然不是大师，但也不是偶像，做大师的学生，这是我的最大幸运和光荣。

寄语今日青年：要做大师的学生，不做偶像的粉丝。唯有如此，你们才能超越时尚，进入文化。

11. 人与人的差距令人震惊

读精神伟人的著作，看艺术天才的创造，我知道了人所能达到的高度，于是为自己生而为人类感到幸运和荣耀。

可是，走在街上，看见那些在路边玩牌和喧哗的人，那些开着车使劲按喇叭的人，看见那么多空虚的脸，我不禁想：难道他们也是人类？

人与人之间的差距如此之大，这一点常常使我感到震惊。

12. 不读好书是多么大的损失

只有你自己做了父母，品尝到了养育小生命的天伦之乐，你才会知道不做一回父母是多么大的损失。只有你走进了书籍的宝库，品尝到了与书中优秀灵魂交谈的快乐，你才会知道不读好书是多么大的损失。世上一切真正的好东西都是如此，你必须亲自去品尝，才会知道它们在人生中具有不可替代的价值。

看到那些永远在名利场上操心操劳的人，我常常心生怜悯，我对自己说：他们因为不知道世上还有好得多的东西，所以才会把金钱、权力、名声这些次要的东西看得至高无上。

阅读与成长

今天我和大家谈谈读书的问题，我可以算读了一辈子的书，就谈谈我的体会。

一个中学怎么样才算好学校？一般的评价标准就是看你的升学率，升入名校的比例，这也可以作为一个标准。但是我觉得仅仅这个标准是不够的，我看一个学校，还要看它课外的阅读做得好不好，我觉得这一点更加重要。在我看来，一个学生怎么样算是素质高呢？我归纳了两条，第一是他有快乐学习的能力，喜欢学习，对知识充满兴趣；第二是他有自主学习的能力，不但对知识感兴趣，而且知道自己的兴趣在什么地方，他能够按照自己的兴趣来安排自己的学习，我觉得这样的学生是素质高的。那么这种爱学习、会学习、有自学的能力表现在什么地方，很大的一个表现就是他绝对不会仅仅局限于功课，他一定会有自己阅读的爱好，有自己爱好的方向，一定是这样的。所以在我看来，一个学校如果说是好学校的话，就是课外的阅读、学生的自主阅读占的比重高，喜欢课外阅读、有自主阅读能力的学生多，我就觉得这样的学校是一个好学校，它培养出来的不仅仅是能考试的学生，而是素质真正高的学生。

同学们现在正在人生最美妙的时期，就是青春期，青春期有一件最美妙的事情，是什么呢？就是谈恋爱。（笑声）我回忆我的青春期，比较明确的是在北大的时候。我上北大 17 岁，进了北大以后，有一天突然发现，世界上有这么多漂亮的姑娘（笑声），当时的感觉就是这个世界太美好了，人生太美好了，感到一定有一件非常美好的但是我还不太清楚的事情在等着我，但是这一等就等了很多年，其实我谈恋爱很晚。不过，我说的恋爱不是狭义的，不只是男女之间的卿卿我我，青春期最奇妙的感觉是什么？你看世界、看人生都是一种恋爱的心情，你是和整个世界谈恋爱，和整个人生谈恋爱，眼中的一切充满了魅力，这种心情是最奇妙的。那么在这里面有一项就是对书籍，也是怀着这种恋爱的心情。我当时就是这样，好像突然发现了一个书的世界，这心情和发现了女孩子的漂亮是一样的。青春期的阅读真的有一种恋爱的特征，它是非常纯洁的，没有功利的考虑，它又是非常痴迷的，如痴如醉，而且也像恋爱一样，在阅读的过程中充满着奇遇，有一天突然发现一本好书，一个自己喜欢的作家，那种激动，那种快乐，难以形容。

我是在上海中学上的高中，我们的阅览室墙上贴了一些励志的名言，给我印象特别深的是高尔基的一句话："我扑在书籍上，就好像一个饥饿的人扑在面包上一样。"我觉得这句话把我当时的心情说得太准确了。同学们要知道，像这样充满热情的、纯洁而又痴迷的青春期的阅读，以后很难再有了。等到你成年以后，你也可能仍然是一个爱读书的人，但是往往会有功利、事务、疲劳来干扰，你要承担生活的压力，要应付很多事情，很难像现在这样纯粹而痴迷地读书了。如果说青春期的阅读像恋爱，恋爱是很纯粹的，那么，成年人的阅读就有点像婚姻，婚姻可能就比较功利。我可以说是一个爱读书的人，但是我现在真的不像高中的时候、大学一二年级的时候那样，拿起一本书就忘掉了一切，这恐怕是没有办法的。

所以，同学们一定要珍惜这段时光。一个人在成长的阶段有没有过这种青春期的阅读，对他后来的影响会非常大。你只要看一看有些人，他们走出校门以后再也不读书了，最多是读一点专业书，或者是怎么炒股、怎么养生的书，你就知道是怎么回事了，这些人肯定是不曾有过青春期阅读的经历的。没有阅读习惯的人，他的世界是很狭隘的，其实很可怜。相反，你如果有过这种经历，你在高中、大学期间真正品尝到了阅读的快乐，从此养成了阅读的习惯，那你是一辈子受益的。

阅读和成长之间有一种内在的联系。青少年时期是成长的关键时期，所谓的成长，不但是身体上的成长，更是精神上的成长。精神上的成长，要靠精神的营养，而且应该是好的精神营养，是安全的、健康的食品，里面没有三聚氰胺之类，这就是好的书籍。一个人精神成长的这个关键时期，同时也正是培养阅读习惯和品位的关键时期，这两个关键时期之间一定有一种内在的联系。一个人在这个时候没有养成读书的习惯和品位，不爱读书，或者只读一些平庸的书，精神上就会发育不良。如果在这个时候养成了读书的习惯和品位，就为一生的精神发展打下了基础。

人类的精神财富主要是以书籍的形式保存下来的，书籍是人类的精神生活传统的主要载体。什么叫作精神成长？我们每一个个体，你的精神生活和精神成长是不能脱离人类精神生活的传统的，把你放在孤岛上，和人类的精神传统隔绝，你是不可能有真正的精神生活的。你必须进入到人类精神生活的传统中去，进行学习和思考，在这个过程中，你的精神就成长起来了，越来越丰满了。那么，人类精神生活传统的主要载体就是书籍，所以阅读是精神成长的最重要的源泉和过程。

人生的目标应该是什么？我觉得我们真正要追求的无非是两个东西，一个是优秀，一个是幸福。优秀和幸福都和青少年时期的精神成长有密切的关系，精神成长得好是一个基础。在青少年时期，一个人的身体在成长，精神也在快速地成长，心灵里在发生着重大的变化，是人生一个关键的时期。如果在这个时期你的精神成长得好，你就为一辈子的优秀打下了基础。人生的幸福，其中最重要的部分是精神方面的享受，也取决于你的精神成长得好不好。所以，在青少年时期通过阅读让精神成长得好，真的就关系到你以后能否优秀和幸福。

精神的成长，具体来说有哪些方面？哲学家们把人的精神属性相对地分为三个方面，就是智力、情感和道德。我们学校里的教育，从精神层面上说，相应的就有三种教育。一是智育，就是智力教育，不光是学习知识，目标是智力的成长，拥有自由的头脑。二是美育，不光是培养画画、唱歌之类的技艺，美育是情感教育，是心灵的成长，拥有丰富的心灵。三是德育，也不是表面的规范性教育，德育是灵魂教育，目标是灵魂的成长，拥有善良、高贵的灵魂。今天时间有限，我重点说说前两个方面。

先讲智力的成长。我们在学校里学习，大量的时间是花在智育上面的，包括学习各门知识。但是我觉得，智育的目标应该是培养自由的、活泼的头脑，这比学习知识更加关键。无论是课内学习，还是课外阅读，主要的目标都应该是让自己具备良好的智力品质。一个学生的智力品质好不好，看什么？最重要的智力品质是什么？我一直认为是两个东西，一个是好奇心，一个是独立思考的能力。好奇心就是对世界、对知识充满兴趣，如果没有，智力从根底上就是有缺陷的，将来的发展是很有限的。好奇心针对具体的现象，要弄清楚现象背后的原因，我们就有了科学。好奇心针对整个宇宙和人生，要弄清楚世界的本质和人生的意义，我们就有了哲学。哲学不只是一门学科，而是人类应该有也必然有的一种品格。作为一个人，要追问世界和人生的真相，要活得明白，不愿意糊里糊涂地活，这是理所当然的。

孩子都是有好奇心的，会提出许多问题。孩子的好奇心比大人强，你们的好奇心比我强，我相信你们小时候的好奇心又比现在强。我从我女儿身上看得很清楚，她好奇心最强烈的时候是四五岁的时候，那时候会提出很多问题，其中一大部分是真正的哲学问题，我觉得非常可贵。我绝对不会像某些家长那样，孩子一提这种问题就说你不要胡思乱想，你要去想有用的问题。什么叫有用？想这种好像无用的问题，其实标示了一种精神的高度。所谓有用特别功利，对于学生无非就是考试和升学，对于民族无非就是经济效益。我觉得我们民族的问题就出在这里，不重视精神本身的价值，对什么问题都要问有用没用，没用的问题就不要去想。

西方人文精神有一个基本价值取向，就是精神价值本身就是价值，你不要问它有什么用，哲学的追问也好，科学的研究也好，本身就体现了人的伟大，是人类高级属性的满足。为什么人的高级属性的满足要用低级属性来满足，所谓的有用，用物质的效用来衡量呢？这不是颠倒了吗？我相信，那些真正为人类文化做出了重大贡献的人，他们都是好奇心的幸存者，他们的好奇心没有被功利心扼杀掉。

另外一点就是独立思考的能力。你不能对什么都好奇，但是对什么都不去深入地研究。有的人好像兴趣广泛，但对什么都浅尝辄止，结果一事无成。我认为这不是真正有好奇心，起码只是很弱的好奇心。真正有好奇心，一定是一种挑战的感觉，要自己去解开这个谜，用自己的头脑去寻找答案，把未知变为知，而这就是独立思考。

智力品质的这两点，具体到教育上、学习上，就是我前面说过的快乐学习的能力和自主学习的能力。首先是喜欢学习，学习本身就是快乐的事情，然后是知道自己的兴趣方向在哪里，能够按照自己的兴趣方向来安排自己的学习。做到了这两点，就是合格的学生。

好奇心和独立思考能力也好，快乐学习和自主学习能力也好，概括起来说，就是一种智力活动的兴趣和习惯。一个人通过高中的学习，大学的学习，最后要造就一个什么东西？就是这个智力活动的兴趣和习惯。你喜欢智力活动，你擅长智力活动，你的智力始终是活跃的，你有一个自由的头脑，这是最重要的，最后具体搞什么专业并非最重要的。一个人品尝到了智力活动的快乐，从此养成了智力活动的习惯，他喜欢学习、思考、研究，智力活动几乎成了他的本能，成了他的生活的第一需要，这样的人才叫知识分子，我相信这样的人无论在哪个领域一定是有作为的。并不是有学历、有文凭就算知识分子，说实话，有学历、有文凭的人里能够称得上知识分子的并不多，很多人离开学校以后就基本上没有智力活动了，这是很可悲的。

所以，一定要珍惜在学校里的这一段时间，真正养成对学习的爱好和自学的能力，这是一辈子受用的，光考试好没有用。一个人的学习是一辈子的事情，学校不过是一个打基础的地方，而且主要不是打具体知识的基础，是打智力品质的基础。你喜欢学习，并且知道了自己兴趣和能力之所在，以后来日方长，慢慢地积累，会越来越深厚的。在这方面我体会很深，我大部分的东西都是后来学的，在学校学的东西并不多，占的比例很小。但是在高中和大学的时候，我觉得非常幸运的一点是养成自学的习惯了，大部分时间都是在自学，也就是课外阅读，只用少量的时间来对付功课。我认为，真正的学习都是自学，不管你上的是不是名校，有自学能力的都是好学生，相反的就不是好学生。你有自学的能力，学校里的学习就只是一个开端，出了校门你会一辈子学习。你只是跟着老师和课程亦步亦趋，没有自学的能力，一出校门你的学习也就结束了，不会有更大的发展了，无非是找份工作，运气好就找到一份钱多的工作，这样的人生美好吗？我觉得不美好，挺可怜的。

我特别强调一点，就是你们现在在学校里，包括以后上大学，在智力的成长上要达到一个什么样的目标，你们心里一定要清楚，主动权掌握在你自己手中，要看清楚这一点。一个学校有好老师、好校长，有一个好的教育环境，这当然很幸运，现在我们大部分学校的孩子是不幸运的，大部分学校是跟着应试教育走的，孩子们学习得不快乐，更不要说自主学习了。但是，无论作为一个学校，还是作为一个个体，想自由的话总是能够争取到一定的自由的。

我当年进北大的时候，本以为进了最高学府一定能学到很多知识，但很快发现事实并非如此，如果我跟着课程跑的话学不到什么。我们那个时候和现在不一样，现在的问题是太功利化，包括课程的设计也是功利化，那时候是政治化、意识形态化。我就想一定要掌握学习的主动权，那时候我基本上是二三百人的大课就逃课（笑声），反正发现不了，小课一个班 25 个人，逃课肯定会被发现，旷课多少节是要被开除的，我可不愿意被开除，基本上是老师在上面讲课，我在下面看自己的书，有一回我看得入迷的时候，老师提问叫我的名字，我站起来问“干什么”（笑声），全班哄堂大笑。

我想说的是，不管在什么情况下，学习是你自己的事情，你要当学习的主人，不要被教材和课程拖着走，要学会自己管理自己的学习，这是一种非常重要的能力。你将来在进一步的学习上、在事业上有没有成就，这是很关键的一点。现在这个社会对于年轻人来说是很严峻的，生存压力这么大，但是自主权还是在你自己手上。你将来有没有自己真正的事业，这一点取决于你，而不是取决于环境。我敢断定，那些完全被应试教育支配的学生，将来很可能是不会有自己的事业的。

接下来讲心灵的成长。人不但有认识能力，凭了你的智力和知识在社会上做事，人还有情感，要有心灵生活。我们在同一个世界上生活，但是如果你的内心状态不一样的话，实际上你眼中的世界是不一样的。一个内心贫乏的人，他看到的世界也是贫乏的，无非是车子、房子和钱，而一个内心丰富的人对世界会有很多微妙的感受。

为了有丰富的内心世界，一个重要的途径就是阅读，主要是读人文书籍，包括哲学、宗教、文学、历史等。心灵的成长是情感品质的成长，就是美育，我今天没有讲灵魂的成长，道德品质的成长，就是德育，实际上好的人文书籍都含有这两个方面的内容，展现一个既丰富又高贵的精神世界。读人文书籍是没有专业之分的，不管你以后从事什么专业都应该读，只要你愿意你内心丰富而高贵就都要读，内心的丰富和高贵是通过读这些精神导师的书熏陶出来的。我还喜欢读一些真正的精神大师，那些大哲学家、大宗教家、大艺术家、大文豪，他们的自传或者传记，我觉得读了真的有启迪的作用，应该怎样做人，你会感到一个人拥有丰富的心灵和高贵的灵魂，这比什么都好。

对于今天的年轻人，我特别强调要少上网，多把时间花在读书上面。上网去看那些八卦新闻，去聊天，你想一想做了这些事情以后，对你的精神生长有没有好处？我觉得一点好处也没有。反正我是舍不得花时间在这上面的，我的孩子也不做这些事情。应该把时间用在让自己的精神真正得到成长上面，那就应该去读书。人类的精神财富最主要的存在方式就是书籍，对这一点我坚信不疑，网络无论如何不能取代书籍。当然网络有它的好处，造成了传播方式的革命，推进了信息的公开化和政治的民主化。但是，网络对人们的精神生活也产生了很大的负面作用，导致了阅读的碎片化、交流的表面化。你整天泡在网上做一个网虫，老是去和陌生人聊天，我真的觉得意义不大。不能用聊天来取代自己独处和思考，后者是更重要的，能使你的灵魂变得深刻。你光是上网啊，看一些网络小说啊，聊天啊，我断定你一定会变得越来越肤浅。

要多读书，而且一定要读好书。一个人真正能够用来读书的时间是非常有限的，可以说读书是我的职业，但是我也觉得好书读不完啊，既然这样，你怎么还可以花时间去读那些比较差的书、那些平庸的书呢？什么是好书？当然每个人会有自己的判断，我的标准是明确的，就是真正能让你得到精神上的愉悦和提高，使你在精神上变得更加丰富和深刻。老有人让我开书单，我说我开不出来，因为阅读是个人的精神生活，每个人的书单肯定是不一样的。但是有一条，我说你可以把选择的范围主要放在经典名著上面。我读书基本是读经典名著，不妨说基本是读死人的书，活人的书读得很少。现在出的书太多了，怎么去甄别啊？可能看了很多平庸的书才遇到一本好书，但已经浪费了很多时间。经典名著是时间这个最权威、最公正的批评家帮你选出来的，我发现真的没有上当，确实有最大的精神含量。西方从古希腊开始，中国从春秋、从孔子开始，你从古今中外的经典著作里面去选适合于你的书，你读了会喜欢的书。哪怕经典著作也是读不完的，所以我建议大家还是把时间尽可能地花在这上面。

有的人说经典著作太难读了，一开始你可能会这样感觉，这有一个过程，我相信只要你读进去了，就会发现其实并不难读。大师就是大师，真正的大师是平易近人的，他不会故弄玄虚，一定是要真实地传达自己的思想，只有平庸的作家才故弄玄虚，因为他没有真货色。我们读经典也应该有一种平实的态度，不要端起架子来做学问，不要去死抠字眼和含义。我觉得我们语文课有个特别可笑的东西，就是让你去分析课文的段落大意、主题思想等，这个真可笑，对提高你的语文水平一点用处也没有，恰恰起到相反的作用。我的文章就常常被用来做这种测试的题目（笑声），我因此遭受不白之冤，有好些孩子骂我，说我让他们吃了这么多的苦。有一回，我的一个朋友的孩子，一个高中女孩，拿来了一份测试卷子，是我的一篇文章，题目叫作《人的高贵在于灵魂》，我不知道你们做过没有？（听众回答：做过。）她说周伯伯你自己做一下（笑声），我就做了，她按照标准答案给我打分，69 分，我自己的文章我都看不懂了，她很高兴我的分数比她还低，她得了 71 分。（笑声）不能这样读书，语文课主要是培养你的阅读兴趣和能力，你的写作兴趣和能力，就这两条。可以分析范文，但是应该着重个人的独立见解，不可能有标准答案的，你理解得有意思，哪怕是你自己的发挥，也没有关系，从范文中引发出你自己的真实的感受和思考，把它们表述出来，这就是合格和优秀。

我自己觉得，读书时最愉快的感觉、最感到有收获的是什么？肯定不是去分析所读的那本书的全部内容，而是突然发现作者表达的某个思想我也有，但是他表达得非常好，引发我去进一步思考。这是一种自我发现，是你本来已经有的东西被唤醒了，这是最愉快的，是最大的收获。你自己本来完全没有这个东西，那本书把这个东西表达得再好，你读的时候也是不会有感觉的。所以，在阅读的过程中，你对文本的反应是你内心已有的东西的一种表现，而不仅仅是在理解一个客观的东西。把阅读当作一个纯粹客观的接受过程，那是最笨的、最无效的。事实上，你内在的积累越深厚、越丰富，阅读的过程就越愉快、越有效。如果你把阅读时被唤醒的东西表达出来，这就是写作了。你们看我的很多文章，实际上都是读了某本书以后写的，但是我绝不是在分析那本书，我是在说读了以后被唤醒的东西，这个东西才有意思，我觉得我也可以说一说这个东西，甚至可以说得更好，这样的文章往往我自己特别满意，读者也喜欢。

这是阅读，另外我觉得要让内心丰富，还有一个重要途径就是写作。我认为本真意义上的阅读和写作都是非职业的，应该属于每一个关注心灵生活的人，你们将来即使读理工科也应该写。并不是说读人文书籍只是学者的事情，写作只是作家的事情，其实我成为作家是非常偶然的，我在上学的时候根本没有想到有一天会成为一个所谓作家，但是我不当作家也一定会写。我的写作是从写日记开始的，我从小就写日记，到高中和大学的时候，基本上是天天写，一天写好几页。我一直说，从高中到大学，我就两门主课，一门是看课外书，还有一门就是写日记。可是很可惜，大学四年级的时候，“文化大革命”爆发了，有两件事情刺激了我。一个是我的好朋友郭世英，直到现在还不知道是自杀还是被害，非正常死亡，我当时很绝望，觉得一切都没意思了。还有一个是北大武斗，抄家成风，对立派把你的日记抄成大字报，说是反动日记，把你拉出来斗，如果我的日记被抄出来，肯定就是反动日记了。因为这两个刺激，我把全部日记都毁掉了。不过，写日记的习惯还是改不掉，离开北大后又写了。对于我来说，写日记不是要不要坚持的问题，已经成了本能，非写不可。

面对中学生的时候，我总是提一个建议，就是要养成写日记的习惯。你们现在正处在人生的早晨，以后的日子还很长，你们要记住，一个人最宝贵的东西就是你的经历，是你在经历中的感受和思考。无论是现在，还是在将来的生活中，你们会有快乐，也会有苦恼，会有顺利的时候，也会有受挫的时候，会遇到喜欢的人，也会遇到讨厌的人，一个人外部的经历可以说有的是正面的，有的是反面的。但是，我觉得，通过写日记，你可以把所有的经历包括似乎反面的经历都转变成你的财富。大家都在一天天过日子，但是有的人是用心在过，有的人他的心不在场，灵魂不在场，结果是大不一样的。写日记的作用是在鞭策你，督促你，让你的灵魂在场。写日记的时候，实际上是你的灵魂在审视你的经历，对那些有意义的经历给予肯定，把它留住。

养成了这样的习惯，当你生活的时候，你的灵魂也会在场，用我的说法，就是你的灵魂的眼睛也是睁开的，你会关注和仔细地品味那些有意义的经历，你的生活因此充满了意义。

所以，通过写日记，不但可以把外在的经历转变为内在的财富，而且还可以让你在一定程度上超越于你的外部经历。你有一个身体的自我，这个自我在社会上活动、折腾，你还有一个更高的自我，后来我在尼采的著作里也看到了这个概念，他也谈到了更高的自我。这个更高的自我可以说是一个理性的、灵魂的自我，是人性中本来应该有的，但是许多人的更高的自我是沉睡着的，甚至几乎死去了，再也唤不醒了。我们一定要让这个更高的自我早一点觉醒，让它来指导身体的自我，而写日记和读好书就是让它觉醒的好办法。

人不能缺少两种交谈。一个是和历史上的大师交谈，这就是阅读。另一个是和自己的灵魂交谈，写日记就是一种好方式。换一个说法，人不能缺少两个最重要的朋友，一个是自己，就是你身上的更高的自我，另一个是好书，活在好书里的那些伟大的灵魂。我们每个人的生活范围终归是有限的，你可能在你周围的环境中找不到大师，但是许多大师在书籍里面，你随时可以去见他们。一个是大师，一个是自己，有了这两个朋友，你就不会孤单，不会浮躁，你就会拥有一个宁静的、充实的内心世界。我本人认为当代无大师，当代出明星和偶像，出不了大师。有时候我被人称作大师，我自己觉得很可笑，我读过大师的书，明白我和他们的差距有多大。偶像周围有一大群粉丝，也有人自称是我的粉丝，我就说你们不要做我的粉丝，我不想当偶像，你们也不要做任何偶像的粉丝，做粉丝有什么意思啊，我们大家一起来做大师的学生吧。我也是大师的学生，我希望你们也做大师的学生，我所做的事情实际上就是把人们引到大师的面前，告诉他们，这才是大师，你们去读他的书吧。出大师需要合适的土壤，就是一种鼓励纯粹精神追求的环境，我们这个民族太重实用，缺乏这个土壤。这个土壤怎么来培养？我觉得要靠你们，反正我认为我们这一代人是没有希望了，反正我是没有希望了，希望寄托在你们身上。好，谢谢大家。（掌声）

现场互动选摘

北京一零一中学

问：您说读书要不求甚解，但又说要因为知识本身而尊重知识，按我自己的解释，就是不断扩大对世界的了解是一种享受。那么，为什么当您有了这个疑问不要去想它，或者说要想到一个什么程度才可以放弃？

答：这是不同的两个问题。一个是你真正关注的一个问题，就要去独立思考，把它想清楚，这是在真理问题上的认真态度。我讲的不求甚解则是一个读书的方法，是指在读一本书的过程中，尤其是你觉得这本书比较难懂的情况下，你就不要死抠某些段落和句子的含义，不要被难点卡在那里，那是个笨办法，你只要领会大意就可以了，以后对这个作家的思想有了更多的了解，回过头去再读，就会比较容易懂了。这就像走路一样，前面有暂时过不去的障碍，你不要在那里死等，可以换一条路走。（掌声）

问：我想问您相信有神的存在吗？

答：我不知道。（掌声）我不肯定也不否定，存疑。我希望它存在（掌声），而且我就当作它是存在的那样去做事。（掌声）

问：您认为人生的意义到底是什么？

答：这个问题太大了。说真心话，我也不知道。你用了“到底”这个词，如果是指人生的终极意义是什么，我真的不知道。要解决人生的终极意义问题，可能只有靠宗教，哲学解决不了。哲学可以解决人生范围之内的意义问题，我这一辈子怎么样过才有意义，什么样的生活是最值得追求的，可以想这样的问题。比如说，在这个问题上，我认为最值得追求的是生命的单纯和善良，精神的丰富和高贵。现在我只能走到这一步，如果你追问我这个意义背后还有什么意义，我真的不知道，应该去问上帝。（掌声）

问：您有一部著作叫《另一种存在》，里面有一句话是“我的事业是穷尽人生的一切可能性”，请问您是如何定义这个可能性的？

答：下面还有一句话你忘了说了，我接着说：“这是一个肯定无望但是具有巨大诱惑力的事业。”任何一个人都不可能穷尽人生的一切可能性，所以我的这段话只是表达了一个热爱人生的人的心情，就是要最充分地活一场，人生的一切好东西我都要。

问：既然说到您的事业，您能用一个哲学家的身份来说吗？您之前也说了，科学家是解决能解决的问题，而哲学家是解决永远无法解决的问题，请问您在思考这些问题的时候，有没有坠入过无尽的深渊中呢？如何应对这个感觉从而继续往下深入思考呢？（掌声）

答：你说得很有意思，我相信你自己就有这个感觉。我举个例子，比如对死的思考。我从小就被死困扰，每想到死后的虚无，这个“我”永远永远不再存在，就有你说的那种坠入无尽的深渊的感觉。后来我就发现，要解决这个问题，就必须拓宽思路，把宗教的解决方式接纳进来。我们之所以恐惧死亡，是因为不能接受“我”的不存在，那么，佛教就有“无我”说，它告诉你，这个“我”原本就是幻象，你不可执着于它，基督教就有“灵魂不死”说，它告诉你，这个“我”不是会死的肉体，而是不死的灵魂。这两条思路都有道理，但都无法证明，而哲学却要求证明。宗教不同，它不要求证明，或者说，它要求一种内心的体证，和哲学要求的证明是两回事。所以我说，哲学始终走在路上，始终在思考而没有最后的答案。一旦到达终点，有了最后的答案，那就是信仰了，已经不是哲学了。（掌声）

问：您提倡读经典，可是这需要很多的知识经验，如果没有，就读不懂，不会有您所说的这种特别高深的乐趣了，所以我想请问我们该怎么办？（掌声）

答：我倒想问一问，你尝试过没有？（同学回答：试过。）我想你小时候一定读过安徒生童话吧，那个东西难读吗？不难吧，那也是经典。其实道理是一样的，随着年龄增大，会有适合于不同年龄、不同知识经验的经典，同样不会感到那么困难，就像安徒生童话对于童年时代的你一样。我们一定要破除一个成见，似乎凡经典都是高深的，其实不是这样的。即使比较高深的经典，也值得去尝试，一旦读懂了，你会感到莫大的快乐。快乐是有层次的，为什么我们不去享受高层次的快乐呢？你完全有能力去享受的，我确信这一点。（掌声）

问：在您的价值评断中，什么是排在第一位的，精神上的满足和快乐能排在第几位？

答：价值排序根据一个人的生活状况是会改变的。当生活没有基本保障的时候，毫无疑问物质生活是第一位的，你必须解决生存问题。在生存问题解决以后，精神上的满足和快乐理应上升到主要的位置。从我来说，我现在把两个东西都排在第一位，一个是家庭和孩子，一个是读书和写作，我觉得这两个东西之间丝毫没有冲突。

问：您有过一件事情从道德评判上需要这样去做但是不能获得快乐的时候吗？就是您做的时候不觉得快乐，但是从道德上来说您必须这样做，有过这样的情况吗？

答：就看你所说的道德是你内心认可的做人准则，还是社会的强制性规范。如果只是社会的强制性规范，我内心并不认可，我去做的话当然不快乐。这种情况难以完全避免，有时候你不得不做妥协，但是我心中会有一条底线。如果是我自己认可的道德，那么不说快乐，起码内心是平静的。

问：思想水平没有那么高，但是理解您的人很多，这样比较幸福，还是您的思想境界很高，但是理解您的人很少？

答：最好是思想境界高，理解我的人也多，如果做不到，我就宁可站在高处而理解我的人少一点。（掌声）

问：您说不要上网去看和自己不相关的东西，有一句话叫“国事家事天下事事事关心”，这句话应该怎样理解呢？

答：事事关心你关心得过来吗？顾炎武的意思不是要你什么鸡毛蒜皮的事情都关心，他是说一个人对国家大事要有责任感。网上也有一些信息涉及国计民生，你当然可以关心，但是我想，你不是政治家，大致了解就可以了，主要精力还是应该用在提高自己上面，这样将来才能真正为国家出力。人总是要有选择的，应该着重关心那些对自己的精神成长有意义的事情，或者那些自己知道了可以有所行动的事情。

问：您在书里谈到史铁生，很多人认为是残疾导致了他的出色的思想，而您认为他本身就有这个天分，只是碰巧是残疾而已。那么，智慧是不是与生俱来的？如果智慧不是所有人都能有的，对公平怎么看？

答：残疾人多了，史铁生有几个？但我并不是说他的智慧是与生俱来的，应该说人人都有这个潜能，但是潜能要得到实现，成为智慧，就得靠后天。不过，我还想说，每个人的天分或者说潜在的悟性是不一样的，程度的差别很大。有的人悟性特别好，比如史铁生，后天的智慧就很辉煌，有的人悟性会比较弱一点。我相信人和人之间是有种的区别的，上帝播的种是不一样的，当然所有的种都应该成长，但是成长的结果肯定会受到先天的限制，这是没有办法的。每个人的责任是让自己尽可能成长得好，不要去问自己的先天条件怎样，那是上帝管的事情，不该你操心。

问：那么很多时候人是注定不能超脱苦难的？

答：超脱苦难有不同的途径。史铁生通过智慧来化解苦难，和苦难保持距离，这是哲人的方式。还有的是英雄式的，和苦难搏斗，或者圣徒式的，因为信仰而坚忍不拔。

问：是不是有的人天生只能纠缠于苦难之中，达不到解脱？

答：是有这样的人，但是我认为不是先天的原因，这是觉悟的问题。觉悟不是先天的，就像佛说的，佛性人人都有，但是真正把佛性开发出来，成为觉悟，要靠智慧、信仰和修炼。

问：您说要多读书少上网，我同意要多读书。但是对于少上网，我是非常不同意的。您关注到网上有八卦新闻，但是难道没有其他的良好品质吗？国内当代最珍贵的精神和最先锋的新闻，网络利大于弊，由于官方媒体垄断传播途径，网络是我们了解其他国家最新资讯的一个最自由的平台，对于新技术不应该抵制。

答：刚才这个同学纠正了我的说法的偏颇。网络作为一个新媒介，在当代生活中发挥了巨大的作用，信息传播的无障碍和群众的参与推动了政治的民主化。我是想提醒大家警惕网络对个人精神生活的支配，应该把网络当作一个工具，用它来做有意义的事情，要做它的主人，不要做它的奴隶。现在的确有很多人成了网络的奴隶，所谓的网虫，花了太多时间在网络上，往往是做一些没有精神含量的事情。另外，网络对阅读造成了冲击也是事实，你当然可以到网络上去看好的作品，这仅仅是载体的不同，我强调的是内容，但是网络的特点是传播信息的多和快，所以很多人上网是在浏览信息，而不是深入地阅读和思考。总之网络有利有弊，正确的态度是用其利而避其害。

问：您的女儿曾经思考一个问题，就是另一个世界上是不是有另一个我。您对女儿的思考持一种鼓励的态度，是吗？您自己是否相信有一个平行世界的存在呢？

答：对，我是鼓励她的，会兴致勃勃地和她讨论。作为家长，对孩子的最好的智力教育是什么？就是去发现和鼓励孩子的提问，然后平等地和她讨论。有没有一个平行世界，我不知道，不能肯定也不能否定，无法回答。你相信吗？我知道你肯定相信，才会这样问。（掌声）

问：您说到一个人内心有什么，看到的世界就会是什么。事实上诗人、作家、天才自杀的比较多，是因为内心阴暗面太多，所以对世界就看到太多的阴暗面，还是有其他的原因？（掌声）

答：这是两回事吧。我的意思是说，一个人内心世界的丰富程度决定了他的精神视野的宽窄和深浅。天赋高的诗人和作家自杀比较多，原因可能是他们太敏感，太敏感就会很脆弱。但是具体的自杀原因很不一样，大多和亲身的遭遇有关，共同的是对人生绝望了，看不到继续活下去的意义。一般来说，完全沉浸在自己内心世界的诗人容易有自杀倾向，他们一根筋，梦一破碎就绝望了。像歌德这样的客观的诗人就活得很好，善于把握好情感和理智、理想和现实之间的平衡。（掌声）

北京四中

问：我读过您的《善良·丰富·高贵》，然后就做了一件我的家长认为很愚蠢的事情。在大街上你经常会遇见乞讨的人，那天我去上学的路上就遇到了这么一个人，他看着我径直朝我走过来，说他是哪里的人，发生了什么事情，希望我能借给他一点钱，我就毫不犹豫地拿了一百多块钱给他。他说会还给我的，要了我的手机号，但是他后来再也没有联系我。我就想是不是被他骗了，我听说在北京这种骗子还是挺多的，但我立刻就批判我自己，说你怎么能这样想，人的本性都是善良的，你怎么能把人往坏里想不往好里想呢，为此很郁闷，很纠结。我回家和我母亲谈这件事情，她也说我傻，但是我就是想不明白一点，在当今的社会上，你善良是正确的，可是你善良有一种君子容易被小人欺负的感觉，我想问您对现在社会上这种现象是怎么看的？

答：我也觉得你是受骗了。（笑声，掌声）善良的人往往容易以君子之心度小人之腹，用自己的善良去猜想别人的心肠，善良的人最容易犯的错误就是轻信，太容易相信别人。当今社会的环境确实很复杂，尤其对孩子和少年人来说，是一个比较险恶的环境。所以我想，第一，你要坚持善良，不要因为社会的这种复杂、这种冷漠，让自己善良的心也变得冷漠起来，这个情况是很容易发生的。第二，你对这个社会环境必须有一个警惕心，你可以相信大多数人在本性上是善良的，但要清楚世界上并不都是善良的人，肯定有这么一部分人已经变坏了，他们会利用人们的善良，比如你遇到的装作可怜的样子出现，对这种情况要有警惕，否则你还会再次受骗。（笑声）

问：好的，周老师，这就联系到下一个问题。后来我知道受骗了就特别愤怒，然后我就有这样一个想法，就是作为一个善良的人，您怎么能眼睁睁地看着更多的人也受骗呢，我就在北京城里四处找乞丐，当发现他们是假的乞讨者的时候，我就不知道该怎么办了。

答：你怎么判断真假呢？

问：很简单，比如大街旁放着一具尸体，我就去帮忙，结果他坐起来了。（笑声）我就不知道遇到这样的现象应该怎么办？

答：你没有别的办法，你走开，报警。

问：还有一个问题，跟善良没有太大的关系了。我初中的时候，小贩在我们学校墙壁上凿了一个洞，经常有学生去买吃的、喝的。我当时不知道校方禁止这样做，后来老师在广播中要全年级互相揭发，我才知道这是一个错误的行为。作为一个诚信的人，你不把自己举报上去，你的良心上就过不去，我就把我自己举报上去了。（笑声）当即老师就在广播中批评，弄得我特别纳闷，我这个诚信到底是应该还是不应该呢？当时学校里基本上没有人知道我在那边买东西，我应该不应该去举报自己呢？

答：我认为老师的处理是有问题的，如果我是这个老师，第一我会原谅你，因为你不知道学校有这个规定，事情本身也不是什么大错；第二我会表扬你，因为你诚信。反正我不会批评你。（掌声）

问：我想问一个问题，按照您的定义，那韩寒算知识分子吗？（笑声，掌声）

答：我是很欣赏韩寒的，他也许读的书不是特别多，但是他很爱思考，而且他的思考有相当的深度，既然这样的话，周国平说他是不是知识分子也就不用在乎了。（掌声）

问：何为经典？例如您的书算经典吗？（笑声，掌声）

答：肯定不是，我说的完全是真心话。我认为我的作用是什么？实际上是把人们引导到经典面前，你看我的书，很多文章是读那些大师作品以后的感悟，不是我的原创。也确实产生了这样的效果，很多读者看了我的书以后，会去读我谈到的那些经典作家的书。至于什么是经典，这个很难判断，所以我只好说时间是一个标准，就是一代又一代会读书的人都说好，这就像滚雪球一样，一本书产生的影响都加到了这本书上面，它就成了经典。但是，我觉得这个不重要，就是一本书能不能列入经典并不重要，我的意思是你一定要去读好书，读了以后精神上真正能得到提升的书，这个标准是你能够掌握的，你自己可以判断的。（掌声）

问：周老师您好，我高一的时候第一次读到您的书，就是《人生哲思录》，在我们学校对面的书店买的。我记得特别清楚，当时我把书放在床头，每天晚上在睡觉之前看那么几段，我生命中第一次，就是我一下就被这本书吸引住了。我每天回家，好像就觉得有一个朋友在那里等着我去与他相见。今天我想问您和阅读直接相关的问题，您认为阅读对一个中学生非常重要，但是我现在时间非常有限，每天的学习或者做练习题已经占据了我们大量的时间。所以每天回家的时候可能只剩下二十分钟可以用来读书了。如果这样的话，我担心我的阅读习惯的养成就被耽误了，这样会不会对我以后造成影响？（掌声）

答：我从你刚才的话里面听出来，你是非常渴望每天保证有时间去阅读的，你有这样一种心情的话，哪怕每天坚持二十分钟，我觉得你的阅读习惯仍然会保持下去的。有时候阅读会暂时中断，我也有过这样的情况，集中去做一件事情，阅读可能会中断一段时间，但是我觉得这种内在的渴望还在的话就不怕。

问：但是我现在不能确定我这种渴望会不会因为时间的延续而衰落。

答：我也不能确定。（笑声，掌声）但是你有这种警觉就很好。

问：周老师，既然您是一个哲学家，我想听听您对社会的看法。现在的社会具有很强的功利性，我们是应该陷入对功利社会的绝望，还是应该站出来去改变它？我们应该有一个什么样的态度？我觉得我自己是属于非功利的，我想看书，但是我妈妈就说你应该去学习、高考之类的。这个社会对于非功利的追求实在是太轻蔑了，我想知道您的看法。（笑声，掌声）

答：这是一个难题。你让我说，我也左右为难，我怕害了你。我觉得在一般情况下，你说的功利和非功利应该尽可能地兼顾，我这个就比较圆滑了，是比较中庸的一种做法。你在这个现实的社会里生活，你可能不得不兼顾一下功利的一面。但是有一点，我相信如果你非功利的、纯粹的追求非常强大的话，功利的那一边舍弃了也没关系，我自己就有过这样的经历。所以我总是强调，从非功利来说，一个人应该追求的是优秀，而功利就是追求成功，应该把优秀作为主要目标，兼顾一下成功，能得到挺好，得不到也别太在乎。这是从人生的长期过程来说，应该把优秀作为主要目标。具体到某一个特定阶段，比如说你面临高考，可能就不得不多照顾一下功利的那一面。当然，如果你对自己充满信心，我考不上也没关系，相信我坚持走自己的路，我仍然可以成为一个优秀的人，你有这样的信心，当然放弃功利也没什么大不了。（掌声）

问：人是不能否定他有社会属性的，您刚才说不太建议我们把时间花在网络上，去看一些比如说八卦的东西，但是我觉得这应该算是我和朋友的一些谈资吧。如果用很多时间去独处，外人看来我这个人可能太封闭，不够和社会交流。我想问一下，怎么平衡个人情操的陶冶和人的社会属性？（掌声）

答：两方面兼顾是对的，但是我觉得要分清哪个是更根本的。我自己的体会，独处、自己学习、思考、写作——我说的写作是广义的，是通过记录自己的感受和思考，对自己内心的一种整理——这个东西是更根本的。在这个前提下，一个人也不应该封闭自己。其实有独处需要的人未必是性格孤僻的人，这和性格是两回事，有的人很开朗，但是如果没有独处的时间，他会感觉这种生活很糟糕，整个人是散于外部事物中的。一个人的时间总是有限的，所以重点是怎么分配时间的问题，于是我说宁可多花时间独处、阅读、思考，少一点时间上网看八卦、聊天。谈资这个东西重要吗？同学之间聊最近的八卦，你插不上嘴，当时会有点儿失落，可是你想想，从长远来看，真是一点儿不重要。我年轻的时候和人谈话也不多，大量的时间是自己独处，我习惯了，觉得挺好。当然，每个人的性格和需求不一样，你可以两者兼顾，但是要分清主次。

问：我特别喜欢昆德拉的书，我看您的书里也提到他，我比较喜欢他对轻和重的论述。我发现有的人活在世界上，不是为了自己而活，更多的像是为了一些社会道德给他的各种定义和标准而活，活了一辈子不能活出真正的自己来。我就常常想，做人一辈子至少要让自己满意才好，但是我又问自己，什么是我真正想要的？我自己到底想做一个什么样的人？其实我很难清楚自己真正想要的是什么，就感到很困惑。

答：那是因为你还年轻，一个人要知道自己到底是个什么样的人，这是通过人生的阅历不断思考的结果。我在你这个年龄的时候，也完全不知道自己到底要什么，对自己的未来没有任何明确的预期，不知道自己将来的走向，其实也不可能知道。直到很晚的时候，大约将近四十岁的时候，我觉得自己才比较清楚了。所以我觉得没有关系，你心里有找自己的路的想法就已经很好了。这肯定是一个过程，是逐渐地清晰起来的，你现在已经有这样的意识，这已经很可贵了。

问：但是我不知道自己要什么，就可能会走弯路，我老了以后就会痛恨自己曾经这样，我特别怕后悔。

答：如果你年轻的时候没有走过弯路的话，我觉得你的生活就太简单了。但是如果你年老了还在走弯路的话，我觉得你这个人就太简单了。（笑声，掌声）

华东师大第二附属中学

问：周老师，我在阅读中有一个困惑。当我很投入地去理解作者的观点，最终发现得出的体悟好像只是在重新发现自己内心本来就有的一些想法，是我的价值在这本书上的投射而已。我想探索一些新想法，最终却觉得好像是被自己的一种整体思想牵制着，在阅读的过程中，好像只是不断地把自己的思想延长，并没有看到一个新的方向，没有站到地平线上朝外面看一眼。我不知道您在阅读的时候有没有类似的感受，您怎么看待我的这样一种困惑？

答：阅读是一个积极的过程。西方哲学有一种理论叫作解释学，现代的代表人物是伽达默尔，他提出一个观点，认为接受过程是视界融合的过程。你在读一个文本的时候，文本有它的一个视界，有它的观点和见解，但你也不是一片空白，你有你的一个视界，就是你在读这个文本以前已经形成的观点和见解，那么，接受的过程实际上就是这两个视界融合的过程。这是一个积极的过程，既不是单纯地解释文本的见解，也不是单纯的自我发现。一定有新的东西在增加进来，很可能你自己没有察觉到，所以你感到沮丧。你说你被自己的整体思想牵制着，我想问一下，你的这个整体思想是怎么形成的？我不相信仅仅凭借你自己的思考，没有读任何书籍，就能形成这个整体思想，事实上在它的形成过程中，你以前的阅读已经做了贡献。就你的情况而言，我建议你以后阅读时特别留心书中和你不同的见解，这样可以强化对新东西的意识。（掌声）

问：人的智力有一个作用，是要去发现自己的特殊禀赋，在自己有兴趣的领域去探索，这样就能得到更好的发展。如果一个人的一生就像您所说的哲学家那样，用好奇心去探索那些无解的问题，您觉得他的人生之路应该如何去走？他没有一个专业，没有所谓的一技之长，而是像孔子所说的那样，宁愿去做一个赶马车的车夫，这样的人又该怎么样度过人生呢？

答：那很可能是一个悲剧。（笑声）他可能走火入魔，一事无成，然后就穷困潦倒，甚至疯了。作为一个有智力禀赋的人，你应该永远保持好奇心，但仅仅这样是不够的，你还应该把你的好奇心按照你的禀赋向某一个方向发展，否则就会一事无成。哲学思考本身不能成为一个职业，你必须解决饭碗问题，有一个可以谋生的具体职业。

问：像您的话是怎么样结合的？

答：我也有我的职业或者说专业，比如在社科院工作，研究尼采哲学，做翻译，写专著。我自己对人生问题和时代问题很关注，在尼采那里找到了共鸣，所以在学术上就把尼采哲学作为我的主要研究方向，这就是一种结合。

问：这样会不会失去原创性？

答：不会的，原创性这么不堪一击吗？那也就不是原创性了。原创性应该是强大的，是一种不可摧毁的精神本能。（掌声）

问：您谈到事业的问题，自己的特长在合适的领域得到很好的发挥，这才可以称之为事业。像我们高中生马上也要面临今后人生走向的问题，当自己的兴趣和整个社会的环境发生矛盾的时候，我想问一下该如何权衡？可能您喜欢做的事情在这个社会上并不能得到良好的发展，甚至不能让您维持基本的生存。

答：我首先要说明一点，一个年轻人，尤其是一个高中生，或者就算是大学毕业了，你所选择的专业未必就是你一辈子的事业。一个人要找到最适合自己的领域，这是一个过程，有的人早一些，有的人晚一些，但并不是在学校阶段都能找到的。我自己也是很晚才找到了自己的事业方向和写作方式。你主要谈的是生存压力的问题，现在的年轻人的确都面临这个问题，选择职业的时候是选择自己真正喜欢的工作，还是选择能够比较好地解决生存问题、挣钱多一点的工作。我的看法是这样的，生存问题必须解决，否则会很潦倒，最后你喜欢的东西能不能坚持下去都是问题。如果你确实在某方面有强烈的兴趣，这是非常好的，我发现很多人根本不知道自己喜欢什么，那就很可悲了。你很明确地知道自己喜欢什么，但是，如果你去选择这方面的职业，或者环境不允许，或者会承受很大的经济损失，在这样的情况下怎么办？我觉得应该权衡，并不是非此即彼的，如果让我来做选择的话，我可能会选择一个能够比较好地解决生存问题的工作，同时在业余时间坚持自己的爱好，然后寻找机会把业余爱好转变成我的主业，可以走曲线发展自己兴趣的道路。

问：您刚才说在北大上学的时候，那些教材不是您真正想学的东西。您是不是觉得，像现在的应试教育，我们必须去学的这些东西也是阻碍人性发展的？

答：关键是你内心要清醒，和它划清界限，一方面你去对付它，另一方面你不会把这个东西看得太重要，不让它来限制你。我并不是说现在应试教育的教材都是不好的，里面会有一些有用的、必须学的东西，但是肯定有一些内容对于智力发展、人性发展是毫无用处的，还有一些教育方式是不对的。作为一个学生，你没有办法，必须对付应试，但是如果你清醒的话，就能把对你的损害减少到最低限度。（掌声）

问：您说要有一个超越的自我，我想问这个是不是就是道家所说的真我？

答：不同的宗教和学说可能会有不同的名称，比如基督教说是灵魂，佛教说是佛性，道家说是真我，亚里士多德说是理性，总之是一个精神性的自我，区别于肉体的自我或者社会性的自我。

问：那么这个超越的自我就是我们精神追求的终点吗？

答：精神追求永远没有终点，只有方向，那是一个方向。（掌声）

问：您觉得上海中学三年的学习经历对您现在的最大影响是什么？（笑声，掌声）

答：上中有特别好的学习风气，不过我想，我读高中是在上中还是在别的学校，这不是关键的，我对自己有信心，上别的学校也不会差。我觉得一个人的中学阶段非常重要，我把它称为发现的时代。发现了什么？对我一生最重要的四个东西，就是性、死亡、自我和书籍。性，因为那正是身体发育的时候，冲动，敏感，苦闷，让我变成了一个很内向的人。死亡，经常想到自己最后会死，很恐惧，很痛苦。自我，因为知道自己会死，只能活一次，就意识到了自己的独一无二。书籍，就是爱上了阅读。这四个东西几乎成了我一生的关键词，影响重大。我说爱上了阅读，是指人文书籍。上中的传统是重视数理化，看轻文科，我们班 50 个同学，毕业的时候选择志愿，49 个同学报考理工科或医农科，当时医农科和理工科是分开的，只有一个同学报考文科，就是周国平。（笑声）但是周国平是班上的数学课代表（掌声），我非常喜欢数学，可是因为爱上了阅读，结果只有我一人报考文科，一辈子从事哲学，你们说影响大不大？（掌声）

问：我对理论性的东西比较感兴趣，有些人说你是不是应该学以致用一下，这个时候我应该随着我的感觉来呢，还是接受别人的意见，去学一些可操作的东西？

答：在今天的时代，纯理论性的学科不受重视，但不等于没有价值。相反，从人类知识的发展看，纯理论性的学科是基础，比应用性的学科更重要。

不过，对于个人来说，选择纯理论性的学科是一个冒险，一是因为在这个领域很难有突破和创新，二是将来可能面临就业的困难。比如说，学哲学的比学传媒的难就业，学数学的比学计算机的难就业。所以，关键是你是否真正有强烈的兴趣，如果是，我觉得你应该坚持，并且要有精神准备，甘于承受从功利角度看是吃亏的后果。走一条不合时宜的路，你可能会失败，得不到社会的承认，而走功利的路本来可以得到的东西也丢了，那个时候你的心态要好。我有很长时间就是这样的，我喜欢写东西，根本没有地方发表，在社会上也吃不开，不会和人搞关系，但是我就认了。首先看你是不是真喜欢，如果真喜欢，就要有一个好心态。（掌声）

问：我喜欢的和我的天赋发生了冲突，我该怎么选择？

答：会吗？

问：比如说我烧一手好菜，我有能力成为一个大厨，但是我并不喜欢这样，我喜欢数学，想成为数学家，我该怎么样抉择？

答：首先我告诉你，天赋和兴趣一定是一致的，你擅长做菜，你就肯定是喜欢做菜的，否则你不可能擅长。所以，这不是天赋和兴趣之间的冲突，而是两种不同的兴趣或者说两种不同的天赋之间的冲突，因此需要从中选一个作为自己的专业。当然，有数学天赋的人去做大厨就太可惜了，你就做数学家吧。

问：如何定义喜欢和爱？（掌声）包括人和事。

答：这两个词在男女情感问题上用得比较多一些，两个人之间情感的程度不一样，甲对乙说“我爱你”，乙就抱歉地说“我只是喜欢你”，喜欢比爱的程度要低一些。对事情也是一样的，爱的是事业，喜欢的只是一般的爱好。

问：怎么样在一堆漂亮的小姑娘中找到你所喜欢的那一个，或者说怎么样在一堆好书中找到自己喜欢的那一本？

答：去读那些小姑娘，去读那些好书，没有别的办法。

问：我找到了方向就是哲学，然后看书的时候发现我看不懂，您作为前辈能给我一点建议吗？

答：我很纳闷你既然看不懂的话，是怎么找到这个方向的？（笑声）（同学：我喜欢思考东西。）你思考什么东西呢？（同学：比如思考爱是什么。）我知道你的意思，你是对人生中某些重要的价值想要追根究底，这的确是一种哲学的倾向。如果你真的对哲学感兴趣，可以找一些适合你现在的水平的书先看起来，我不相信你所有的哲学书籍都看不懂，总有看得懂的吧，如果都看不懂，那我就劝你不要把哲学当你的方向了。

问：您说时间是检验好书的标准，但是我们生活在这个时代，如果只读以前的书，如何才能和当今的时代发生碰撞？

答：你的这个问题提得好。我不认为一个人可以不关心时代，但是有一个前提，你通过阅读经典，对于人类所追求的那些基本的恒久的价值有了相当的了解和领会，在这个前提下，你才能对时代做出正确的判断，知道哪些东西是好的，哪些是不好的。经受了时间检验的精神价值是标准，而当今时代是素材，你要用所掌握的标准进行分析。立足于永恒看时代，你是清醒的，否则的话，你会完全被时代的东西所支配。

（举行此讲座的时间地点：2010 年 12 月 14 日北京一零一中学；2011 年 4 月 14 日北京四中；2011 年 11 月 14 日华东师大二附中。）

直接向大师学习

——我的读书观

主持人：我们今天请到的是著名的哲学家、中国社会科学院研究所的周国平教授给我们作这场讲座，我们先对周教授的到来表示欢迎。周教授从他大学入学就开始学哲学，大学毕业以后，研究生还是学哲学，目前是在中国社会科学院研究哲学，应该说是我国著名的哲学家。除此之外呢，他就是读书、写书，还有讲座，这本书（《周国平人文讲演录》）就是周教授多少场讲座整理出来的一本书。过去大家可能更多是看周教授的书，平面地来了解周教授，那么今天呢，我们是立体地来感受周教授的思想和观点。他今天给我们讲的题目叫作《直接向大师学习——我的读书观》，大家欢迎。

开场白

周国平：今天是 4 月 18 日，4 月 23 日是世界读书日，我就凑个热闹来谈谈读书这个主题。其实我对所谓的世界读书日也好，中国有些地方办的那个读书月、读书节也好，我本来是不以为然的。读书哪有某一天、某个月读的问题呢，对于一个爱读书的人来说，读书是一个习惯，用不着规定一个什么读书日来提倡一下。所以我觉得，读书日跟真正爱读书的人是没有关系的，跟不爱读书的人也没有关系，因为你提倡也没用。我想联合国教科文组织不会规定一个世界看电视日或者世界上网日，不需要嘛，你不提倡，大家都在看都在上。所以，规定世界读书日，可能是现在读书的风气越来越弱了，有必要提倡一下。

我查了一下资料，世界读书日是怎么来的，好像跟西班牙有点关系。1995年联合国教科文组织做出这个决定，规定4月23日是世界读书日。为什么选择4月23日呢？一个根据是，这一天是西班牙大文豪、《堂吉诃德》的作者塞万提斯的忌日。还有一个根据是，这一天是西班牙一个地区的传统节日，叫作圣乔治节。圣乔治节的来历是，当地有一个英雄叫乔治，他从怪兽手中救出了一个公主。这是所有民间故事的老套了，英雄救美女，但这个故事后面有点儿不一样，得救以后一般公主会嫁给英雄，这个故事不是这样，没有说公主为了感恩就嫁给英雄了。她怎么感谢的呢，她送给英雄一本书，这个品位就比较高了。你光是能杀死怪兽还不够，你还得有文化。根据这个故事，西班牙这个地区就有了一个节日，到4月23日这一天，姑娘送自己爱的小伙子一本书，小伙子送姑娘一枝玫瑰花。我觉得这倒不错，比较高雅，姑娘要求自己的意中人是真正爱文化的，爱读书的。我不知道我们这里过情人节，有多少姑娘是给自己的情人送书的？可能很少吧。我倒遇到过这样的情况，在各地讲座或签售的时候，常常有小伙子拿着我的书来，要给他的女友写几句话，签个名，作为送女友的礼物。当然我很愿意这样做了，成人之美嘛。不过我不知道下文如何，是不是就可以打开姑娘的心，得到姑娘的玫瑰花了。

今天就读书日快到了这样一个契机，我想谈一谈我的读书观。毕竟到现在为止，我这一辈子基本上是在读书了，读到后来自己也写书，反正读书在我的生活中占了特别重要的地位。在座的诸位都是知识分子，我想读书对你们来说也是占有很重要的位置的，所以我想趁这个机会和你们交流一下。我给今天讲座起的题目叫作《直接向大师学习》，这句话基本可以概括我对读书的看法。也可以换一个说法，叫作“直接阅读经典”。我把这句话分解成三个词：直接、阅读、经典。阅读，是讲为什么读，读书的意义是什么，在现在这样一个媒体的时代，我的主张是多阅读，少看或者不看电视，少上或者不上网。经典，是讲读什么，我的主张是多读经典，少读或者不读一般的畅销书。直接，是讲怎样读，我的主张是直接读大师的作品，少读或者不读第二手、第三手的所谓心得、解读、教辅一类的书。所以，“直接阅读经典”基本上概括了我对读书的看法，包括为什么读，读什么，怎样读。

一、为什么读：阅读的意义

读书的三种目的

下面我就讲第一个问题：为什么读？阅读的意义是什么？我分析了一下，我们读书基本抱着三种目的。第一种是实用的目的。其实我们知识分子大多数时候也是抱着实用的目的读书的，比如说我们搞哲学的，往往就是围绕自己的课题来读书。当然你也可以对自己的课题很感兴趣，有很多独特的思考，但是可能很多人是另一种情况，他仅仅是为了能够保住研究人员的这份工作，必须申请课题、做课题，至于申请什么样的课题，往往是根据哪个课题申请起来有把握。什么课题能被批准，我就申请什么课题，往往是这样，未必是自己真正感兴趣、真正有研究的。像这样的人围绕他的课题去读书的时候，我认为他也是抱着实用的目的，你纯粹是为了谋生嘛，这样的人还不能算有阅读的习惯，在过阅读的生活。抱着实用目的读书，这是一种。这里面也包括看一些实用类的书，生活指导类的书，这种书现在很多，怎么使用你的身体呀，怎么炒股呀。这都不属于我所说的真正意义上的阅读，这是一种比较低的层次。

第二个层次是消遣，为了消遣而读书，很多人是这样的。当然，我不是要否定这种东西，你也可以拿书本来消遣，消磨时光，休息大脑。我只是想说，这种纯粹为了消遣的读书也不属于我所说的阅读的概念。

那么，我说的阅读的概念是指什么呢？是指阅读本身是一种精神生活，阅读的过程本身是在过一种精神生活，你能够从里面得到精神的快乐，精神的提高。真正意义上的阅读应该是这样的，通过阅读，自己精神的能力得到生长和发展，精神的需要得到满足，感觉到精神上的愉悦，获得精神上的收获。一个人唯有养成了这样的阅读习惯，我们才可以说他是一个喜爱阅读的人。

当然，有时候这三种不同的目的、不同的层次是可以重合的，并不是互相冲突的。比如你们搞科学研究，你对你研究的课题是真的非常喜欢，在这个过程中你的智力非常活跃，那么，一方面可以说你的读书是实用的，你是在做课题嘛，这是你的职业嘛；但是，另一方面，同时也是一种精神享受，两者是重合的。在这一点上，我觉得我特别幸运，我的职业与我的爱好是完全一致的。我读哲学的书，历史的书，文学的书，读那些经典著作，既是在做我的本职工作，又是在过精神生活，而且还是在消遣。我真的觉得读这些书是最好的消遣，能够得到特别轻松的一种享受，一种休息，绝不是苦事，而是非常快乐的事情。所以，在幸运的情况下，作为实用的读书、作为消遣的读书和作为精神生活的读书是可以统一的。尤其是知识分子，你做的就是知识的工作，如果你真正爱你的专业，就完全可以统一的。我相信爱因斯坦这样的人，他是没有办法把他的工作分成哪一部分是实用的，哪一部分是精神享受的，哪一部分是消遣的，没有办法分的，完全是统一的。我认为知识分子都应该并且能够为自己争取这样的一种读书。

作为精神生活的阅读

那么，作为精神生活的阅读应该是什么样的呢？人是精神性的存在，人之所以为人是因为人有精神属性，也就是有精神能力和精神需要。精神能力和精神需要其实是同一个东西，精神能力的运用和生长，同时也就是精神需要的满足。作为精神生活的阅读，就是要通过阅读，一方面使自己的精神能力得到运用和生长，另一方面使自己的精神需要得到满足，从而真正作为人而生活。

人有哪些精神生活？这要看人有哪些精神属性了。可以把人的精神属性分为三个方面，一是智力，也就是理性能力；二是情感，也就是感受能力；三是意志，也就是实践能力。那么，与此相应，精神生活也可以分为三个方面，就是智力生活、情感生活、道德和信仰生活。下面我简单地谈一谈阅读与这三个方面的关系。

1. 作为智力生活的阅读

第一，阅读是智力生活，能够让你的智力处于一种活跃的状态，激发和满足你的好奇心，培育和发展你的独立思考能力。与智力生活密切相关的书，主要是科学和哲学书籍，科学和哲学就是对世界的认识和思考。当然这种区分是非常相对的，一切好书包括好的文学作品其实同样也能促使你去思考，使你的头脑处于活跃状态。

我不是搞自然科学的，我的专业是哲学。但是，上中学的时候，我最喜欢的学科是数学，我真觉得从数学里面得到的乐趣太大了。尤其是从初中开始学平面几何的时候，解习题真是其乐无穷，图形里面隐藏着的那个关系，你能把它找出来，把它证明出来，这个动脑子的过程真是太快乐了。后来我读到爱因斯坦的自传，他也有相同的感受。他回忆自己十二岁的时候，得到了一本欧几里得几何学，立刻入迷了，他当时的感觉是，一个几何定理，从直觉上看是根本不可能的，但是你能那么严格地把它证明出来，这实在太神奇了。正是这样一种神奇的感觉，对知识的这样一种强烈的好奇心，推动他走上了科学研究的道路。

当然，我跟爱因斯坦没法比，后来从事的也不是自然科学。但是，我的确感到思考是一种巨大的快乐，我在阅读哲学书籍的时候同样感到了这种快乐。亚里士多德把哲学的沉思称作人生最高的幸福，完美的幸福，因为在这个时候，我们不是作为人，而是作为在我们之中的神过这种生活的，这是神性的生活，是在做合于我们身上最高贵部分的事情。他是一个大哲学家，他说的想必是他的亲身感受。我是一个平凡的人，感受没有他那么强烈，但我多少也体会到，用自己的头脑去思考世界和人生的问题，得出自己的见解，这是一种幸福。

就智力生活而言，我觉得阅读的价值主要不在于学到一些现成的知识，而在于锻炼我们的头脑，刺激它始终处在活跃的状态，享受智力活动的快乐。这个东西比具体的知识重要得多，有了这个东西，你才是一个知识分子。什么是知识分子？并不是说你读了几年书，有了一些专业知识，拿到了文凭，就是知识分子了。知识分子是那种从智力活动本身得到了莫大快乐，从此改不掉智力活动习惯的人，他觉得动脑筋思考问题太快乐了，你不让他动他就非常难受，而且也不可能，他永远保持着对知识的热情，这样的人才是知识分子。其实，一切本质意义上的学习都是自学，所谓师傅领进门，修行靠自己，各行各业都是这样的，人是要一辈子学习的。那么，坚持一辈子学习的动力从何而来？就来自对智力活动的热爱，来自过智力生活的习惯。

2. 作为情感生活的阅读

阅读不但让我们过一种智力生活，还可以让我们过一种情感生活，使我们的感受能力得到生长和发展，成为一个心灵丰富的人。在这方面，效果最显著的，一个是欣赏艺术作品，音乐、绘画等，一个就是阅读文学作品。泰戈尔说过一句话，他说：如果我小时候没有听过童话故事，没有读过《一千零一夜》和《鲁滨逊漂流记》，那么我现在眼中的世界就不会这么美好。的确是这样的，一个人经常受文学艺术作品的熏陶，他对美就会比较敏感，内心世界就会比较丰富。

我们好像都在这个世界上生活，但是，内心世界不同的人，他们眼中的世界是不一样的，因此实际上也是生活在不同的世界上。一个内心贫乏的人，和一个内心丰富的人，这两个人好像是生活在同一个世界上，其实他们过着完全不同的生活。那种内心贫乏的人，他眼中的世界也是贫乏的，一切都缩减为功用。有一年我去三亚亚龙湾，那还是比较早的时候，海南岛刚在开发，亚龙湾还没有酒店，就搭了几个小帐篷。住在海边的帐篷里，每天从早到晚面对一望无际的大海，海的那种庄严，那种神秘，我感觉特别好。有一回，来了几个游客，估计是做生意的，他们站在海边看了一眼，扭头就走了，边走边说这里什么都没有，只有一摊水。我知道他们是来找那些大宾馆，或者那些旅游设施的，没有找到，就觉得很失望。本来那个亚龙湾最好的东西是什么？就是大海嘛。一个人面对所谓什么都没有的大海，这正是最纯粹的时候，但他们一点感觉也没有，这真是没有办法。当时我就特别鲜明地感到，不同的人眼中的世界真是不一样的。可以断定，这些人是从来不读文学作品的。所以，对大自然的感受也好，对人生的感受也好，是需要培育的，通过看文学作品，看那些有感受力的人写的书，你就会受到感染，得到提高。

我回忆我自己上高中和大学的时候，我花工夫最多的是两件事，一个是写日记，一个是读课外书，这可以说是我的两门主课。通过读课外书，我受大师们的熏陶，通过写日记，我积累自己的感受。说实话，我在北京大学的时候，就不是一个好学生，课上是不用功的。我学的是哲学系，进学校之前，我抱着很大的期望，觉得是最高学府嘛，而且当时哲学系是很高分的专业。

到了那里一看，基本上是反复讲那些教条的东西，比如一本艾思奇的《辩证唯物主义历史唯物主义》，当年是大学哲学公共课的教科书，又是我们哲学系的专业教科书，我花一个星期就看完了，但我们要学两年，怎么受得了？所以我上课基本上是不听讲的，上大课就逃课，不会被发现，小课逃不了，老师在上面讲，我就在下面看我自己的书。按照当时专业的要求来说，我看的基本都是所谓课外书，其实有些就是哲学书，但是课程里是没有的。大学那几年里，我真正的收获不是从课堂上得来的，而是自学得来的。现在看来，我当时也没有受我那个专业的限制，看了大量的文学书，小说、诗歌之类，最喜欢俄罗斯文学，什么托尔斯泰、陀思妥耶夫斯基、屠格涅夫，这些人的书凡出版的都看了。西方小说也看了很多，西方哲学原著也看了一些，比如休谟和罗素的。我真的体会到，文史哲是不分家的，你不要以为你学哲学的就应该专门看哲学书，你学文学的就应该专门看文学书，这样是学不出来的。精神生活的领域本来是打通的，不要让自己被专业限制住。其实我也很用功，但是我把功夫用在课外书上面，这实际上就是自学，给我的好处是最大的。如果没有那些自学的话，光是听课、应付考试，我想我现在会平庸得多。

你们从事的是自然科学，据我所知，其实很多大科学家也不受自己专业的限制，他们的兴趣是很广泛的。比如达尔文，他小时候酷爱莎士比亚，年轻的时候喜欢诗、音乐、绘画。大家都知道，爱因斯坦是一个很棒的小提琴手，他自己说，他喜欢音乐，喜欢科学，这两者是同一种渴望。他的阅读面也很广，酷爱塞万提斯，尤其对哲学很有研究，熟悉斯宾诺莎、休谟、康德的哲学思想，对他们的评论很有见地。在他的文集里，许多文章是讲哲学的，还有许多是论教育的。我觉得他非常了不起，不仅仅是一个大科学家，也是一个大思想家。他的文章也写得非常好，说他是一个大作家也当之无愧。我觉得不管你是哪一个专业的，如果你被这个专业局限住了，你一定是比较渺小的。你是一个人，而不仅仅是一个专业人士、一个专家。作为一个人，你的领域是很宽广的，你应该让自己获得丰富的、多方面的精神享受。如果一辈子只当专家，只具备一个狭小领域里的专门知识，你就是当了一辈子的工具，哪怕是一个好工具，这个损失实在太大了。

我建议你们养成两个习惯，一个是读人文书籍，一个是写日记，这是使自己内心世界丰富起来的两个基本途径。有一个很大的误解，好像读文史哲方面的书是研究文史哲的学者的事，不是一般人的事，不是其他专业的人的事，写作则是作家的事，也不是一般人的事。其实，对于一个重视精神生活的人来说，阅读和写作都是他的事。本真意义上的阅读和写作都是非职业的，属于每一个看重灵魂生活的人。严格地说，成为一种职业已经是堕落了。我对此深有体会，为了发表而写作，为了写要发表的东西而读书，写作和阅读都不纯粹了，与真实的内心需要脱离了。我常常提醒自己，警惕这种情况，不让它成为常规，不让职业性的阅读和写作排挤掉精神生活。

3. 作为道德和信仰生活的阅读

第三个方面是作为道德和信仰生活的阅读，和这个方面密切相关的书，主要是哲学和宗教。哲学有两个方面，一个是对世界的认识，另一个是对人生的思考。这后一个方面，包括作为道德思考的伦理学，作为终极价值思考的形而上学，就是谈道德和信仰问题的。当然，我要再强调一遍，这样区分是非常相对的，一部真正伟大的著作，包括文学作品和历史著作，都必定涉及人类精神生活最高层次的问题，即道德和信仰，不可能只是讲一些虚构的或真实的故事，也不会只是丰富一下你的情感生活。从道德来说，我觉得读一些伟大人物传记很有益处，许多伟人之所以伟大，不仅仅在于他们做出了很大的成就，更在于他们有一颗高贵的灵魂，我们会从心底里尊敬他们，觉得他们的确为我们树立了一个做人的标准。

从信仰来说，我觉得自然科学和宗教并不是互相冲突的。很多大科学家，包括牛顿和爱因斯坦，其实是有一种很深的宗教感情的。爱因斯坦把科学的动机分为三个层次：第一是谋生，这是最糟糕的；其次是对知识的兴趣，好奇心的满足，他认为还是比较低的层次；最高的层次，他称之为宇宙宗教感情，他认为这是最高的科学动机。他说，科学背后最伟大的动机和宗教是一致的，宗教、哲学、科学说到底都是在做同一件事，就是要探究世界之谜，要解释整个世界，要描绘出一幅清晰的、可信的、完整的世界图景。一个科学家如果没有这样的宇宙宗教感情，只是满足于对局部现象作一些解释，这样的科学家是比较渺小的。

书籍和电视的比较

刚才我讲了这么多，归纳起来，是说阅读应该是一种精神生活。那么，看一看现状，这个意义上的阅读，现在受到了很大的冲击。很多统计表明，阅读率越来越下降了，爱读书的人越来越少了。最大的冲击来自电视和网络。在这个问题上，我不是一个完全的保守派，我尤其觉得网络是一个好东西，在公共生活中发挥了很好的作用，对个人来说也是提供了很好的手段。但是，网络和电视对阅读的冲击不容忽视。我推荐大家看一本书，是美国的一个文化学者叫波兹曼写的《娱乐至死》，他的原文完整翻译出来是一个质问和警告：难道我们要娱乐到死吗？他态度很鲜明，比较极端一点，但是值得我们深思。

波兹曼认为，电视的发明实际上源自电报和摄影的发明，是电报和摄影的结合。电报的特点是快速传递信息，摄影的特点是用图像表达，电视则快速地把图像传递给你，是瞬时和图像的二重奏。现在电视排挤阅读的趋势很明显，天天晚上看电视成了大多数人的习惯，有阅读习惯的人越来越少了。针对这种情况，波兹曼把电视和书籍即印刷媒介做了一个比较，他认为它们有两个最大的区别。首先，电视是瞬时性的，看重的是当下，要求快速传递信息，追求信息的快和新。书籍就不一样，书籍里面存在着一个用文字记载的传统。人们写书的时候，是着眼于长久的，所谓名山事业，有那些经典名著为楷模，希望进入这个传统之中，经得起历史的考验。当然，现在情况有了很大变化，受电视的影响，许多人写书也只是着眼于当下。波兹曼借用美国一个媒体大王的话来说明，这个人是搞电视的，很了不起，能够反省，他说现在美国人都知道二十四小时内发生的事情，但是对过去六千年、六十年发生的事情，对不起，所知甚少，不知道了。美国有一个著名作家叫作梭罗，他写的《瓦尔登湖》特别棒，他在世时，电报刚发明，在英吉利海峡下面埋电缆，海峡两边能够通电报了，当时他就说，也许通的第一份电报就是告诉你，阿德雷德公主得了百日咳，一个小女孩得了一个小病，总之是一条毫无意义的信息。现在电视啊，尤其网络啊，每天传播的信息如潮水一般，可是你想一想，其中有多少是和你的真实生活有关系的？几乎没有。但是，看这些东西，电视一个一个频道，网上的八卦新闻，你是会上瘾的，看完了脑子里乱糟糟的，兴奋过后一片空白，可明天照看不误。用英国诗人柯勒律治的一句诗来说，就是到处都是水，但没有一滴能解渴。电视上、网络上潮水般的信息，没有一条真正能解决你的问题。你把时间都花在那个上面，岂不可惜。

电视和书籍的另一个重大区别是，书籍用文字来表达，文字是抽象符号，它要求你必须思考，不思考你就读不懂。相反，电视是用图像来说话的，不要你思考，而且忌讳你思考，因为思考影响观看，图像转换得非常快，你思考的时候画面就过去了，你看不明白了。你受画面的支配，必须跟着它走。而且，在电视成了主流媒体以后，就产生了一个现象。波兹曼说，过去人们读大作家的书，看不见大作家的人，不知道也不关心他们长什么样子，关心的是他的思想和见解。他说，美国七个最伟大的总统，华盛顿、林肯这些人，他们走在街上，没有人会认识他们。现在不一样了，在电视的时代，你如果没有上镜率的话，你就落伍了。所以现在不光是演员、主持人，连政治家、学者都要上电视，上镜率越高，知名度越高。现在人们看重的不是思想和见解，而是长相和口才。所以，波兹曼说，媒介就是认识论，媒介变了，认识事物的方式就变了，产生了一系列的后果。如果说过去的时代出大师和伟人，那么，我们今天这个时代出的是明星和偶像。大家都混个脸熟，电视上露脸多了，就成了名人了。

电视对阅读的影响是很大的，它不但排挤阅读，导致阅读率下降，而且在电视的强势影响下，印刷媒介纷纷向电视看齐，出版商的兴奋点不在出真正的好书，能够传世的书，而在当下的畅销，怎么样吸引你的眼球，怎么样造成轰动效应，怎么样强化娱乐功能，用波兹曼的话说，图书蜕变成了“电视型印刷媒介”。现在的大量出版物是快餐读物，绘本也很走红，说什么已经到了读图时代，真是堕落，不耐烦读、读不懂文字了。最近于丹、易中天火得不得了，靠什么？就是靠的电视，先在电视上走红，然后向图书市场进军。据我所知，易中天在上“百家讲坛”之前，在那个《品三国》之前，他在同一家出版社已经出过四本书，但销量不大，《品三国》一火，那些书一下子跟着卖了几十万套。其实这几本书未必比《品三国》差，但是，非要他在电视上展示了口才，展示了“甩包袱”、讲故事的能力之后，才卖得动。我丝毫不反对作家通过写书成为富翁，罗琳写《哈里·波特》成为超级富翁，这没有什么不可以。问题是现在图书市场也受电视控制，这就比较可悲了。

电视排挤阅读，电视支配阅读，我说这是很可悲的现象，可悲在哪里？就在于这表明，我们这个时代的文化是低水平的，甚至是一个没有文化的时代。一个人怎么样才算是有文化，算是一个文明人？波兹曼谈书籍的特征，一个是其中有一个传统，一个是文字要求人思考，由此来看，什么叫文化？文化就是置身于人类精神传统之中进行思考。一个人是不可能孤立地有文化的，人类的精神生活是有一个传统的，你必须进到传统里面去进行思考，你才是一个有文化的人。如果你不阅读那些体现了这个传统的书籍，仅仅是看电视，生活在当下，看看图像，那么，用波兹曼的话说，你是用娱乐取代了文化，你就成了一个没有文化的野蛮人。

波兹曼在那本书的最后提到两个作家，一个叫奥威尔，写过一本书叫作《1984》，还有一个叫赫胥黎，写过一本书叫作《美丽新世界》，这两本书都有中译本。这两本书被称作反乌托邦，都预言了人类文化的灭亡，但是灭亡的方式不一样。在奥威尔看来，文化是怎样灭亡的？有一天，书被禁止，思考被禁止，真理被隐瞒，文化成了一个监狱，是这样灭亡的。赫胥黎则预言，有一天，没有人想读书了，没有人想思考了，没有人想知道真理了，文化成了娱乐，文化是这样灭亡的。波兹曼比较了这两种预言，认为是赫胥黎的预言实现了。我前面说了，波兹曼的观点比较极端，比较激烈，但他是有道理的，为我们敲响了警钟。

二、读什么：经典的价值

时间有限，我就简单说一说下面两个问题。第二个问题是读什么，我的主张是读经典。其实这个道理很简单，如果你把阅读作为一种精神生活，不是纯粹为了消遣或实用的话，你当然要读那些精神含量最高的书，最能让你过活跃的心智生活、丰富的情感生活、高贵的道德生活的书，这就是那些人文经典著作。不管是中国的老子、庄子也好，西方的柏拉图、亚里士多德也好，只要是真正进入了世界文化宝库的，都是被公认的经典著作。经典著作有一个共同的特征，就是关注和思考人类精神生活共同的重大问题，比如人生的意义，生命和死亡，灵魂和肉体，信仰，等等，同时又各有独特的贡献。意大利作家卡尔维诺给经典著作下了几个定义，其中两个，我觉得很到位。他说，经典著作就是你初读的时候就觉得像是重读的书。你有重温的感觉，好像你曾经读过，为什么呢？因为它谈的问题是你关心的问题，是你自己灵魂中的问题，你对这个问题是熟悉的。他又说，经典著作是你在重读的时候好像是初读一样的书。无论你读多少遍，你都有新鲜感，有新的发现，新的收获。为什么呢？因为它是独特而开放的，它的独特之处在你的眼前不断展现，不断和你交流，和你对话。我觉得这两句话说得非常好，准确地说出了我们读经典作品时的感觉，我自己也是这样感觉的。

我倒不是说别的书都不能读，一般人写的书都不能读，那么说你们就都不读我的书了，我的书当然不是经典著作，至多是读经典著作的一些体会罢了。我的意思是你的主要精力一定要放在读经典著作上。为什么呢？首先是因为一个人的精力是有限的，一辈子能读的书是非常有限的。不要以为你能够无限地活下去，永远有时间读书，我原来觉得是这样的，我读书欲望特别强烈的时候，我真觉得这一辈子可以读无限的书。可是，一眨眼就到了老年，过了六十了，突然意识到自己能够读书的时间不会太长了。我现在想起来很悲哀的，其实我花在读书上的时间够多的了，但还是有许多想读的书还没有读，还有一些想重读的还没有重读。我最近开始重读经典，西方的从古希腊开始，东方的包括中国古籍和佛教，我都想比较系统地重读，有一些原来没有读过，是补课，我希望我有时间来完成这样一个计划。我的专业就是人文方面的阅读和写作，你们只能用业余时间读一些人文著作，就更应该把时间都用在读那些真正的好书上面了。生命有限，好书一辈子读不完，怎么能把生命浪费在读差书、平庸的书上面呢。什么是好书？谁说了都不算数，最权威的批评家是时间，时间做出了鉴定，一代一代爱读书的人做出了鉴定，结论就是这些经典名著。图书市场汪洋大海，我们自己去鉴别太困难了，不如用一个最简单的办法，就是听从时间的指导。

读好书和读一般的书，结果是大不一样的。德国哲学家费尔巴哈说过一句话：人就是他所吃的东西。为什么？因为食物化为了你的血肉。起码在读书这个问题上，在吸取精神营养上，我觉得他说得对。你看什么样的书，你吃什么样的精神食物，你在精神上就会成为什么样子人。你吃的是垃圾食品，你在精神上就会发育不良，成为侏儒，你吃的东西是有营养的，你在精神上就能茁壮生长，这是肯定的。人的精神素质、精神品位是被熏陶出来的，其中一个重要途径就是阅读的熏陶。读什么东西可不是一件小事情，你不知不觉就受影响了，我自己就有这个体会。我算是读书有点儿品位的，从大学开始就迷上了人文经典，倒不是刻意坚持，读大师的东西感觉就是不一样，读一般的就感到乏味了。但是，有时候，因为人家给我订了一些报纸，寄了很多杂志，觉得不看一下对不起人家，就花时间翻阅一下，结果就发现，看了后脑子里又乱又空，写出的东西也比较浮躁和肤浅了。别以为自己有多么强大，同样会受影响的，一段时间里读的东西品位比较低，写出的东西品位高不到哪里去。

读经典还有一个很重要的理由。德国哲学家奥伊肯说过这样意思的话：人类积累了许多精神财富，它们主要是以书籍的形式存在的，但是对于每一个个人来说，这些财富是外在于他的，它们还不属于你，需要每一个人自己去把它占为己有。按道理来说，人类的这些精神财富、这些好书是属于每一个人的，是属于全人类的，但实际上你不去占有它们、你不去读它们的话，它们和你是一点关系都没有的。你很可能就错过了，人类最好的精神财富你却没有享受过，很多人其实是这样的，看他们这样，我就想，幸亏我很早就发现了这个宝库，如果我也是一辈子没有去享受，吃亏就大了，而且自己还不知道吃了这么大的亏。

在书籍的总量里面，经典著作相对来说占的比例很小，但它们的绝对量仍是非常大的，是读不完的，我认为也不必读完。到底读哪一些为好呢？经常有人对我说：周老师，你给我们开一个书单吧。我说这个书单我是开不出来的，为什么？因为如果你真的是把阅读作为精神生活的话，你必须是把阅读与自己的精神生长有机地结合在一起的，所以对于每一个人来说，书单不可能是一样，不存在一个统一的书单。我觉得最重要的是，你要有一个信念，不是最好的书就不读，你要有一个标准，每读一本书一定要在精神上有收获。你抱着这个信念，坚持这个标准，就一定能找到那些对于你来说最好的书，形成你自己的一份书单。

虽然我开出的书单是没有用的，但我也可以做一些推荐。如果把阅读看作精神生活，我自己从读一些书里面，对什么是精神生活获得了一种比较深刻的体会，仿佛是精神生活的直接的呈现，像这样的书我可以举出几本。一个是柏拉图的《斐多》。柏拉图的书，你们会说很难读，其实未必。你们不妨读一读杨绛先生翻译的《斐多》篇，篇幅不大。杨绛先生年过九十翻译了这本书，两年后又写了《走到人生边上》，思考人生的重大问题，这个很有意思。《斐多》篇是写苏格拉底最后一天的情况的，苏格拉底是古希腊最伟大的哲学家，被法庭判处了死刑，罪名是不信神和败坏青年，那一天，他跟去看他的学生谈话，非常生动，杨绛先生的译笔也非常好。你可以看看一个大哲人在临终前是怎样谈人生的，他谈人生的意义，归纳起来就是一句话，要照料好自己的灵魂。第二本书，我要推荐的是《圣经》，尤其是《新约》。我不是一个基督徒，我是把《圣经》当作一本人生智慧的书来读的，通过耶稣的很多话，我觉得我领会了什么是信仰，什么是灵魂的生活。比如耶稣说，我们应该积累天上的财富，而不是地上的财富。天上的财富是什么？就是精神的财富，就是道德和信仰。第三本是《蒙田随笔全集》。蒙田是我非常佩服的一个哲人，他对人性的理解既深刻又宽容，在这一点上没有人能够超出他。第四本是《托尔斯泰日记》，通过读托尔斯泰的日记，我懂得了一个人可以怎样真实地面对自己的灵魂，真实的灵魂生活是什么样的。还有一本是《爱因斯坦晚年文集》，或者《爱因斯坦文集》的第二卷，可以着重看看他晚年写的自述。我非常佩服爱因斯坦，他不光是有科学上的成就，他是真正了解人类精神生活的。

总之读什么？我就主张读经典。现在图书市场上的书真是太多了，出版量空前，你不能说没有好书，从绝对量来说好书要比以前多，你爱读书的话，真能找到很多可看的书，但也存在着大量的垃圾书。在这样的情况下，你必须懂得拒绝和排除，才能进入真正的阅读。如果你碰到什么读什么，你是永远走不到真正的阅读里面去的。现在图书市场上的一个突出的现象，就是媒体和出版商合谋，联手炮制畅销书，来引导和支配图书市场。它们不断推出畅销书，各种排行榜，来指导人们读书，好像那个排行榜上越在前面的，就越值得读。才不是这么回事呢，我这个人是不相信媒体的，基本上不读畅销书，你越宣传我就越不理睬。不要跟着媒体跑，你跟着媒体跑，媒体宣传什么，你就去读什么，你就变成了文化市场上的消费大众，而不是一个阅读者。你真正是一个阅读者，阅读是你的精神生活，你就一定会有自己的爱好，自己的选择，你不会跟着跑的。

三、怎么读：直接的必要

第三个问题是怎么读，我的主张是直接读大师作品。当然，经典都是大师写的，能够称之为经典，作者就都是大师。但是，围绕这些经典有很多派生的东西，寄生的东西，比如说什么心得、感悟、解读，这种书很多。那我的意思就是说，要去读经典著作本身，不要去读二手三手的东西，起码你的重点要放在经典著作本身。

我的理由是，首先，大师的原著是最可靠的。叔本华说过一句话：谁向往哲学，就必须到原著那肃穆的圣地去找不朽的大师。要说捷径，这才是捷径，严格地说，是唯一的路。走别的路，最后还是要回来，能回来还是幸运的，往往就迷失在错误的路上了。我们以前学哲学，学马克思主义哲学，都是从教科书学的，真正马克思的书没有多少人读。我的体会是，你读了那些教科书，你还根本不懂马克思。马克思的书，我是下过一点功夫的。当年我北大毕业后分配到广西的一个山沟里面，一个很小的县城，待了八年半，在县里的宣传部工作。没有书读，宣传部的书也很少，但是有一套《马克思恩格斯全集》，还有一套《列宁全集》，我都通读了，还记了许多笔记。读了那些原著以后，我才发现，马克思多么丰富，多么深刻，我们把马克思哲学弄成一些教条，完全变样了。

另外一点，大师的原著原汁原味，是最鲜活的，往往一转述，里面有生命光彩的东西给弄丢了。本来有血有肉的东西，最后弄成几根骨头给你啃，你能尝到多少本来的滋味。教科书，解读，心得，这些都是转述，转述的转述，有的不知是转述的多少次方，结果必然是原创性递减，平庸性递增。很多大师，包括很多大哲学家，他们的文字其实非常好，你读大师原著的时候，他们的文字本身也给你享受。我们千万不要以为原著都很难读，不是这样的，多数大哲学家的文字并不晦涩，像康德、黑格尔、海德格尔那样晦涩的是少数，多数是好读的，比如德国哲学家叔本华、尼采的文字非常优美，英国哲学家培根、休谟、约翰·穆勒的文字非常晓畅，读起来是很舒服的。

所以，你千万不要以为大师很难接近，其实他们比我们想象的要平易近人得多。就好像在现实生活中，很多大人物是平易近人的，相反小鬼难缠，他们周围的那些仆人、秘书才是难对付的，困难在于你要冲破他们的重重障碍才能见到大人物。但是，在阅读上不存在这种障碍，原著就在那里，你可以直接去找他们，那你为什么还要和仆人们没完没了打交道呢，毫无必要。古希腊哲学家亚里斯提卜说过一句俏皮话，他说，有些人好像很喜欢哲学，可是他们不去读哲学家的原著，却去读介绍性的东西，这些人就好像是爱上了一个女主人，可是为了图省事却去向女仆求爱，这是多么可笑。

那么，我们作为普通的读者，不是搞研究的，怎样来读大师的原著呢？我提两条。第一条是不求甚解，就是陶渊明说的好读书、不求甚解，不要刻意求解。其实我读原著也是这样的，某些我要研究的课题，比如尼采，我当然就比较认真，但是一般的读原著，我决不抱着做学问的态度读，而是当作闲书读。要尽量轻松愉快地阅读，觉得枯燥的地方，你就忍一忍，或者干脆跳过去，暂时读不懂的地方，也可以跳过去，做一个记号，这次没有读懂，以后再来读，不要死盯在那里，让那里成为障碍。这实际上是一个不知不觉受熏陶的过程，你内在的东西在积累，你用来理解大师们的资源在积累，你会发现你越来越能读懂了。

第二条是为我所用。你不要跟着大师跑，要独立思考。你要记住，其实你不是一个研究者，你用不着去死抠大师说的原意到底是什么，这个对你不重要，让学者们去争论去吧。对于你来说最重要的是，把它化为你的精神营养，让你的精神得到生长。所以我就提出一个口号：读大师的书，走自己的路。人生的路还是要你自己去走，大师的书是为你走自己的路服务的。

军事医学科学院的现场交流

问：现代作家写的作品里面有没有一些经典，您能否给介绍一下。还有您给我们推荐的几本书，为什么没有中国人写的？

答：我刚才提的这几本书，只是根据我个人的体会，要理解什么是精神生活，它们给我的启发是最大的。中国的经典，从精神生活的角度看，我觉得有一定局限性，比如孔子偏于伦理，庄子偏于审美，灵魂的深度不足。鲁迅有一个比较极端的说法，人家叫他开书单，他说不要读中国书。几十世纪上半叶的一批中国学者，梁启超、严复、胡适等人，包括鲁迅，其实都是读了大量中国书的，但又都是在接受了西学以后，回过头来梳理中国的古籍，有了更深的理解。要真正辨别中国传统里的精华和糟粕，必须有世界的眼光。我自己觉得，西方人文经典能给我们一个更开阔的视野和坐标。也许中国作家现在写的书，将来会有成为经典的，但我现在还看不出来，这需要时间的检验。我本人认为，当代无大师。海明威说，他只和死去的作家比，活着的作家多数不存在，其名声是批评家制造出来的。现在情况更严重，出版商、媒体大肆炒作，甚嚣尘上，我的办法是不理睬，让时间去沉淀，去让尘埃落定。

问：我们的教科书中对共产主义将来如何实现有固定的理解，它的前提是物质极大丰富，人的精神素质非常高。但是我有一个感觉，就是人的生命是非常有限的，尤其从二十世纪五十年代开始，大家认识到我们赖以生存的资源也是有限的，那么随着我们这种文明的发展，留给我们的资源越来越少，有没有这种可能，在资源越来越少的背景下，我们还能把美好的梦想实现。

答：在资源问题上，如果还按照现在这样一种做法，继续浪费下去的话，那恐怕不但共产主义实现不了，甚至人类可能难以生存，共产主义的实现当然是以人类的生存为前提的。至于对共产主义的理解，马克思的真正理想是什么，能否实现，这是需要专门探讨的另一个问题了。

问：您提到知识分子的定义，其实在一百多年前，左拉为一个军官提出抗诉时已经表明，知识分子不仅是有渊博知识，或者像您所说能够在阅读中得到快乐的人，更是能够站出来为社会公益做一些事情。那么把知识分子定义为只是有知识的人，是不是定义门槛的下降？第二个问题，我不知道您有没有看过戏剧，或者说您喜欢不喜欢电影，因为影像或者图像对人的震撼，或者所传达出来的意义也可以和文字一样。第三点，中国以前的文化是不是有一种假道学的传统，我们以前被这个传统给束缚住了，那么如果这样的话，我们就不需要特意去学西方的文化，只要把我们的角度改变一下，就可以对我们的文化有更深的把握。

答：电影是一种综合的艺术形式，我觉得和电视有区别。在很大程度上，电影是文学向图像的延伸，是用图像的方式来表达文学，因此在文学性上有很高的要求。电视更多的是用图像来传播信息，即使是电视剧，娱乐性的要求也大大超过文学性。关于知识分子，我下的并不是全面的定义，我只是强调智力活动的习惯比知识更重要。在道德的层面上，我强调内在的精神生活，灵魂生活，我觉得这比表面的社会责任感更重要。我觉得中国知识分子有这个毛病，就是表面的社会责任感很强，一个一个要为帝王师，急于在社会上叱咤风云，但是如果没有内在的精神追求作为动力的话，实际上就有很大的功利色彩。所以中国知识分子在社会领域的这种抱负往往容易大起大落，容易改变信念，其实是没有真正的信念。包括孔子的思想，当然后来被假道学歪曲的情况是存在的，但是我觉得不仅仅是这样，哪怕回到孔子本身，回到真道学，仍有很大的局限性。所以，不仅仅是回到中国文化源头的问题，还有一个改正中国文化缺陷的问题，这就需要用西方文化做参照。在中西文化的问题上，我主张要有平常心，不要太在乎说我们民族多么优秀，一定要让全世界承认。你优秀的东西人家想否认也否认不了的，你应该有全人类的胸怀，你把人家的好东西学过来，对你的优秀东西不会有丝毫损害，反而能更好地让它发扬光大。

问：我想请教一个问题。不知道我的理解是不是对，您的报告里讲阅读，是不是指纸质媒体的阅读？

答：是的。

问：那么，您对网络阅读是怎样看的？网络阅读跟纸质阅读的区别只是载体不同，阅读是不是应该更注重内容？

答：阅读当然应该注重内容而不是载体，但载体对内容是有影响的，什么样子的载体更适合什么样的内容，这是有关联的。网络追求用最快的速度来传播信息，内容必须不断更新，这是它的主要功能，这个性质的内容就不是我所说的阅读的对象。网络的另一个功能是作为工具，包括检索，重要文献的网络版，我特别喜欢它的这个功能，的确可以为阅读提供方便。纸质媒介比较能够长久保存，这个特点决定了它更适合于承载那些值得认真和反复阅读的内容。我们喜欢一部作品，即使有网络版，我们仍愿意拥有它的纸质版。同样，一个受欢迎的网络作品，出版商就会乐意出它的纸质版。这都证明了纸质媒介有比网络优越的地方。

中国科学院图书馆的现场交流

问：我想问一下周老师您对哲学、科学和宗教这三者间的关系是怎么看的？因为有人说哲学是最高科学，一些科学家到了一定的程度以后，他们会成为一个宗教徒。您认为科学发展到了一个什么时候，宗教是否会消失？

答：问题非常好，每个问题都可以讲两小时。（笑声）你这两个问题都是很大的问题，我简单回答一下。哲学、科学和宗教的关系，我非常欣赏罗素的说法。哲学和宗教，它们所追问的问题是相同的，都是一些根本性的问题，诸如世界的本质，灵魂的归宿，人生的意义。但是，哲学和宗教解决这些问题的方式是不一样的，哲学是通过理性，宗教是通过信仰，甚至是天启。宗教认为人的理性是有限的，不可能解决这些根本问题。相反，哲学和科学所追问的问题是不一样的，哲学思考的是超越经验的问题，科学讨论的是经验范围内的问题。然而，它们解决的方法却是一样的，都是要靠理性去解决。可以这样来打比方，从问的问题来说，哲学和宗教是一样的，都是灵魂在提问。从回答的方式来说，哲学和科学是一样的，都是头脑在回答。灵魂是一个疯子，尽问那些大问题，无法回答的问题，而头脑是一个呆子，按部就班，遵守逻辑。所以，哲学基本上是这样一个情况，疯子在那里问，呆子在那里回答。（掌声）至于科学发达了，宗教会不会消失？肯定不会，就因为它们要解决的问题是不一样的，宗教要解决的是终极问题，科学永远无法解决。所以，那些思考终极问题的大科学家往往有宗教情怀，这是完全可以理解的。

问：我从您刚才的讲座里面感到，您所汲取的营养是西方哲学，您是否对中国哲学有一定的研究？您认为中国哲学和西方哲学的区别和联系是什么样的呢？

答：我今天是没有谈中国哲学，我对中国哲学只能说略有涉猎。中国哲学和西方哲学最主要的区别，我不认为在于中国哲学是综合的，西方哲学是分析的，中国哲学是混沌思维，西方哲学是理性思维。这些差别其实并不重要，把注意力放在这里，会遮蔽主要问题。我在研究西方哲学的过程中，我更注意的是，我们是有古老的文明的，为什么发展到现在，在精神文明的程度上，我们不如西方，问题出在什么地方，在我们的哲学中有没有根源。我认为是有的，中国传统哲学缺了两样东西，一个是形而上学，就是对终极价值的关切，一个是个人主义，就是对个人价值的尊重。这正是我们应该向西方哲学学习的地方。

问：现在有些人文学者喜欢告诉我们人生应该怎么样，应该怎么成功。但是，我觉得每个人的认识和经历旁人是无法复制的，那您觉得作为一个人文学者，作为一个走在思考前沿的人，他应该具有什么样的情怀，是应该好为人师，还是应该更多地为我们奉献发自灵魂的东西？

答：你好像在批评我。（笑声）的确，有些人文学者是好为人师的，觉得他们负有这样的使命，要启蒙人民，引领社会发展，我觉得这很可笑，我自己从来不觉得我有这样的使命。我只是碰巧做了人文这件事，成了一个作家，写了一些东西，这是碰巧的。首先应该是一个真实的人，应该有一颗平常心。我写作时，我从来不认为大家有什么问题，我要去解决。我写得最好的东西都是在解决我自己的问题，我有一些困惑，我想开导自己，结果，我写出来以后，跟我有同样困惑的人与我发生了共鸣，这是我发生的所谓社会影响的原因所在，我自己很清楚。

问：您觉得中国文化中有没有尼采的酒神精神？中国是否需要这种精神？

答：得看你怎么理解酒神精神了，如果把尼采的酒神精神看成一种审美的世界观，从这个角度说，庄子有一点像，但是他们的风格不一样，庄子偏于静，比较超脱，尼采偏于动，比较强势。

问：我读过的哲学书比较少，只看过一本《苏菲的世界》，请问这本算是哲学的经典吗？

答：肯定不是。

问：我记得您说过："我将永远困惑，也将永远寻找。"现在距离您写的这一段话将近过去二十年的时间了，您现在到了知天命的年龄，我想问的是，在您现在这个人生阶段，您对人生价值有没有新的感悟？我们人类应该怎样为自身的存在寻找价值？

答：我实在没有什么可教给你的。你刚才提的那句话可能是二十年前写的："我将永远困惑，也将永远寻找，困惑是我的真实，寻找是我的勇敢。"到现在为止，我的长进不大，在人生根本的问题上，彼岸的问题上，仍在困惑和寻找着。我不知道，在我的有生之年，我能不能解决这个问题，我希望找到一个终极的信仰，但这不是想就能做到的事情。我这个人可能有内在的矛盾，喜欢思考，相信一个东西就必须有根据，这对宗教信仰是不利的。但是，终极问题的解决只能是宗教，哲学永远是在解决的途中，永远是没有走到终点的。不过，在现实生活中，我觉得自己对人生的态度比以前平和多了，大约是知道了终极问题不可解，就采取了一种和解的态度，也许和解就是一种解决吧，一种了犹未了的解决。

问：周老师，去年的时候，我也读过一本书，但是读过之后就忘了，我不知道我这种忘是永远忘记了还是吸收了？我想请问一下您的阅读方式，您是怎么读书的？

答：读书要不忘的话，我觉得很可怕。（笑声）脑袋里堆满了东西，成了杂货铺。我觉得忘是正常的。我读书时，不在乎把书中的内容记住了多少，我是要把它转换为自己的东西。刚才我提出了读书的两条办法，第一是不求甚解，不要端着做学问的架子，正襟危坐，刻意求解，一个地方读不懂了就在那里死抠，那是学究们做的事，咱们别做。作为一种精神生活，你就是要不求甚解，因为读书是个熏陶的过程，也就是忘记的过程，这个东西你有了，但它是从哪来的，你想不起来了。另外就是为我所用，你不要追究它的原意是什么，只要对你的精神生活有好处，变成你的营养，这就够了。所以，我觉得，读书能够读到忘了，这是一个很高的境界。祝贺你！（掌声）

问：看得出来，周老师您有一种非常平和的心态，我想问一下，在生活中，您是如何保持平和的心态的？另外一个问题是，周老师您在生活中是否也会发脾气？

答：其实我经常发脾气，而且都是为一些小事情，发完以后特别讨厌自己，人就容易在小事情上发脾气。后来我看古罗马哲学家塞内卡有一篇文章专门论愤怒，把愤怒分析得体无完肤，这是最渺小、最可笑的情绪。我读了以后深受触动，警觉了，一发脾气就觉得自己特可笑。总的来说，在生活中，我的态度还是比较平和的。怎么做到平和呢？就是和生活拉开距离，你别太计较，你经常想一想，其实所有的东西都是暂时的，当然你也别太悲观了。

问：我经常觉得做完业务的活之外，业务活都是带着功利的心态，已经没有时间和精力去读自己真正想读的书了，而我确实有很多书想读。我想问周老师，您是怎么样去协调功利的读书和精神生活的读书的。

答：这个问题对我来说也是存在的，尽管我的专业决定了我能够把功利性阅读和精神性阅读较好地统一起来，但是，只要你看重利益，两者还是会发生冲突，你越看重，冲突就越大。我的办法是，自己选择研究的题目，基本不申请课题，我在哲学所这么多年，课题都不要。为什么呢？拿了那个钱，就会受到约束，可能必须去做一些自己不喜欢的事情。但是我不主张你这样做，因为你需要生存，需要在专业领域内成功。我觉得你可以设法兼顾，把时间分配一下，比如说，白天用于功利性阅读，做你的课题，把晚上留给自己，用于享受性的、精神性的阅读。

问：我是一个中学生。我一直感到疑惑的是何时读的问题，包括两个层面，一个是从什么阶段开始读经典著作，是越早越好吗？第二个是比较现实的问题，很多中学生包括我都比较忙，除了数理化之外，没有时间去读别的，怎么办？

答：当然是越早越好，有适合不同年龄段的经典著作，孩子可以读那些经典的童话作品呀。反正我觉得越早越好，越早就越能牢固地培养起好的阅读趣味。现在的教育真是没有办法，我都不愿意谈这个问题了，我觉得现在的教育情况是最荒唐的。包括一些所谓的素质教育，修修补补的，弄一些课外阅读的范文、读物，其实也像课内一样地来进行，分析中心思想是什么，这一段话背后的含义是什么。（笑声）我的文章就常常被派这样的用场，有的孩子拿着这样的考卷来让我做，然后按照标准答案给我评分，勉强及格。（笑声）我自己都读不懂我的文章了，很可笑吧。这哪是培养阅读趣味的方法，哪是培养语文水平的方法！你真正要培养学生的阅读爱好，就应该给他们自由时间，可以推荐一些书目，让他们自己慢慢去品尝。

问：刚才您说到读童话，比如安徒生童话，我从小时候就开始读，现在有空偶尔也读一些英文的童话，但是好像没有以前读时的那种感觉了。我想知道读童话读出来的那个趣味到底在哪里？

答：这个问题我回答不了。我想，你在不同的年龄读同一篇作品，你会有不同的感受，这是非常正常的。但你很难拿出一个标准来说，哪一种是对的，哪一种是错的，真正有感受就都是对的。当然，无论读什么作品，你对这部作品的理解是取决于你的整体水平的，不仅仅是文化程度的问题。

（举行此讲座的时间地点：2007 年 4 月 26 日重庆大学；2008 年 4 月 18 日军事医学科学院；2008 年 4 月 19 日中国科学院图书馆。根据军事医学科学院速记稿、参考中国科学院图书馆录音和讲课提纲整理。）

第三辑

神圣的好奇心

智慧和童心

我们可以从书本和课堂上学到知识，可是，无人能向我们传授智慧。智慧是一种整体的东西，不可能把它分解成若干定理，一条一条地讲解和掌握。不过，智慧也不是高不可攀的东西，人人都有慧根，我们所要做的只是保护和发展它，不让它枯萎罢了。

孩子往往比大人更智慧。真的，孩子都有些苏格拉底式的气质呢，他们感觉到自己处在一个新鲜的未知的世界之中，因而对一切都充满着好奇，都要问一个为什么，从来不强不知为知。可惜的是，孩子时期的这种天然的慧心是很容易丧失的。待到长大了，有了一技之长，掌握了某一方面的知识，人就容易被成见所囿并且自以为是，仿佛世界上再也没有新鲜事了。实际上，许多大人只是麻木得不再能够感受世界的新奇而已。

除了好奇心之外，智慧又是一种从整体上洞察和把握事物真相的直觉。在这方面，孩子同样比大人占据着优势。你们一定听过安徒生讲的皇帝的新衣的故事。两个骗子给皇帝做新衣，他们说，这件衣服是用最美丽的布料做的，不过只有聪明人能看见，蠢人却看不见。事实上，他们什么布料也没有用，只是假装在缝制。皇帝穿着这件所谓的新衣游行，其实他光着身子，什么也没有穿。然而，皇帝本人、前呼后拥的大臣们、围观的老百姓，因为害怕别人说自己愚蠢，都使劲地赞美这件新衣多么美丽。最后，有一个人喊了起来："可是他什么也没有穿呀!"谁喊的？正是一个孩子。所有的大人明明看见皇帝光着身子，但他们都这么想：第一，既然别人都在赞美这件新衣，就说明皇帝确实穿着一件美丽的新衣，只是我看不见罢了；第二，我看不见说明我比别人都蠢，千万不可让别人知道了笑话我，我一定要跟着别人一起赞美。他们都宁肯相信多数人的意见，不愿相信自己亲眼所见的事实。孩子却不同，他没有虚荣心的顾忌，也不盲从别人的意见，一眼就看到了真相。

儿童的可贵在于单纯，因为单纯而不以无知为耻，因为单纯而又无所忌讳，这两点正是智慧的重要特征。相反，偏见和利欲是智慧的大敌。偏见使人满足于一知半解，在自满自足中过日子，看不到自己的无知。利欲使人顾虑重重，盲从社会上流行的意见，看不到事物的真相。这正是许多大人的可悲之处。

不过，一个人如果能保持住一颗童心，同时善于思考，就能避免这种可悲的结局，在成长过程中把单纯的慧心发展为成熟的智慧。由此可见，智慧与童心有着密切的联系，它实际上是一颗达于成熟因而不会轻易失去的童心。《圣经》里说："你们如果不回转，变成小孩子的样子，就一定不得进天国。"帕斯卡尔说："智慧把我们带回到童年。"孟子也说："大人先生者不失赤子之心。"说的都是这个意思。那么，我衷心祝愿你们在逐渐成熟的同时不要失去童心，从而能够以智慧的方式度过变幻莫测的人生。

1996 年 10 月

孩子的独立精神

看到欧美儿童身上的那一股小大人气概，每每忍俊不禁，觉得非常可爱。相比之下，中国的孩子太缺乏这种独立自主的精神，不论大小事都依赖父母，不肯自己动脑动手，不敢自己做主。当然，并非中国孩子的天性如此，这完全是后天教育的结果。所以，在这方面首先应该做出改变的是中国的父母们。如果我有孩子，我最乐于扮演的角色将是做孩子的朋友。在我看来，做孩子的朋友，孩子也肯把自己当作朋友，乃是做父母的最高境界。溺爱是动物性的爱，那是最容易的，难的是使亲子之爱获得一种精神性的品格。所谓做孩子的朋友，就是不把孩子当作宠物或工具，而是视为一个正在成形的独立的人格，不但爱他疼他，而且给予信任和尊重。凡属孩子自己的事情，既不越俎代庖，也不横加干涉，而是怀着爱心加以关注，以平等的态度进行商量。父母与孩子之间要有朋友式的讨论和交流的氛围。正是在这种氛围里，孩子便能够逐渐养成基于爱和自信的独立精神，从而健康地成长。

1997 年 8 月

拯救童年

我是怀着强烈期待的心情翻开尼尔·波兹曼的《童年的消逝》一书的，原因有二：一是此前读过这位作者的另一著作《娱乐至死》并深感共鸣；二是该书的主题正是我长期关注和忧虑的问题。读后的感觉是未失所望，但又意犹未尽。

该书的立论与《娱乐至死》一脉相承，也是电视对于文化的负面作用，而《童年的消逝》基本上被视为此种负面作用的一个特例。作者是在社会学而非生物学意义上定义童年概念的，他认为，这个意义上的童年概念乃是印刷术的产物。在此之前，尤其在漫长的中世纪，童年与成年的界限是模糊不清的。由于儿童死亡率居高不下，使得人们包括一般父母在儿童身上不愿投入感情，尚未形成同情儿童的心理机制。甚至像柏拉图这样的哲学家竟也断言：对儿童只能“用恐吓和棍棒，像对付弯曲的树木一样”。同时，由于主要依靠口头方式传播信息，儿童很早就从成人百无禁忌的谈话中知道了成年的各种秘密包括性秘密，不能培育起羞耻心。总之，在社会的普遍意识中，童年不被看作一个需要给予特殊关心的人生阶段，真正的儿童教育并不存在。儿童之被当作成人对待，从英国法律中可见一斑，直到1780年，两百多项死罪对儿童一视同仁，有一个七岁女孩只因为偷了一条衬裙就被处以绞刑。

如果说医学的发展改变了人们对儿童生命和心灵的麻木态度，那么，印刷术的发明则在人类历史上第一次创造了童年的概念。按照作者的解说，这主要是指，由于信息传播方式由口头转变为文字，社会便获得了一个区分童年和成年的明确标准，就是是否具备阅读能力。童年是从学习识字和阅读开始的，儿童必须接受教育才能应付成人的符号世界，成年变成一个需要经过努力才能达到的目标，为此欧洲建立了现代学校。作为一个重要结果，文字的屏障可使儿童避免接触于他们不宜的信息，保护他们的羞耻心。作者始终强调，羞耻心是童年存在的前提。这是有道理的，因为儿童的天真在相当程度上依赖于羞耻心。

然而，信息传播技术的新革命再一次彻底改变了儿童生活的场景，在作者看来，不啻是消灭了由印刷术所建立的儿童的概念——这就是电视的发明。自二十世纪五十年代以来，电视在美国的家庭里扎根，接着普及全世界，成为当代文化的主宰。作者对于电视文化的批判是强有力的。他引美国作家芒福德的话说："钟表消灭了永恒，印刷机使之恢复。"依靠印刷的书籍，个人得以摆脱一时一地的控制，扩展了思想自由的疆域。可是，电视似乎又重新消灭了永恒。电视在本质上是娱乐，它旨在制造观众瞬时的兴奋。看电视就好像参加一个聚会，满座是你不认识的人，不断被介绍给你，而你在兴奋之后，完全记不住这些人是谁和说了什么。电视破坏了童年和成年之间界限的历史根基，在电视机前面，童年消逝与成年消逝并行。一方面，看电视不需要也不开发任何技能，它把成人变成了功能性文盲，儿童化的成人。正如英国哲学家怀特海早就指出的："文化是思想活动，支离破碎的信息与文化毫不相干。"另一方面，它又把儿童变成了成人化的儿童。孩子们从电视图像上获得五花八门的信息，仿佛无所不知，尚未提问就被给予了一大堆答案，好奇的张力减弱，好奇被自以为是取代。他们还通过电视知道了成人的一切秘密，导致羞耻心消失。作者断言，如今孩子普遍早熟，青春期提前，电视——现在还应该加上网络——对此脱不了干系。当儿童能够任意接触成人的知识禁果时，他们就确实被逐出童年乐园了。令无数家长忧虑的事实是，家长对孩子的信息环境完全失去了控制。玛格丽特·米德把电视称作"第二家长"，我们或许可以把网络称作"第三家长"，而且，这些后来居上的"家长"威力多么巨大，使得许多"第一家长"成了徒有其名的傀儡。

童年消逝的一个重要表征是传统儿童游戏的消失。英国两位历史学家鉴定了几百种传统儿童游戏，其中没有一种是现在的美国儿童仍经常玩的。我们这里的情况并不稍微好一些，不必说上了年纪的人，即使是三四十岁的中年人，记忆中的童年游戏在今日的孩子中间也已难觅踪影。今日的孩子当然也玩，区别于传统游戏，有两个鲜明特征。其一是抽象性，突出表现在电脑游戏上，沉湎在虚拟世界里，昏天黑地，不知阳光下还有一个真实的世界。在玩电脑游戏时，人自身也化为抽象的存在，肉体和灵魂皆消失，变成了受电脑程序控制的一个部件。相反，传统游戏总是具体的，环境具体，多半在户外，与自然亲近，人也具体，手脑并用，身心皆投入。其二，传统游戏具有自发性，没有成人的干预，孩子们自然地玩到了一起，自由自在，充满童趣。相反，现在的儿童游戏变得日益职业化了，作者举出美国的例子，组织各种比赛，往往有家长督促和参与，让孩子们经受培训、竞争、媒体宣传的辛苦。在我们这里，则是给孩子报各种班，学各种技能，同样也要参加各种比赛，加上繁重的作业，占据了全部课外时间。可是，当孩子们毫不自由地从事着这些活动时，他们还是在玩吗？当然不是了，他们其实是被绑架进了成人世界的竞争之中。

最后，我说一说为何对这本书感到意犹未尽的理由。作者的基本论点是，电视文化取代印刷文化，这是导致童年消逝的根源。中国当今的现实却是，不但电视文化，而且印刷文化，二者共同导致了孩子们童年的消逝，因而消逝得更为彻底。其实，作者自己曾谈到，在印刷文化的范畴内，也有两种不同的童年概念。洛克派认为：儿童是未成形的人，教育就是通过识字和理性能力的培养使之成形，变成文明的成人。卢梭派则认为：儿童拥有与生俱来的自发能力，教育就是生长，以文字为主导的现行教育却压抑了生长，结果使儿童变成了畸形的成人。不用多说，人们就会感到，卢梭的批评是多么切合今日中国的现状。因此，为了拯救中国孩子的童年，我们不但要警惕电视文化的危害，更要克服印刷文化的弊病，其极端表现就是我们今天的急功近利的应试教育。

2005 年 4 月

孩子的心智

1

华兹华斯说："孩子是大人的父亲。"我这样来论证这个命题——

孩子长于天赋、好奇心、直觉，大人长于阅历、知识、理性，因为天赋是阅历的父亲，好奇心是知识的父亲，直觉是理性的父亲，所以孩子是大人的父亲。

这个命题除了表明我们应该向孩子学习之外，还可做另一种解释：对于每一个人来说，他的童年状况也是他的成年状况的父亲。因此，早期的精神发育在人生中具有关键作用。

2

童年无小事，人生最早的印象因为写在白纸上而格外鲜明，旁人觉得琐碎的细节很可能对本人性格的形成发生过重大作用。

3

我一再发现，孩子对于荣誉极其敏感，那是他们最看重的东西。可是，由于尚未建立起内心的尺度，他们就只能根据外部的标志来判断荣誉。在孩子面前，教师不论智愚都能够成为权威，靠的就是分配荣誉的权力。

4

电视镜头中，妈妈告诉小男孩怎么放刀叉，小男孩问："可是吃的放哪里呢?”

当大人们在枝节问题上纠缠不清的时候，孩子往往一下子进入了实质问题。

5

在孩子眼中，世界是不变的。在世界眼中，孩子一眨眼就老了。

6

成长是一个不断学习的过程，学习如何做人处世，如何思考问题。不过，学习的场所未必是在课堂上。事实上，生活中偶然的契机，意外的遭遇，来自他人的善意或恶意，智者的片言只语，都会是人生中生动的一课，甚至可能改变我们人生的方向。

7

情窦初开的年龄，绽开的不只是欲望的花朵。初开的欲望之花多么纯洁，多么羞怯，多么有灵性，其实同时也是精神之花。和青春一起，心灵世界一切美好的东西，包括艺术和理想，个性和尊严，也都觉醒了。

这在人人都是一样的。区别在于，有的精神之花得到了充足的精神营养，长开不败，终于结出了果实；有的却只是昙花一现，因为营养不良而早早枯萎了。

8

在人的精神成长过程中，少年时期无疑是至关重要的。谁没有体验过青春的魔力降临时的那种奇妙的心情呢？突然之间，眼前仿佛打开了一个五彩缤纷的世界，一片隐藏着无穷宝藏的新大陆。少年人看世界的眼光是天然地理想化的，异性的面庞，两小无猜的友情，老师的一句赞扬，偶尔读到的一则故事或一段格言，都会使他们对世界充满美好的期望。从总体上比较，少年人比成年人更具精神性，他们更加看重爱情、友谊、荣誉、志向等精神价值，较少关注金钱、职位之类的物质利益。当然，由于阅世不深，他们的理想未免空泛。随着入世渐深，无非有两种可能：或者是把理想当作一种幼稚的东西抛弃，变得庸俗实际起来；或者是仍然坚持精神上的追求，因为实际生活的教训和磨炼，那会是一种更成熟、更自觉的追求。一个人最后走上哪一条路，取决于种种因素，不可一概而论。不过，他年少之时那种自发的精神性是否受到有效的鼓励和培育，肯定是其中一个重要的因素。

神圣的好奇心

天生万物，人只是其中一物，使人区别于万物的是理性。动物唯求生存，而理性不只是生存的工具，它要求得比生存更多。当理性面对未知时，会产生探究的冲动，要把未知变成知，这就是好奇心。好奇心是理性觉醒和活跃的征兆。在好奇心的推动下，人类仰观天象，俯察地理，思考宇宙，探索万物，于是有了哲学和科学。动物匍匐在尘土之中，好奇心把人类从尘土中超拔出来，成为万物之灵。

也许，正是在这个意义上，爱因斯坦把好奇心称为“神圣的好奇心”。

好奇心是人的最重要的智力禀赋之一。做父母的都会发现，孩子在幼儿期皆有强烈的好奇心，对事物充满探问的兴趣。我设想，倘若人人能把幼儿期的好奇心保持到成年，世界上会有多少聪明的大脑啊！

然而，这几乎是不可能的。如同爱因斯坦所说，“神圣的好奇心”是一株脆弱的嫩苗，它是很容易夭折的。不说别人，就说这位大物理学家本人，他竟也有过好奇心险遭夭折的经历。他自己回忆，他 17 岁进入苏黎世工业大学，为了应付考试，不得不把许多废物塞进自己的脑袋，其结果是在考试后的整整一年里，他对任何科学问题的思考都失去了兴趣。鉴于这个经历，他如此感叹道：“现代的教学方法竟然还没有把研究问题的神圣好奇心完全扼杀掉，真可以说是一个奇迹。”

请不要用我们今天应试教育的严酷状况去推测爱因斯坦当年的处境，事实上，他不过是一年之中考试了两次而已，而且他告诉我们，他多数时间是自由的，仅在考试前借来了同学的课堂笔记，死记硬背以应付考试。尽管如此，他的智力兴趣仍然因此受到了严重伤害。

爱因斯坦得出结论说：“好奇心这株嫩苗，除了需要鼓励外，主要需要自由，强制必然会损害探索的兴趣。”

大约无须再把今天中国学生——从小学生一直到研究生——所受的强制与爱因斯坦当年所受的那一点儿强制做比较了吧！学校教育当然是不能完全排除强制性考试的，区别在于它在整个教育体制中所处的地位和所占的比重。如果强制性考试成为教学主要的乃至唯一的目的、方法和标准，那么，它便是典型的应试教育，而这正是我们今天的现实。

一般来说，好奇心会随着年龄增长而递减，这几乎是一个规律，即使在最好的教育制度下恐怕也是这样。那些能够永葆好奇心的人不啻是幸存者，而且人类的伟大文化创造多半出自他们之手。唯因如此，教育必须十分小心地保护好奇心，为它提供良好的生长环境。我相信，像爱因斯坦这样的天才，其强大的智力禀赋足以战胜任何不良的外部环境，但普通人就没有这么幸运了，一种坏的教育制度的杀伤力几乎是摧毁性的。尤其在基础教育阶段，好奇心这棵嫩苗正处在生长的关键期，一旦受到摧残，后果很可能是不可逆的。

在教育上，好奇心体现为学习的兴趣。所谓兴趣，其主要成分就是智力活动的快乐，包括好奇心获得满足的快乐。一个人做事是出于兴趣，还是出于强制，效果大不一样。出于兴趣做事，心情愉快，头脑处于积极主动的状态，往往事半功倍；出于强制做事，心情沮丧，头脑处于消极被动的状态，往往事倍功半。做一般的事尚且如此，学习就更是如此了。因为学习是纯粹的智力活动，如果学生在学习中不能感受到智力活动本身的快乐，学习就会是百分之百的痛苦。遗憾的是，这正是今天多数学生的状况。

情况本来不该是这样的。人有智力禀赋，这种禀赋需要得到生长和运用，原是人性的天然倾向。学生之所以视学习为莫大的痛苦，原因恰恰在于，应试教育不但不是激活，反而是压抑智力活动的，本质上是反智育的。

兴趣应该是智育的第一要素，如果不能激发起学生对知识的兴趣，就谈不上素质教育。强调兴趣在教育中的意义，绝不意味着对学生放任自流，相反，这是一个很高的要求。为此，教师必须自己是充满求知兴趣的人，并且善于对学生的兴趣差异予以同情的观察，发现隐藏在其后的能力，真正因材施教。教材也必须改革，提高其智力活动的含量，使之真正能够激发学生探索和思考的兴趣。比如说，哲学教材就不能只是一些教条，而应该能真正启迪学生爱智慧。相比之下，靠重复灌输和强迫记忆标准答案奏效的应试教育真是太偷懒也太省力了，当然，同时也无比辛苦，因为这是一种低水平的简单繁重劳动，教师自己从中也品尝不到丝毫智力乐趣，辛苦成了百分之百的折磨。

2010 年 11 月

思考比知道重要

人的理性能力是天赋的，在幼儿期，这个能力就觉醒并迅速活跃起来了。早晨是人一天中精神最好的时候，幼儿期就是人的理性能力的早晨，是人一生中智力生长的黄金时段。

人的智力素质中，最重要的因素是好奇心、注意力、观察力、思考力、理解力、想象力等，而这些因素实际上是互相勾连、同生共长、相辅相成的，其间并无明确的界限。说到底，根子只是一个，就是天赋的理性能力，它们都是理性能力活跃的不同表征。因此，最根本的智力教育就是提供一个良好的环境，足以鼓励、促使、帮助孩子的理性能力保持在活跃的状态。做到了这一点，上述各种智力因素的蓬勃生长完全是自然而然的事。

在智力教育中，最不重要的是知识的灌输。当然可以教孩子识字和读书，不过，在我看来，这至多是手段，绝不可当作教育的目标和标准，追求孩子识多少字和背多少古诗，甚至以此夸耀，那不但可笑，而且可悲。教授知识的方法是否正确，究竟有无价值，完全要看结果是激发了还是压抑了孩子的求知兴趣。活跃的理性能力是源头，源头通畅，就有活水长流；源头干涸，再多的知识也只是死水。

对于孩子的智力教育，我不是一个很用心思的家长，没有什么周密的计划。不过，我比较有心，会留意孩子的智力闪光，及时给予赞扬和肯定。事实上，幼儿理性觉醒的能量是非常大的，一定会有好奇、多问、爱琢磨等表现，所需要的只是加以鼓励，给他们一个方向，使他们知道这些都是好品质，从而满怀信心地继续发扬。在我看来，倾听、重视、鼓励孩子的发问，和孩子进行平等的讨论，培养孩子独立思考的兴趣和能力，是父母在孩子的智力教育方面所能做得最有价值的工作。相反，倘若对于自然生长的智力品质视而不见，却另外给他规定一套人为的标准，他在智力发展的路上就难免左右失据、事倍功半了。

我在女儿智力教育方面所做的主要事情，就是重视她的发问、疑惑和思考，和她进行平等的讨论。也许有人会认为这不算智力教育，不妨见仁见智，反正在我的概念中，没有比和孩子一起讨论她所感兴趣的问题更重要的智力教育了。作为一个父亲，我深感童言有真知，我从女儿那里受到的启发绝不亚于我给她的帮助。在智力的层面上，父母和孩子之间绝非单向传授的关系，而是一个充满乐趣的互动过程。

（摘自《宝贝，宝贝》第三卷）

儿童与哲学

经常有人问我：要不要让孩子学哲学？几岁开始学比较好？我总是反问：让孩子学哲学？有这个必要吗？孩子都是哲学家，应该是我们向他们学！这不只是戏言，凭借亲自观察，我深信儿童与哲学之间有着天然的亲和性，和大多数成人相比，孩子离哲学要近得多。在有些人眼中，孩子与哲学似乎不搭界，那是因为他们既不懂孩子，严重地低估了孩子的心智，也不懂哲学，以为哲学只是一门抽象的学问，对两方面都发生了误解。

有心的父母一定会注意到，儿童尤其是幼儿特别爱提问，所提的相当一部分问题是大人回答不了的，原因不是缺乏相关知识，而是没有任何知识可以用作答案。这样的问题正是不折不扣的哲学问题。哲学开始于惊疑，孩子心智的发育进入旺盛期，就自然而然地会对世界感到惊奇，对人生产生疑惑，发出哲学性质的追问。宇宙是有限的还是无限的，神是否存在，世界是不是神创造的，人出生前在何处、死后去往哪里。对于世界和人生的这些大谜，孩子很早就会感到困惑。人类世世代代的天问，在一个孩子的头脑中苏醒了。一个孩子的天问没有答案，一切天问都没有答案。然而，因为这些天问，人类成为太阳系中唯一的爱智造物；也因为这些天问，一个孩子走上了人类的爱智轨道。

清新活泼的儿童心智与陌生新鲜的大千世界相遇，这是人类精神的永恒的灿烂现象，但在每个人一生中却又是稍纵即逝的短暂时光。所以，如果说"学"哲学，儿童期正是"学"哲学的机不可失的黄金时期。不过，所谓"学"完全不是从外面给孩子灌输一些书本上的知识，而是对孩子自发表现出来的兴趣予以关注、鼓励和引导。

对于孩子的哲学性质的提问，聪明的大人只需要做两件事，第一是留意倾听他们的问题，第二是平等地和他们进行讨论。要让孩子感到，他想的问题是重要的、有价值的，他能够想这样的问题证明他聪明、会动脑子。同时，不妨提一些可供参考的观点，但一定不要做结论，因为真正的哲学问题是没有结论的，一做结论就必定简单化，因而必定错误。

相反的态度是麻木不仁，充耳不闻，或者用一个简单的回答把孩子的提问打发掉，许多孩子的哲学悟性正是这样在萌芽阶段就遭扼杀了。我经常听到，当孩子对死亡表示困惑时，大人就给他讲一些大道理，什么有生必有死呀，人不死地球就装不下了呀，我听了心中就愤怒，因为他们居然认为用这些生物学、物理学的简单道理就可以打发掉孩子灵魂中的困惑，尤其是他们居然认为孩子灵魂中如此有价值的困惑应该被打发掉！

凡真正的哲学问题都没有终极答案，更没有标准答案。孩子一旦开始想这类问题，你不要急于让孩子想通，事实上也不可能做到。宁可让他知道，你也还没有想通呢，想不通是正常的，咱们一起慢慢想吧。一定有人会问：既然如此，让孩子思考这种问题究竟有什么用？我只能这样回答：如果你只想让孩子现在做一架应试的机器，将来做一架就业的机器，当然就不必让他“学”哲学了。可是，倘若不是如此，你更想使孩子成长为一个优秀的人，哲学就是“必修课”。通过对世界和人生的那些既“无用”又“无解”的重大问题的思考，哲学给予人的是开阔的眼光、自由的头脑和智慧的生活态度，而这些品质必将造福整个人生。

当然，要做孩子够格的哲学“同伴”，大人必须提高自己。如果大人自己对哲学是陌生的，头脑中很少有真正哲学性质的思考，对孩子的哲学性质的提问当然就识别不了，更不可能给以鼓励和展开讨论了。因此，我的建议是，无论家长，还是老师，都应该对自己进行哲学启蒙，读一些哲学书籍。在这方面，一个有效的方式是选择一种或若干种高水平的哲学童书，和孩子共同阅读。所谓高水平的哲学童书，其特征是既儿童又哲学，能够从儿童心理出发去捕捉那些哲学性质的疑问，把这些疑问引导到若干重大的哲学主题上来，并且使孩子对这些主题的思考始终处在开放的状态。毋庸置疑，和孩子共读这样的书，对于大人自己也是一个学习哲学思考和提高哲学素养的过程。

2010 年 12 月

圣诞老人

啾啾最盼望的节日，不是儿童节，不是春节，而是圣诞节。每到快过圣诞节了，她就开始倒计时，天天掰着指头算，既焦急又欣喜。当然，魅力来自那个会给孩子们送来礼物的善良而又神秘的圣诞老人。

她四岁时，妈妈带她去商店，买回一棵圣诞树，她高兴极了。树上缠着许多小灯泡，可以自动按顺序调节明灭，红要演示给我看，她立即制止，为了在平安夜给我一个惊喜。这棵圣诞树标志着圣诞节正式入驻我们家，从此以后，年年圣诞节前夕，家里就立起这棵圣诞树，啾啾快乐地给它挂上各种小饰物和小玩具，而高潮则是圣诞节早晨在它的下面找到所期待的礼物。

对于圣诞老人会按照孩子们的许愿送来礼物，她感到非常惊奇。她问妈妈："圣诞老人是神仙吗？"妈妈说是。她说："是神仙？那就是抓一把什么都没有！"意思是神仙是看不见、摸不着的。妈妈解释说，圣诞老人的形象就是那个戴小红帽的白胡子老头，不过他的确会隐身，所以送礼物时无人能察觉。

她第一次许愿要的礼物是电子琴，许愿之后，有些不安地问妈妈："圣诞老人真的听见我的许愿了吗？他会送来吗？"妈妈说不用担心，圣诞老人最喜欢小孩，对小孩的许愿最认真，一定会倾听和兑现的。早晨，在圣诞树下看到一台漂亮的电子琴，她甜蜜地笑了。她告诉我，是圣诞老人夜里趁我们睡着送来的，强调说："圣诞老人是看不见的。"我摆弄这台电子琴，发现没有配备变压器，嘟囔了一声，她立刻解释："圣诞老人太忙了。"在她的想象中，圣诞老人要给这么多孩子送礼物，跑这么多人家，疏忽是难免的。

满五周岁不久，啾啾向妈妈讲她的理想："我长大了不工作，从你和爸爸那里拿一点钱，去买许多东西，再卖掉，这样就有更多的钱了。然后，我就给你和爸爸买许多礼物，买一棵圣诞树，把礼物挂在上面。给爸爸买一个漂亮的小姑娘，给你买一个雪橇。还买许多糖果，挂在天花板上，下糖果雨……”

天真、善良的心，幼稚、美丽的理想。但是，我注意到，在她的叙述中，礼物是买来的，不是圣诞老人送来的。她是否并不真的完全相信圣诞老人的存在？她在相信的同时是否也有所怀疑？好像是这样的。

五岁时的圣诞节，她得到的礼物是几箱她喜欢的蓝猫饮料，当她看见圣诞树下堆放的这些饮料时，虽然表示高兴，但又颇为无情地对我说：“没有什么事情可以让我惊喜了。”然后解释说，她已经知道饮料是某个朋友送来的，所以没什么可惊喜的。她说的是事实。这要怪我们，因为匆忙，没有根据她的心愿安排这次的礼物。

六岁时，她许愿的圣诞礼物是一幅画。我找出一张国外明信片，用红圆珠笔画了她的头像和圣诞老人，写上祝她圣诞快乐的话。她在圣诞树下拿到，有些将信将疑。一会儿，她告诉我：“我用红笔给我的头像补了两笔，看不出补过，圣诞老人一定是用我家的笔画的。”似乎是在委婉地表示她已经知道了真相。

七岁时，我们在朋友东东家，两家人一起过平安夜。她开玩笑：“如果东东许愿要一个老公，第二天早晨会发现，圣诞树旁站着圣诞老人自己。”东东是单身妈妈，她的玩笑开得很有水平。她自己许的愿是要一个螺丝钉，她的滑板车掉了一个螺丝钉，已经掉了很久了，无法配到。愿望虽然卑微，却使我们犯了难，红便诱导她改变愿望，她同意要一个地球仪。

种种蛛丝马迹，显然已足以使她心中生疑。

然而，在这之后，她仍表现得对圣诞老人似乎坚信不疑。

九岁时，因为她在集邮，我想给她买一本集邮册作为圣诞礼物，走了许多地方，都没有买到。这天已是平安夜，礼物仍没有着落，我想让她对没有礼物有思想准备，在电话里对她说：“圣诞老人很忙，可能会忘记送礼物的。”她认真地反驳道：“圣诞老人一年只工作这一天，用一年的时间准备礼物，不会忘记的。”我没有了退路，在一家文具店里买了两个漂亮的笔记本，回到家，她已睡，我把笔记本放在圣诞树下，心中不安，不知她能否满意。第二天，她看见了，表示有礼物就行，态度很平静。

她到底是否真的相信圣诞老人呢？这个圣诞节后不久，有一天，她告诉我，班上一个男生对她说，圣诞老人是虚构的，他就从来没有收到过圣诞老人的礼物，她给他分析原因说："这是因为你没有向圣诞老人许愿，说明你想要什么礼物。"可是，事实上，她一定清楚，这个圣诞节她也没有许愿，而对于得到什么礼物则完全不挑剔。

啾啾十岁，是小学五年级学生了。圣诞节前好几天，她把一个精致的小信封放在圣诞树下。红偷偷看，里面是一封信，两张崭新的50元人民币，还有一张她自制的钱，上面画了圣诞小屋和圣诞树，写了"2008年制造"的字样，面额是500元。信的全文如下：

圣诞老人：

您好！

圣诞节终于又到了，我非常兴奋。不知神的世界用不用人类的纸币，不管用不用，随信给您的100元和自制钱都是微不足道的报偿中的一份，让您对人类的情况有所了解。我今年想要一个宽发卡和扭扭笔，最好加上流苏靴。我想给妈妈项链，给爸爸烟斗，希望您能赞助。

祝您天天快乐！

——您真诚的啾啾

红看完了，激动不已，对我说："真可爱，十岁了，还这么天真，而文字却这么老练。"

圣诞节早晨，她在圣诞树下看到了想要的礼物，包括一双漂亮的靴子。她问妈妈："你是不是圣诞老人？"晚上，她问我同样的问题。我说："世界上最爱你的人就是圣诞老人。"她表示同意，然后用遗憾的口气说："我最爱爸爸妈妈，可惜我没有能力给你们买礼物。"我说："你从小到现在，给我们画了许多可爱的贺卡，还给我们带来了这么多快乐，这些都是你给我们的礼物。”她释怀了。

以后的圣诞节，啾啾还会不会向圣诞老人许愿，还会不会为圣诞礼物惊喜？当然会的，因为她心中的圣诞老人已经超越形体，获得永生，那就是爱、善良和感恩。

在西方传入中国的节日中，圣诞节是最可爱的。圣诞节之所以可爱，是因为有一个可爱的圣诞老人。

和圣诞节对应的中国节日是春节，可是，春节却没有一个对应的标志性的可爱形象。我们也许只能举出财神爷，现在许多中国人的确逢年过节就拜财神爷。有谁敢把财神爷和圣诞老人做一个对比吗？一个是那样慈祥和洁净，一个是这样猥琐和肮脏！

圣诞老人是一个美丽的童话，它带给孩子们的不只是惊喜和欢乐，更是健康的价值观，所传播的是出自喜欢而非出自利益的心愿，梦想的力量和梦想成真的喜悦，以及对爱和善良的坚定信念。

当然，无论哪个孩子，或早或迟，都总有一天会知道，圣诞老人并不真正存在，只是一个童话。但是，既然善的种子已经播下，这又有什么关系呢？

有一次，安徒生住在一个守林人的家里，他到林中散步，看见那里草地上有许多蘑菇。于是，他准备了一些小礼物，有糖果、蜡花、缎带等，然后重返草地，分放在蘑菇下面。翌日早晨，他带守林人的女儿去林中，这个七岁的小女孩在不同蘑菇下发现了意外的小礼物，眼中闪现莫大的惊喜。安徒生告诉她，这些东西都是地下的精灵藏在这里的。一个神父听了叙述，愤怒地责备道：“你欺骗了天真的孩子。”安徒生答道：“不，这不是欺骗。她会终身不忘这件事。我敢说，她的心，不会像没有体验过这个奇妙的事情的人那样容易变得冷酷无情。”

是的，一个相信童话的孩子，即使到了不再相信童话的年龄，仍是更容易相信善良和拒绝冷酷的。

（摘自《宝贝，宝贝》第二卷）

孩子比大人幽默

幼儿的心智是一片欣欣向荣的苗圃，各种精神作物破土而出，同生共长，交相辉映，幽默也是其中之一。当然，幽默不是一种孤立的品质，毋宁说是诸多心智要素的综合表现，是新生命在生长过程中绽放的智性花朵，是健康生命遏制不住的灵性笑声。

我从女儿身上看到，孩子天然地具有幽默的倾向，喜欢而且善于逗趣、调侃、讽刺、自嘲，事实上比绝大多数成人更善于表达和理解幽默。

人生有两个时期最盛产幽默。一是孩提时期，倘若家庭是幸福的，生活的氛围是欢快的，孩子往往会萌生幽默感，用戏谑、调侃、嘲弄、玩笑来传达快乐的心情。这是充满活力的新生命发出的天真单纯的欢笑。另一是成熟时期，一个人倘若有足够的悟性，又有了足够的阅历，就会借幽默的态度与人生的缺憾和解。这是历经沧桑而依然健康的生命发出的宽容又不乏辛酸的微笑。我相信，如果一个人在孩提时期拥有前一种幽默，未来就比较容易拥有后一种幽默。幽默有两个要素，一是健康的生命，二是超脱的眼光。孩子的幽默源于前者，但已经包含后者。当孩子对人对事调侃的时候，实际上已经从日常生活的语境中跳了出来，发现了用另一种眼光看生活的可能性。在想象中或在现实中看到生活的好玩和可笑，这种能力对于人生至关重要，总有一天用得上。在这个世界上，人倘若没有在苦难中看到好玩、在正经中看到可笑的本领，怎么能保持生活的勇气！

千万不要低估幽默品质的价值，它是一个人的综合素质的体现，其中交织了开朗的性格，达观的胸怀，敏锐的智力，智慧的人生态度。倘若一个人的幽默品质在孩子时期得到鼓励和发展，所有这些素质的生长就获得了一个良好的开端。

孩子天然地具有幽默的倾向，但这种倾向需要得到鼓励，才能充分地展现出来，而这就是父母的责任了。有一些正经的父母，自己十分无趣，看见孩子调皮就加以责罚，听见孩子的有趣话语也无动于衷，我真为他们的孩子感到冤枉。在干旱的沙漠中，孩子的智性花朵过早地枯萎了；在沉寂的闷屋中，孩子的灵性笑声过早地喑哑了。如果一个孩子天赋正常却不会幽默，责任一定在大人。

（摘自《宝贝，宝贝》第二卷）

第四辑

对父母们说

何必名校

现在的家长都非常在乎把自己的孩子送进名校，往往为此煞费苦心，破费万金。人们普遍相信，只要从幼儿园开始，到小学、中学、大学，一路都上名牌，孩子就一定前程辉煌，否则便不免前途黯淡。据我的经验，事情绝非这样绝对。我高中读上海中学，大学读北京大学，当然都是名校，但是，小学和初中就全然不沾名校的边了。我读的紫金小学在上海老城区一条狭小的石子路上，入读时还是私营的，快毕业时才转为公立。初中读的是上海市成都中学，因位于成都北路上而得名。

记得在被成都中学录取后，我带着我小学里最要好的同班同学黄万春去探究竟。因为尚未开学，校门关着，我们只能隔着竹篱笆墙朝里窥看，能隐约看见操场和校舍一角。看了一会儿，我俩相视叹道："真大啊!"比起鸽笼般的紫金小学，当然大多了。当时黄万春家已决定迁居香港，所以他没有在上海报考初中。他用羡慕的眼光望着我，使我心中顿时充满自豪。我压根儿没有去想，这所学校实在是上海千百所中学里的一所普通得不能再普通的学校。

我进入初中时刚满十一岁，还在贪玩的年龄。那时候，我家才从老城区搬到人民广场西南角的一个大院子里。院子很大，除了几栋二层小洋楼外，还盖了许多茅屋。人民广场的前身是赛马场，那几栋小洋楼是赛马场老板的财产。新中国成立后，这位老板的财产被剥夺，现在寄居在其中一栋楼里，而我家则成了他的新邻居。那些茅屋是真正的贫民窟，居住的人家大抵是上海人所说的江北佬，从江苏北部流落到上海的。不过，也有一些江北佬住进了楼房。院子里孩子很多，根据住楼房还是住茅房分成了两拨，在住楼房的孩子眼里，住茅房的孩子是野孩子。好玩的是，在我入住后不久，我便成了住楼房的孩子的头儿。

我这一生没有当过官，也不想当官，然而，在那个顽童时代，我似乎显示了一种组织的能力。我把孩子们集中起来，宣布建立了一个组织，名称很没有想象力，叫红星组，后来“大跃进”开始，又赶时髦改为跃进组。组内设常务委员会，我和另外五个年龄与我相仿的大孩子为其成员，其中有两人是江北佬的孩子，我当仁不让地做了主任。我这个主任当得很认真，经常在我家召开会议，每一次会议都有议题并且写纪要。我们所讨论的问题当然是怎么玩，怎么玩得更好。玩需要经费，我想出了一个法子。有一个摆摊的老头，出售孩子们感兴趣的各种小玩意儿，其中有一种名叫天牛的昆虫。于是，我发动我的部下到树林里捕捉天牛，以半价卖给这个老头。就用这样筹集的钱，我们买了象棋之类的玩具，有了一点儿集体财产。我还买了纸张材料，做了一批纸质的军官帽和肩章领章，把我的队伍装备起来。我们常常全副行头地在屋边的空地上游戏，派几个戴纸橄榄帽的拖鼻涕的兵站岗，好不威风。这种情形引起了那些野孩子的嫉妒，有一天，我们发现，他们排着队，喊着“打倒和尚道士”的口号，在我们的游戏地点附近游行。我方骨干中有两兄弟，“和尚道士”是他俩的绰号。冲突是避免不了的了，一次他们游行时，我们捉住了一个落伍者，从他身上搜出一张手写的证件，写着“取缔和尚道士协会”的字样。形势紧张了一些天，我不喜欢这种敌对的局面，便出面和他们谈判，提议互不侵犯，很容易就达成了和解。

我家住在那个大院子里的时间并不长。上初三时，人民广场扩建和整修，那个大院子被拆掉了，我们只得又搬家。现在回想起来，那两年半是我少年时代玩得最快活的日子。那时候，人民广场一带还很有野趣，到处杂草丛生。在我家对面，横穿广场，是人民公园。我们这些孩子完全不必买门票，因为我们知道公园围墙的什么位置有一个洞，可以让我们的身体自由地穿越。夏天的夜晚，我常常和伙伴们进到公园里，小心拨开草丛，用手电筒的灯光镇住蟋蟀，然后满载而归。在那个年代，即使像上海这样大城市里的孩子也能够玩乡下孩子的游戏，比如斗蟋蟀和养蚕。我也是养蚕的爱好者，每年季节一到，小摊上便有幼蚕供应，我就买一些养在纸盒里。饲弄蚕宝宝，给它们换新鲜的桑叶，看着它们一点点长大，身体逐渐透亮，用稻草搭一座小山，看它们爬上去吐丝作茧，在这过程中，真是每天都有惊喜，其乐无穷。

我想说的是，一个上初中的孩子，他的职责绝对不是专门做功课，玩理应是他的重要的生活内容。倘若现在我回忆我的初中时光，只能记起我如何用功学习，从来不曾快活地玩过，我该觉得自己有一个多么不幸的少年时代。当然，同时我也是爱读书的，在别的文章中我已经吹嘘过自己在这方面的事迹了。例如，拿到小学升初中的准考证后，我立即奔上海图书馆而去，因为这个证件是允许进那里的最低资格证件；又例如，在家搬到离学校较远的地方后，我宁愿步行上学，省下车费来买书。孩子的天性一是爱玩，二是富有好奇心和求知欲，我庆幸我这两种天性在初中时代都没有受到压制。让我斗胆说一句狂话：一个孩子如果他的素质足够好，那么，只要你不去压制他的天性，不管他上不上名校，他将来都一定会有出息的。现在我自己有了孩子，在她到了上学的年龄以后，我想我不会太看重她能否进入名校，我要努力做到的是，不管她上怎样的学校，务必让她有一个幸福自由的童年和少年时代，保护她的天性不被今日的教育体制损害。

2002 年 10 月

发现的时代

在人的一生中，中学时代是重要的，其重要性往往被估计得不够。这倒也在情理中，因为当局者太懵懂，过来人又太健忘。一个人由童年进入少年，身体和心灵都发生着急剧的变化，造化便借机向他透露了自己的若干秘密。正是在上中学那个年龄，人生中某些本质的东西开始显现在一个人的精神视野之中了。所以，我把中学时代称作人生中一个发现的时代。发现了什么?因为求知欲的觉醒，发现了一个书的世界；因为性的觉醒，发现了一个异性世界；因为自我意识的觉醒，发现了自我，也发现了死亡。总之，所发现的是人生画面上最重要的几笔，直言之，可以说就是发现了人生。千万不要看轻中学生，哪怕他好似无忧无虑，愣头愣脑，在他的内部却发生着多么巨大又多么细致的事件。

一、书的发现

我这一辈子可以算是一个读书人，也就是说，读书成了我的终身职业。我不敢说这样的活法是最好的，因为人在世上毕竟有许多活法，在别的活法的人看来，啃一辈子书本的生活也许很可怜。不过，我相信，一个人不管从事什么职业，如果不读书，他的眼界和心界就不免狭窄。

回想起来，最早使我对书发生兴趣的只是一本普通的儿童读物。那还是在上小学的时候，班里的同学们把自己的书捐出来，凑成了一个小小的书库。我从这个小书库里借了一本书，书名是《铁木儿的故事》，讲一个顽皮男孩的种种恶作剧。这本书让我笑破了肚皮，以至于我再也舍不得与这个可爱的男孩分手了，还书之后仍然念念不忘，终于找一个机会把书偷归了己有。

后来我没有再偷过书。但是，从此以后，我对书不再是视若不见，而是刮目相看了，我眼中有了一个书的世界，看得懂看不懂的书都会使我眼馋心痒，我相信其中一定藏着一些有趣的东西，等待我去把它们找出来。

当时我家住在离上海图书馆不远的地方，我常常经过那里，但小学生是没有资格进去的，我只能心向往之。小学毕业，拿到了考初中的准考证，凭这个证件就可以到馆内的阅览室看书了，为此我感到非常自豪。记得我借的第一本书是雨果的《悲惨世界》，管理员怀疑地望着我，不相信十一岁的孩子能读懂。我的确读不懂，翻了几页，乖乖地还掉了。这一经验给我的打击是严重的，使得我很久不敢再去碰外国名著，直到进了大学才与世界级大师们接上头。

不过，对书的爱好有增无减，并且很早就有了买书的癖好。读初中时，从我家到学校乘车有五站地，由于家境贫寒，父亲每天只给我四分钱的单程车费。我连这钱也舍不得花，总是徒步往返，攒下来去买途中一家旧书店里我看中的某一本书。钱当然攒得极慢，我不得不天天去看那本书是否还在，直到攒够了钱把它买下才松一口气。读高中时，我住校，从家里到学校要乘郊区车，单程票价五角，于是我每周可以得到一元钱的车费了。这使我在买书时有了财大气粗之感，为此每个周末无比愉快地跋涉在十几公里的郊区公路上。

在整个中学时代，我爱书，但并不知道该读什么书。初中时，上海市共青团在中学生中举办“红旗奖章读书运动”，我年年都是获奖者。学校团委因此让我写体会，登在黑板报上。我写了我的读书经历，叙述我的兴趣如何由童话和民间故事转向侦探小说，又如何转向《苦菜花》《青春之歌》等中国当代长篇小说。现在想来觉得好笑，那算什么读书经历呢。进入高中后，我仍然不曾读过任何真正重要的书，基本上是在粗浅的知识性读物中摸索。在盲目而又强烈的求知欲驱使下，有一阵我竟然认真地读起了词典，边读边把我觉得有用的词条抄在笔记簿上。我在中学时代的读书收获肯定不在于某一本书对于我的具体影响，而在于养成了读书的习惯。从那时开始，我已经把功课看得很次要，而把更多的时间用来读课外书。这部分要归功于我读高中的上海中学，那是一所学习气氛颇浓的学校，阅览室的墙上贴着高尔基的一句语录："我扑在书本上，就像饥饿的人扑在面包上一样。"这句话对于当时的我独具魔力，非常贴切地表达了一个饥不择食的少年人的心情和状态。我也十分感谢那时候的《中国青年报》，它常常刊登一些伟人的励志名言，向我的旺盛的求知欲里注进了一股坚韧的毅力。

在中学时，我的功课在班里始终是名列前茅的，但不是那种受宠的学生。初中二年级，只是因为大多数同学到了年龄，退出了少先队，而我的年龄偏小，才当上了一回中队长。这是我此生官运的顶峰。高中我一直是班上的数学课代表，仅此而已。说到数学课代表，还有一段"轶事"。因为我的数学成绩好，高中临毕业，当全班只有我一人宣布报考文科时，便在素有重理轻文传统的上海中学爆出了一个冷门，引得人们议论纷纷。当时我悄悄赋诗曰："师生纷纭怪投文，抱负不欲众人闻。"其实我哪里有什么明确的"抱负"，只是读的书杂了，就不甘心只向理工科的某一个门类发展了，总觉得还有更加广阔的知识天地在等着我去驰骋。最后我选择了哲学这门众学之学，起作用的正是这样一种不愿受某个专业限制的自由欲求。

二、性的发现

上课时，坐在第一排的那个小男生不停地回头，去看后几排的一个大女生。大女生有一张白皙丰满的脸蛋，穿一件绿花衣服。小男生觉得她楚楚动人，一开始是不自觉地要回头去看，后来却有些故意了，甚至想要让她知道自己的"情意"。她真的知道了，每接触小男生的目光，白皙的脸蛋上便会泛起红晕。这时候，小男生心中就涌起一种甜蜜的欢喜。

那个小男生就是我。那是读初中的时候，我不知不觉地开始注意起了班上的女生。我在班上年龄最小，长得又瘦弱，现在想来，班上那些大女生们都不会把我这个小不点儿放在眼里。可是，殊不知小不点儿已经情窦初开，心怀鬼胎了。我甚至相信自己已经爱上了那个穿绿花衣服的女生。然而，一下了课，我却始终没有勇气去接近这个上课时我敢于对之频送秋波的人。有一次下厂劳动，我们分在同一个车间，我使劲跟别的同学唇枪舌剑，想用我的机智吸引她的注意，但就是不敢直接与她搭话。班上一个男生是她的邻居，平时敢随意与她说话，这使我对这个比我年长的男生既佩服又嫉妒。后来，在一次家长会上，我看见了绿衣女生的母亲，那是一个男人模样的老丑女人。这个发现使我有了幻想破灭之感，我对绿衣女生的暗恋一下子冷却了。

当时我并不知道，我对女孩子的白日梦式的恋慕只是一种前兆，是预告身体里的风暴即将来临的一片美丽的霞光。男孩子的性觉醒是一个充满痛苦的过程。面对汹涌而至、锐不可当的欲望之潮，男孩子是多么孤独无助。大约从十三岁开始，艰苦而漫长的搏斗在我的身上拉开了序幕，带给我的是无数个失眠之夜。没有人告诉我发生了什么，应该怎么办。我到书店里偷偷地翻看生理卫生常识一类的书，每一次离开时都带回了更深的懊悔和自责。我的亲身经验告诉我，处在讨人嫌的年龄的男孩子其实是多么需要亲切的帮助和指导。

我是带着秘密的苦闷进入高中的，这种苦闷使我的性格变得内向而敏感。在整个高中时期，我像苦行僧一样鞭策自己刻苦学习，而对女孩子仿佛完全不去注意了。班上一些男生和女生喜欢互相打闹，我见了便十分反感。有一回，他们又在玩闹，一个女生在黑板上写了一串我的名字，然后走到座位旁拍我的脑袋，我竟然立即板起了脸。事实上，我心里一直比较喜欢这个机灵的女生，而她的举动其实也是对我友好的表示，可是我就是如此不近情理。我还利用我主持的黑板报抨击班上男女生之间的“调情”现象，记得有一则杂感是这样写的：“有的男生喜欢说你们女生怎么样怎么样，有的女生喜欢说你们男生怎么样怎么样，这样的男生和女生都不怎么样。”我的古板给我赢得了一个“小老头儿”的绰号。

现在我分析，当时我实际上是处在性心理的自发的调整时期。为了不让肉欲的觉醒损害异性的诗意，我便不自觉地远离异性，在我和她们之间建立了一道屏障。这个调整期一直延续到进大学以后，在我十八岁那一年，我终于可以坦然地写诗讴歌美丽的女性和爱情了。

三、死的发现

我相信，每一个人在生命的早期必定会有那样一个时刻，突然发现了死亡。在此之前，虽然已经知道了世上有死这种现象，对之有所耳闻甚至目睹，但总觉得那仅仅与死者有关，并未与自己联系起来。可是，迟早有一天，一个人将确凿无疑地知道自己也是不可避免地会死的。这一发现是一种极其痛苦的内心经验，宛如发生了一场看不见的地震。从此以后，一个人就开始了对人生意义的追问和思考。

小时候，我经历过外祖父的死，刚出生的最小的妹妹的死，不过那时候我对死没有切身之感，死只是一个在我之外的现象。我也感到恐惧，但所恐惧的其实并不是死，而是死人。在终于明白死是一件与我直接有关，也属于我的事情之前，也许有一个逐渐模糊地意识到，同时又怀疑和抗拒的过程。小学高年级时，上卫生常识课，老师把人体解剖图挂在墙上，用教鞭指点着讲解。我记得很清楚，当时我脑中盘旋着的想法是：不，我身体里一定没有这些乱糟糟的东西，所以我是不会死的！这个抗辩的呼声表明，当时我已经开始意识到了死与我的可怕联系，所以要极力否认。

当然，否认不可能持续太久，至少在初中时，我已经知道我必将死亡是一个无可否认的事实了。从那时起，我便常常会在深夜醒来，想到人生的无常和死后的虚无，感到不可思议，感到绝望。上历史课时，有一回，老师给我们讲释迦牟尼成佛的故事，我感动得流了眼泪。在我的想象中，佛祖是一个和我一样的男孩，他和我一样为人的生老病死而悲哀，我多情地相信如果生在同时，我必是他的知己。

少年时代，我始终体弱多病，这更加重了我性格中的忧郁成分。从那时留下的诗歌习作中，我发现了这样的句子："一夕可尽千年梦，直对人世说无常。""无疾不知有疾苦，旷世雄心会入土。"当时我还不可能对生与死的问题做深入的哲学思考，但是，回过头看，我不能不承认，我后来关注人生的哲学之路的源头已经潜藏在少年时代的忧思中了。

四、"我"的发现

在我上中学的年代，学校里非常重视集体主义的教育，个人主义则总是遭到最严厉的批评。按照当时的宣传，个人没有任何独立的价值，其全部价值就是成为集体里的积极分子，为集体做好事。在这样的氛围里，一个少年人的自我意识是很难觉醒的。我也和大家一样，很在乎在这方面受到的表扬或批评。但是，我相信意识有表层和深层的区别，两者不是一回事。在深层的意识中，我的“自我”仍在悄悄地觉醒，而且恰恰是因为受了集体的刺激。

那是读初中的时候，为了强化学生的集体观念，老师按家庭住址给学生划片，每个片的男生和女生各组成一个课外小组。当然，每个学生都必须参加自己那个小组的活动。在我的印象中，课外小组的活动是一连串不折不扣的噩梦。也许因为我当时身体瘦弱，性格内向，组里的男生专爱欺负我。每到活动日，我差不多是怀着赴难的悲痛，噙着眼泪走向作为活动地点的同学家里的。我知道，等待着我的必是又一场恶作剧。我记得最清晰的一次，是班上一个女生奉命前来教我们做手工，组内的男生们故意锁上门不让她进来，而我终于看不下去了，去把门打开。那个女生离去后，大家就群起而耻笑我，并且把我按倒在地上，逼我交代我与那个女生是什么关系。

受了欺负以后，我从不向人诉说。我压根儿没想到要向父母或者老师告状。我的内心在生长起一种信念，我对自己说，我与这些男生是不一样的人，我必定比他们有出息，我要让他们看到这一天。事实上我是憋着一股暗劲，那时候我把这称作志气，它成了激励我发奋学习的主要动力。后来，我的确是班上各门功课最优秀的学生，因此而屡屡受到老师们的夸奖，也逐渐赢得了同学们的钦慕，甚至过去最爱惹我的一个男生也对我表示友好了。

当然，严格地说，这还算不上对自我价值的发现，其中掺杂了太多的虚荣心和功利心。不过，除此之外，我当时的发奋也还有另一种因素起作用，就是意识到了我的生命的有限和宝贵，我要对这不可重复的生命负责。在后来的人生阶段中，这一因素越来越占据了主导地位，终于使我能够比较的超脱功利而坚持走自己的路。我相信，对自己的生命负责是最基本的责任心，一个对自己的生命尚且不负责的人是绝不可能对他人、对民族、对世界负责的。可是，即使在今天的学校教育中，这仍然是一个多么陌生的观念。

在我身上，自我意识的觉醒还伴随着一个现象，就是我逐渐养成了写日记的习惯。一开始是断断续续的，从高中一年级起，便每天都记，乐此不疲。在我的生活中日记成了比一切功课重要无数倍的真正的主课。日记的存在使我觉得，我的生命中的每一个日子没有白白流失，它们将以某种方式永远与我相伴。写日记还使我有机会经常与自己交谈，而一个人的灵魂正是在这样的交谈中日益丰富而完整。我对写日记的热情一直保持到大学四年级，在

“文革”中被暂时扑灭，并且还毁掉了多年来写的全部日记。我为此感到无比心痛，但是我相信，外在的变故并不能夺去我的灵魂从过去写日记中所取得的收获。

1999 年 3 月

父母们的眼神

街道上站着许多人，一律沉默，面孔和视线朝着同一个方向，仿佛有所期待。我也朝那个方向看去，发现那是一所小学的校门。那么，这些肃立的人们是孩子们的家长了，临近放学的时刻，他们在等待自己的孩子从那个校门口出现，以便亲自领回家。

游泳池的栅栏外也站着许多人，他们透过栅栏朝里面凝望。游泳池里，一群孩子正在教练的指导下学游泳。不时可以听见某个家长从栅栏外朝着自己的孩子呼叫，给予一句鼓励或者一句警告。游泳课持续了一个小时，其间每个家长的视线始终执着地从众儿童中辨别着自己孩子的身影。

我不忍心看中国父母们的眼神，那里面饱含着关切和担忧，但缺少信任和智慧，是一种既复杂又空洞的眼神。这样的眼神仿佛恨不能长出两把铁钳，把孩子牢牢夹住。我不禁想，中国的孩子要成长为独立的人格，必须克服多么大的阻力啊！

父母的眼神对于孩子的成长有着不可低估的影响。打个不太确切的比方，即使是小动物，生长在昏暗的灯光下抑或在明朗的阳光下，也会造就成截然不同的品性。对于孩子来说，父母的眼神正是最经常笼罩他们的一种光线，他们往往是借之感受世界的明暗和自己生命的强弱的。看到欧美儿童身上的那一股小大人气概，每每忍俊不禁，觉得非常可爱。相比之下，中国的孩子便仿佛总也长不大，不论大小事都依赖父母，不肯自己动脑动手，不敢自己做主。当然，并非中国孩子的天性如此，这完全是后天教育的结果。我在欧洲时看到，那里的许多父母在爱孩子上绝不逊于我们，但他们同时又都极重视培养孩子的独立生活能力，简直视为子女教育的第一义。在他们看来，真爱孩子就应当从长计议，使孩子离得开父母，离了父母仍有能力生活得好，这乃是常识。遗憾的是，对于中国的大多数父母来说，这个不言而喻的道理尚有待启蒙。

我知道也许不该苛责中国的父母们，他们的眼神之所以常含不安，很大程度上是因为看到了在我们的周围环境中有太多不安全的因素，诸如交通秩序混乱、公共设施质量低劣、针对儿童的犯罪猖獗等，皆使孩子的幼小生命面临威胁。给孩子们提供一个相对安全的生存环境，这的确已是全社会的一项刻不容缓的责任。但是，换一个角度看，正因为上述现象的存在，有眼光的父母在对自己孩子的安全保持必要的谨慎之同时，就更应该特别注意培养他们的独立精神和刚毅性格，使他们将来有能力面对严峻环境的挑战。

1999 年 2 月

怎样做父母

1

做父母做得怎样，最能表明一个人的人格、素质和教养。

被自己的孩子视为亲密的朋友，这是为人父母者所能获得的最大的成功。不过，为人父母者所能遭到的最大的失败却并非被自己的孩子视为对手和敌人，而是被视为上司或者奴仆。

2

从一个人教育孩子的方式，最能看出他自己的人生态度。那种逼迫孩子参加各种班学各种技能的家长，自己在生活中往往也急功近利。相反，一个淡泊于名利的人，必定也愿意孩子顺应天性愉快地成长。

我由此获得了一个依据，去分析貌似违背这个规律的现象。譬如说，我基本可以断定，一个自己无为却逼迫孩子大有作为的人，他的无为其实是无能和不得志，一个自己拼命奋斗却让孩子自由生长的人，他的拼命多少是出于无奈，这两种人都想在孩子身上实现自己的未遂愿望。

3

我常常观察到，很小的孩子就会表露出对死亡的困惑、恐惧和关注。不管大人们怎样小心避讳，都不可能向孩子长久瞒住这件事，孩子总能从日益增多的信息中，从日常语言中，乃至从大人们的避讳态度中，终于明白这件事的可怕性质。他也许不说出来，但心灵的地震仍在地表之下悄悄发生。面对这类问题，大人们的通常做法一是置之不理，二是堵回去，叫孩子不要瞎想，三是给一个简单的答案，那答案必定是一个谎言。在我看来，这三种做法都是最坏的。正确的做法是鼓励孩子，不妨与他讨论，提出一些可能的答案，但一定不要做结论。让孩子从小对人生最重大也最令人困惑的问题保持勇于面对和开放的心态，这肯定有百利而无一弊，有助于在他们的灵魂中生长起一种根本的诚实。

4

在失去想象力的大人眼里，孩子的想象力也成了罪过。

5

我对孩子的期望——

第一个愿望：平安。如果想到包围着她的环境中充满不测，这个愿望几乎算得上奢侈了。

第二个愿望：身心健康地成长。

至于她将来做什么、有无成就，我不想操心也不必操心，一切顺其自然。

6

据说童年是从知道大人们的性秘密那一天开始失去的。在资讯发达的今天，孩子们过早地失去了童年，而大人们的尴尬在于，不但失去了秘密，而且失去了向孩子揭示秘密的权力。

让家长们结束恐慌

又一个新学年开始了。女儿上小学，这学期升三年级。放暑假前，听说她班上许多家长争相替自己的孩子报名，上各种名目的特长班，有的同时报了四种不同的班，而目的竟是为四年后的“小升初”做准备。“小升初”，就是小学升初中，原是义务教育范围内顺理成章的事情，怎么会让人如此惶恐不安，以至于要在小学三年级就开始做准备？我感到不可思议，就上网搜索，键入“小升初”，找到“小升初网”，才发现其中大有名堂。

按照规定，小升初的原则是“免试就近入学”。但是，原则只是原则，改变不了一个强硬的事实，就是教育资源的分配不平衡，那些拥有雄厚资源的重点学校、名牌学校便成了人心所向。既然允许择校，家长们就趋之若鹜，即使要收取昂贵的择校费，名额仍供不应求。在这种情况下，这类学校就用招收特长生的办法来缓解矛盾。这个办法的妙处是，还可以借势自办或与社会培训机构合办相应的特长班，成为创收的新门路。近年来，特长生招生的数量和规模逐年增长。对于家长们来说，若想让孩子上好学校，获取各种特长证书是最重要的途径，于是大家一窝蜂地挤在这条道上。据报道，北京市今年的小学毕业生中，家长选择择校的几近半数。特长生测试的那几天，相关学校门口“送子赶考”的场景十分壮观。事实上，家长们心里很无奈，多数是抱着侥幸的心理，带着孩子赶场似的一天跑好几所学校，希冀能被其中的一所相中。由于特长证书是考核的主要凭据，证书的级别和数量就成了录取的关键。有记者看到，在某校报名处，一个家长手里拿着孩子的四十多份证书，引得其他家长羡慕不已，后悔给孩子拿证书拿得太少。可以想象，现场的这种攀比本身是最有力的广告，会促使各种特长班的生意越来越兴旺。

除了小升初的特长生招生，中考和高考也有各种名堂的加分政策，其中包括给在文艺、体育、科技等方面获奖的特长生加分。前不久，新华社、《中国青年报》等媒体揭露，在执行加分政策的过程中出现了钱权交易、作弊造假等问题，这些媒体因此发出“不能让加分成为腐败通道”的呼吁。据上海《新闻晨报》报道，在这个暑期里，上海甚至兴起了一种专门传授“加分秘籍”的培训班，学费高达三万元，仍吸引了不少家长。

当我面对这些荒谬的现象时，最令我悲哀的是由之反映出的中国家长的普遍恐慌心理。从上小学开始，多数家长就在为孩子将来的逐级考学而恐慌了，直到孩子考上大学，恐慌才告一段落。这种情况在中国可谓史无前例，在当今世界上大约也绝无仅有。正是在这种恐慌心理的支配下，家长们不断做出非理性的选择，眼下千军万马拥向所谓“特长生”这座独木桥的荒唐情景只是其中一例。音乐、绘画、体育这些才能，从一个方面来看，是特殊的天赋，只有少数人适合于以之为专业；从另一个方面来看，又是全面发展的人的基本素质，每一个人都可以以之为自己的爱好。把所谓特长的考核纳入应试教育体制，其结果一方面是使艺术教育、体育的性质发生了扭曲，把它们由人的天性自由发展的形式蜕变成了应试的工具；另一方面则在原已过于沉重的功课之外又给孩子们增添了新的负担。

家长们之所以普遍产生恐慌心理，根源是今天的教育体制。其中主要的因素是：第一，学校类型单一化，就业与高学历挂钩，上大学几乎成为正常就业的唯一途径；第二，能否上大学和上怎样的大学又取决于高考，高考的威力自上而下笼罩各级教育，高考录取率成为中等教育的唯一目标和评价标准，应试教育得以全面贯彻；第三，重点学校凭借优势资源成为“高考能校”，又以此为资本进行权力寻租，巧立各种名目敛财。这些环节彼此联结，形成了一种逼迫学生和家长进行恶性竞争的态势，于是恐慌弥漫开来。在相当程度上，可以说是一些教育机构在利用现行体制有意地制造恐慌，借以牟利。事实上，围绕着各级升学考试，已经形成了一个巨大的产业，包括针对中小学生的各种补习班、特长班，针对各级考试直至考研究生的辅导班，泛滥成灾的教辅和考辅书籍及材料。这个产业至少很大一部分是不折不扣的垃圾产业，且不说大量以赚钱为唯一目的的粗制滥造和弄虚作假，即使是所谓

“名师”讲授的辅导班和编写的辅导材料，高明之处也无非是押题猜题有一套，与真正的智力教育风马牛不相及。这样一个产业得以兴旺，恰恰证明了现行考试制度的可悲。这是一个寄生在现行考试制度上面的产业，我仿佛看到，在通向高考的窄路上，从小学到中学，关卡林立，商贩密布，强迫或诱骗行人留下买路钱，受害的当然是广大学生及其家长。

那么，为了让家长们结束恐慌，根本的办法还是要革除现行教育体制的弊端。不过，我想在这里强调，对于弊端的革除，家长们也有一份责任。事实上，你们的恐慌也助长了弊端的肆虐，二者之间有一种共谋关系。我要向你们讲两个很简单的道理：第一，在恐慌心理的支配下，你们驱策孩子学各种班，互相攀比，这样做只会在总体上加剧不良竞争，而被录取的人数不会增加，结果多数孩子的班是白学了，获利的只是办班的机构；第二，即使你的孩子在不良竞争中获胜，付出的代价也太大，牺牲掉的是童年的幸福。从长远来看，孩子将来是否有出息，身心的健康生长远比一纸文凭重要。所以，你们自己要保持清醒，拒绝恐慌，拒绝不良竞争，倘若中国的多数家长都有这样的觉悟，现行教育体制想不变也难了。

2006 年 8 月

我只是一个普通的父亲

——《宝贝，宝贝》序

宝贝，宝贝，在写这本书的时候，这个词一直重叠着在我的心中回响，如同一个最温柔也最深沉的旋律。

宝贝，宝贝。

女儿是我的宝贝。小生命来到世上，天下的父母哪个不心醉神迷，谛视着婴儿花朵一样的脸蛋，满腔的骨肉之爱无以表达，一声声唤宝贝，千言万语尽在其中。

和女儿一起度过的时光，是我的生命中的宝贝。养育小生命是人生最宝贵的经历之一，其中有多少惊喜和欢笑，多少感悟和思考，给我的心灵仓库增添了多少无价的珍宝。

宝贝，宝贝，我的女儿，我的生命中的时光。

我也许命中该做父亲，比做别的什么都心甘情愿，绝对不会厌烦。我想不出，在人生中，还有什么事比养儿育女更有吸引力，更能使人身不由己地沉醉其中。

我的妻子常说，没见过像我这么痴情的爸爸。周围的朋友，看见我这么陶醉地当爸爸，有的称赞我是伟大的父亲，有的惋惜我丧失了革命的斗志。我心里明白，伟大根本扯不上，我是受本能支配，恰恰证明我平凡。至于丧失了斗志，我不在乎，倘若一种斗志会被生命自身的力量瓦解，恰恰证明它没有多大价值。

性是大自然最奇妙的发明之一，在没有做父母的时候，我们并不知道大自然的深意，以为它只是男女之欢。其实，快乐本能是浅层次，背后潜藏着深层次的种属本能。有了孩子，这个本能以巨大的威力突然苏醒了，一下子把我们变成了忘我舔犊的傻爸傻妈。

爱孩子是本能，但不止于本能。无论第几次做父亲，新生命的到来永远使我感到神秘。一个新生命的形成，大自然不知运作了多少个世纪，其中不知交织了多少离奇的故事。

我的女儿，你原本完全可能不来找我，却偏偏来了，选中我做你的父亲，这是何等的信任。如果有轮回，天下人家如恒河之沙，你这一个灵魂偏偏投胎到了我的家里，这是何等的因缘。如果有上帝，上帝赐给了我生命，竟还把照看你的生命的荣耀也赐给了我，这是何等的恩宠。面对你，我庆幸，我喜乐，我感恩。

我有写日记的习惯。女儿出生后，她成了我的日记里的主角。这很自然，因为她也成了我的生活里的主角。我情不自禁地记下她的一点一滴表现，如同一个藏宝迷搜集一颗又一颗珠宝，简直到了贪婪的地步。尤其从她咿呀学语开始，我记录得格外辛勤，语言能力的每一点进步，逐渐增多的有趣表达，她的奇思妙想和惊人之言，只要听到，我就赶紧记下来，生怕流失。事实上，如果不记下来，绝大部分必定流失。

这当然是需要一点儿毅力的，因为养育孩子既是最快乐的，也是最劳累的，这种劳累往往使人麻木和怠惰，失去了记录的雅兴和余力。不过，我是欲罢不能。我清楚地意识到，孩子年幼的这一段时光，生命初期的奇妙景象，对于我是一笔多么宝贵的财富，而这段时光是那样稍纵即逝，这笔财富是那样容易丢失。上天赐给了我这么好的运气，我绝不可辜负。此时此刻，这就是我的事业和使命，其余一切必须让路。

物质的财宝，丢失了可以挣回，挣不回也没有什么，它们是这样毫无个性，和你本来就没有必然的关系，只不过是换了一个地方存放罢了。可是，你的生命中的珍宝是仅仅属于你的，它们只能存放在你的心灵中和记忆中，如果这里没有，别的任何地方也不会有，你一旦把它们丢失，就永远找不回来了。

当我现在重读和整理这些记录时，我发现，在女儿 2～5 岁的四年里，记的精彩段子最多，以后就大为减少了。我认为，这并不意味着她后来退步了，而是显示了一种规律性的现象。2～5 岁正是幼儿期，心智的各个要素，包括感觉、认知、语言、想象，如同刚破土的嫩苗，开始蓬勃生长。一方面，这些要素尚未分化，浑然一体，相得益彰；另一方面，又尚未被成人世界的概念思维和功利计算所同化，清新如初。人们对于幼儿绘画赞美有加，其实，幼儿语言毫不逊色，同样富于独创性。这是原生态的精神现象，奇妙无比，在生命的以后阶段绝不可能重现。打一个未必恰当的比方，犹如中国的先秦文化和欧洲的古希腊文化不可能重现一样。长大以后，在较好的情形下，心智的某一要素得到良好发展，成为某一领域的能者；在最好的情形下，心智保持纯真的品质和得到全面的发展，那就是天才了。

如果说，生命早期的精彩纷呈对于做父母的是宝贵财富，那么，对于孩子自己就更是如此了。但是，孩子身在其中，浑然无知，尚不懂得欣赏和收藏它们，而到了懂得的年纪，它们早已散失在时光中了。为孩子保住这一份财富，这只能是父母的责任。在为女儿做记录时，我经常想，她长大后，有一天，我把这一份记录交到她的手上，她会多么欣喜啊。这是真正的无价之宝，天下父母能够给孩子的礼物，不可能有比这更贵重的了。

现在有一些父亲或母亲以自己的孩子为题材写书，写的是他们很特别的育儿经历。他们有宏大的目标和周密的计划，从零岁开始，一步一步，把自己的孩子培育成天才，终于送进了哈佛或牛津。在我的这本书里，没有一丁点儿这样的东西。事实上，我也不是这种目光远大、心思缜密的家长，而只是一个普通的父亲罢了。对于我的女儿，我只希望她健康、快乐地生长，丝毫不想在她身上施展我的宏图。

从一个人教育孩子的方式，最能看出这个人自己的人生态度。那种逼迫孩子参加各种竞争的家长，自己在生活中往往也急功近利。相反，一个淡泊于名利的人，必定也愿意孩子顺应天性愉快地成长。我由此获得了一个依据，去分析貌似违背这个规律的现象。譬如说，我基本可以断定，一个自己无为却逼迫孩子大有作为的人，他的无为其实是无能和不得志；一个自己拼命奋斗却让孩子自由生长的人，他的拼命多少是出于无奈。这两种人都想在孩子身上实现自己的未遂愿望，但愿望的性质恰好相反。

家庭教育是人的一生教育的起点和基础，具有学校教育不可替代的重要性。在这个意义上，我也认为好父母胜过好老师。不过，什么是好父母，人们的观念截然不同。我自认为是一个好父亲，理由仅仅在于，当女儿幼小时，我是她的一个好玩伴，随着她逐渐长大，我在争取成为她的一个好朋友。我一向认为，做孩子的朋友，孩子也肯把自己当作朋友，乃是做父母的最高境界。至于在我们之间，谁是老师，谁是学生，还真分不清楚，我只能说，我从她学到的，绝不比她从我学到的少。

做人和教人在根本上是一致的。我在人生中最看重的东西，也就是我在教育上最想让孩子得到的东西。进一个名牌学校，谋一个赚钱职业，这种东西怎么有资格成为人生的目标，所以也不能成为教育的目标。我的期望比这高得多，就是愿她成为一个善良、丰富、高贵的人。

如此看来，这是一本很普通的书了。的确很普通，但凡做父母的，只要有足够的细心和耐心，会写字，谁都可以写这样的一本书。然而，它并不因此就没有了价值，相反，也许这正是它的价值之所在。

世上已经有太多的书，讲述各种伟大的真理、精彩的故事、成功的楷模，我无意加入其列。我只想叙述平凡的生活，叙述平凡生活中的一个珍贵的片断。人们大约不会认为这只是一本谈育儿的书吧。但愿在读了这本书以后，有更多的人相信，伟大、精彩、成功都不算什么，只有把平凡生活真正过好，人生才是圆满。

世代交替，生命繁衍，人类生活的基本内核原本就是平凡的。战争，政治，文化，财富，历险，浪漫，一切的不平凡，最后都要回归平凡，都要按照对人类平凡生活的功过确定其价值。即使在伟人的生平中，最能打动我们的也不是丰功伟绩，而是那些在平凡生活中显露了真实人性的时刻，这样的时刻恰恰是人人都拥有的。遗憾的是，在今天的世界上，人们惶惶然追求貌似不平凡的东西，懂得珍惜和品味平凡生活的人何其少。

所以，我的这本书未尝不是一个呼唤。

最后，我要对女儿说几句话。

宝贝，我要你记住，你是一个普通的女孩。我之所以写你，不是因为你多么特别，只是因为你是我的女儿。在写你的这本书出版以后，你也仍然是一个普通的女孩，不会因为这本书而变得特别。

当然，我也只是一个普通的父亲，与别的爱自己孩子的父亲没有什么两样。我写这本书，不是因为我是作家。我不是作家，也一定会写这本书，只因为我是你的爸爸。这是一个普通的父亲为他所爱的女儿写的一本书。

一个普通的父亲，爱他的一个普通的女儿，这是我写这本书的全部理由。

爱，这一个理由已经足够。

在这本书里，我只写了你从出生到刚上小学的事情。宝贝，你还记得吧，我们有一个约定，往后的事情，将来由你自己来写。爸爸的想法是，将来你不一定要写书，写不写书不重要，爸爸从来没有想把你培养成一个作家，只希望你成为一个珍惜自己生活经历的人。读了这本书，如果你不但为其中写的你幼小时候的事开心一笑，而且领略到了记录生活的魅力，养成写日记的习惯，我会非常高兴的。你将慢慢体会到，一个认真写日记的人，生活的时候是更用心、更敏锐、更有自己的眼光的，她从生活中获取得更多，更是生活的主人。

2009 年 11 月

对父母们说

1. 生孩子是冒险，但值得

一位悲观的女子问我：这个世界如此不安全，把孩子生到这个世界上来，是否太冒险了，甚至太不负责任了？

我的回答是：生孩子的确是冒险，但值得。事实上，无论世态如何，一个生命在生长过程中总是充满不测的，包括各种可能的天灾和人祸。但是，这不能成为剥夺孩子出生的权利的理由，我们自己也不应该因此放弃亲子之情的欢乐。如果以确保安全为前提，没有一个生命有权出生，我们自己也不例外。

我问她：你是否宁愿你的父母没有生你，你压根儿不曾在这个世界上生活过呢？她陷入了沉思。但愿她的答案是否定的，否则，她的确悲观到了极点，也许我就只好告诉她：你不该生孩子。不，我要告诉她：快生孩子吧，孩子会治好你的悲观。

2. 父母怎样爱孩子

做父母的很少有不爱孩子的，但是，怎样才是真爱孩子，却大可商榷。现在的普遍方式是，物质上无微不至，功课上步步紧逼，精神上麻木不仁。在我看来，这样做不但不是爱孩子，而且是在害孩子。

真爱孩子的人，一定会努力让孩子有一个幸福的童年，以此为孩子一生的幸福奠定基础。具体怎么做，我说一说我的经验供参考。要点有三：其一，舍得花时间和孩子游戏、闲谈、共度欢乐时光，让孩子经常享受到活生生的亲情；其二，尽力抵制应试教育体制的危害，保护孩子天性和智力的健康生长；其三，注意培育孩子的人生智慧和独立精神，不是给孩子准备好一个现成的未来，而是使孩子将来既能自己去争取幸福，又能承受人生必有的苦难。

3. 父母怎样对孩子的将来负责

做父母的当然要对孩子的将来负责，但只能负起作为凡人的责任，其中最重要的，就是悉心培养正确的人生观和乐观坚毅的性格，使他具备依靠自己争取幸福和承受苦难的能力，不管将来的命运如何，都能以适当的态度面对。至于孩子将来的命运究竟如何，可能遭遇什么，做父母的既然无法把握，就只好不去管它，因为那是上帝的权能。

一个孩子如果他现在的状态对头，就没有必要为他的将来瞎操心了。如果不对头，操心也没用。而且，往往正是由于为他的将来操心得太多、太细、太具体，他现在的状态就不对头了。

4. 糊涂的雄心

现在做父母的似乎都有一个雄心，要亲手安排好孩子的整个未来，从入学、升学到工作、出国，从买房、买车到结婚、生子，皆未雨绸缪，为之预筹资金，乃至亲自上阵拼搏，觉得这样才是尽了责任。我想提醒你们的是：孩子的未来岂是你们决定得了的？他的未来，一半掌握在上帝手里，即他的外在遭遇，另一半掌握在他自己手里，即他应对外在遭遇的心态和能力。对于前一半，你们完全无能为力，只能为他祈祷。对于后一半，你们倒是可以起很大作用的，就是给他以正确的教育，使他在心智上真正优秀，从而既能自己去争取幸福，又能承受人生必有的苦难。倘若你们不在这方面下功夫，结果培养出了一个心智上的弱者，则我可断定，有朝一日你们必定会发现，你们现在为他的苦心经营全都是白费力气。

5. 家长怎样对待应试教育

我认为，在现行应试教育体制下，好的家庭教育对于学校教育应该起到两个作用：一是给素质教育加分，以弥补学校里素质教育的缺失。这当然要求家长自身具备较高的素质，从而能够在课外阅读、兴趣培养、艺术熏陶等方面给孩子以影响和指导。二是给应试教育减负，以保护孩子的身心健康。孩子已经承受了巨大的功课压力，家长至少不应该再加压，在课外给孩子加上各种培训班、补课班的重负。家长自己能以平常心看待孩子的应试成绩，也会使孩子在心理上轻松不少。相反，家长的紧张心理和苛责行为往往是笼罩在孩子心灵上的最浓重的阴影，是导致孩子痛苦乃至崩溃的直接原因。

6. 做好监护人即可安心

做父母的要明白，无论多么心肝宝贝，孩子也只是暂时寄养在你们这里的，你们只能做孩子的暂时监护人。我不只是指孩子迟早会长大，独立地走自己的人生之路，送行的一天必将到来，你们再舍不得也不可能与之同行，我的意思比这深刻得多。父母所生的只是孩子的身体，而非灵魂，我相信灵魂必定另有来源，而这来源决定了它在人世间的走向。由此可以解释，不管父母多么精心地设计和运作，孩子的未来并不听从你们的安排，往往还使你们大吃一惊。所以，父母的职责是做好监护人，给孩子身心成长一个好的环境，做到了这一点即可安心。至于孩子将来终于走了一条怎样的路，那不是你们能支配的，荣耀不是你们的功劳，黯淡不是你们的过错。

做父母的最高境界

我始终认为，做孩子的朋友，孩子也肯把自己当作朋友，乃是做父母的最高境界。

在婴儿期，父母和孩子的关系如同成年兽和幼兽，生物性因素占据着优势。随着孩子逐渐长大，社会性因素必然逐渐扩大，并且终将占据优势。于是，亲子之间的自然人的关系变成了社会人的关系，孩子越来越成为社会的一员，不管亲子双方是否愿意，都必须脱离父母的庇护，独立地走自己的人生之路了。但是，这只是一个方面。另一方面，随着孩子逐渐长大，亲子关系中的精神性因素也应该逐渐扩大，占据主导地位。然而，社会性因素的主宰是由客观的社会力量强迫实现的，与此相反，倘若没有父母的自觉，亲子关系就永远不可能具备精神性品格，会始终停留在动物性溺爱的水平上。判断是否具备精神性品格，一个恰当的标志是看父母和孩子之间是否逐渐形成了一种朋友式的关系。

朋友式的关系有两个显著特征，一是独立，二是平等。

独立，就是把孩子视为一个灵魂，一个正在成形的独立的人格，不但要爱他疼他，而且要给予他信任和尊重。当然，父母自己也是独立的灵魂，而正是通过来自父母的尊重，孩子会鲜明地意识到这一点，从而也学会尊重父母。我要强调灵魂的概念，有些父母是没有这个概念的，从不把自己视为一个灵魂，因而也不可能把孩子视为一个灵魂。这样的父母往往把孩子视为一个宠物，甚至视为一个实施自己的庸俗抱负的工具，其结果恰恰是扼杀了孩子的独立人格，使孩子成为灵魂萎缩的不完整的人。

既然都是独立的灵魂，彼此的关系就应该是平等的。平等尤其体现在两个方面。一方面，亲子之间要有商量的氛围。凡属孩子自己的事情，既不越俎代庖，也不横加干涉，而是怀着爱心加以关注，以平等的态度进行商量。当孩子具备一定的理解力之时，家庭的事务、父母自己的事情，也不妨根据情况适当地征求孩子的意见，使其有参与感和被信任感。另一方面，亲子之间要有交流的氛围，经常聊天和谈心，就共同感兴趣的问题展开讨论，在自愿的前提下，分担孩子的忧愁，共享双方的喜乐，沟通彼此的心灵。

我清醒地意识到，做孩子的朋友不易，让孩子也肯把自己当朋友更难。多少孩子有了心事，首先要瞒的人是父母，有了知心话，最不想说的人也是父母。啾啾现在还小，随着她长大，进入青春期，上中学、大学，她是否一直肯把我当作好朋友，我没有把握，但我一定努力。至少在我这一方面，我会坚持把她当朋友那样对待，始终尊重她的独立人格，比如说，我绝不会偷看她的日记，绝不会干涉她和男孩子的交往，等等。我相信，即使最后我不能入她的法眼，她也一定会满意地说："我有一个最开明的老爸。"

（摘自《宝贝，宝贝》第五卷）

当孩子思考人生难题

孩子都是哲学家，——在女儿身上，我再一次验证了这个真理。人出生前在何处，死后去往哪里，什么是时间，世界有没有尽头，神是否存在，对于人生和世界的这些大谜，她在两三岁的时候就表露了困惑，到四五岁时则简直可以说是在进行痛苦的思考了。我的态度是赞赏和鼓励她去想这类无解的问题，想不通没有关系，怎么可能想得通呢，但这是爱智的起点，将会赋予她的灵魂以一种深度，赋予她的人生以一种高度。

韶光流逝，人生易老，人们往往以为只有成年人才会有这样的惆怅，其实不然。我们总是低估孩子的心灵。我自己的幼时记忆，我的女儿的幼时表现，都证明一个人在生命早期就可能为岁月匆匆而悲伤，为生死大限而哀痛。不要说因为我是哲学家，我小时候哪里知道将来会以哲学为业；不要说因为啾啾是哲学家的女儿，她的苦恼与哲学理论哪里有半点关系。我要再三强调：孩子的心灵比我们所认为的细腻得多，敏锐得多，我们千万不要低估。

那么，当孩子表露了这种大人也不堪承受的生命忧惧，提出了这种大人也不能解决的人生难题，我们怎么办？

首先，我们要留心，要倾听，让孩子感到，我们对他的苦恼是了解和关切的。如果家长听而不闻，置之不理，麻木不仁，孩子就会把苦恼埋在心底，深感孤独无助。

其次，要鼓励孩子，让他知道，他想的问题是重要的、有价值的，他能够想这样的问题证明他聪明、会动脑子。有一些愚蠢的家长，一听见孩子提关于死亡的问题就大惊小怪，慌忙制止，仿佛孩子做了错事。这种家长自己一定是恐惧死亡和逃避思考的，于是做出了本能的反应。他们这样反应，会把恐惧情绪传染给孩子，很可能从此就把孩子圈在如同他们一样的蒙昧境界中了。

最后，要以平等、谦虚的态度和孩子进行讨论，不知为不知，切忌用一个平庸的答案来把问题取消。你不妨提一些可供他参考的观点，但一定不要做结论。我经常听到，当孩子对死亡表示困惑时，大人就给他讲一些大道理，什么有生必有死呀，人不死地球就装不下了呀，我听了心中就愤怒，因为他们居然认为用这些生物学、物理学的简单道理就可以打发掉孩子灵魂中的困惑，尤其是他们居然认为孩子灵魂中如此有价值的困惑应该被打发掉！

其实，一切重大的哲学问题，比如生死问题，都是没有终极答案的，更不可能有所谓标准答案。这样的问题要想一辈子，想本身就会有收获，本身就是觉悟和修炼的过程。孩子一旦开始想这类问题，你不要急于让孩子想通，事实上也不可能做到。宁可让他知道，你也还没有想通呢，想不通是正常的，咱们一起慢慢想吧。让孩子从小对人生最重大也最令人困惑的问题保持勇于面对和开放的心态，这肯定有百利而无一弊，有助于在他的灵魂中生长起一种根本的诚实。孩子心灵中的忧伤，头脑中的困惑，只要大人能以自然的态度对待，善于引导，而不是去压抑和扭曲它们，都会是精神的种子，日后忧伤必将开出艺术的花朵，困惑必将结出智慧的果实，对此我深信不疑。

我们习惯于把情绪分为正面和负面，似乎烦恼、寂寞、无聊是纯粹负面的情绪，必须加以防止。我们总是强调对人生要有乐观和进取的态度，似乎悲观和守静是纯粹消极的态度，必须予以否定。在教育孩子时，我们尤其如此。我的看法不同。在我看来，正是一些被断为消极和负面的心情，可能是属于灵魂的。所以，当孩子出现这类心情时，不必大惊小怪，反而应该视为正面价值。我相信，有这类心情的孩子，心灵会更丰富、更深刻。其实，哪个孩子没有呢，区别在于多少，更在大人是否珍惜和理解。当然，凡事有一个度，孩子太深沉了也不好。不过，正因为是孩子，就不会太深沉，旺盛的生命力自然会在生命的欢乐和忧愁之间造成适当的平衡。

（摘自《宝贝，宝贝》第三卷）

素质是熏陶出来的

在我们家里，最多的东西是书，满壁都是书柜，总有好几万册吧。我和妻子的日常生活就是看书。我几乎不看电视，妻子也就看看球赛，偶尔看一两部电影。除了收发邮件，我们都基本不上网。在这样的氛围中，啾啾喜欢看书和学习，是再自然不过的事了。她看电视也很少，小时候看动画片，上学后连动画片也不怎么看了，因为课余的时间太有限，她要省着用，看她喜欢的书。至于网瘾之类，对她来说就是一个遥远的传说了。

在学习上，啾啾是完全不用我们操心的，她乐在其中，自己就把一切安排好了。每天放学回来，她就坐在她房间里的桌前，自己在那里忙乎。她做作业是丝毫不需要督促的，做完了作业，就自己想出一点事儿来做。我们不给她报任何课外班，也无须操心她的功课，但她的学习成绩始终优秀，可见只要真正注重素质的培养，应试会是相当轻松的事。她的班主任多次问我："你们是怎么教的？"我心想，我们没有怎么教呀。如果一定要找原因，大约是得益于熏陶吧。

我深信，熏陶是不教之教，是最有效也最省力的教育，好的素质是熏陶出来的。当然，所谓熏陶是广义的，并不限于家庭的影响。事实上，养成了阅读的习惯，也就开辟了熏陶的新来源，能够从好书中受到熏陶，这是良性循环，就像那些音乐家的孩子，在受到父母的熏陶之后，又从音乐中受到了进一步的熏陶一样。

也许有人会说：你是读书人，能给孩子以熏陶，普通人怎么办？我认为，从根本上看，对孩子的教育取决于父母的价值观，而不是职业和文化水平。天下父母都爱孩子，一切忙碌都直接地或间接地是为了孩子，如果你在这样的忙碌中经常能安静片刻，好好和孩子待在一起，去发现、欣赏和鼓励孩子的智力闪光，你的孩子一定也会越来越聪明。当然，要具备教育孩子的能力，父母自己的确需要提高。从做父母的那一天起，人生便向你提出了新的更高的要求，比如说，你至少可以在下班后少看一点电视，不给孩子树一个坏榜样吧？

（摘自《宝贝，宝贝》第三卷）

面对应试教育的方略

啾啾上小学后，作为家长，我面临一个难题，就是在现行教育体制的框架内，如何尽量减少其弊端之害，保护她的健康生长。有的家长采取决绝的态度，把孩子留在家里，自己教孩子，我认为这种方式弊大于利，使孩子既失去了与同龄人交往的机会，又不能受系统的基础教育，而这两点对于孩子的心智生长是非常重要的，所以从未予以考虑。但是，我也不会像许多家长那样，让自己和孩子完全被这个体制牵着走。有限度地顺应这个应试教育的体制，同时在其中最大限度地坚持素质教育的方向，戴着镣铐争取把舞跳得最好，也许是无奈中的最佳选择。

面对应试教育有两种方略：一种是完全把赌注押在应试教育上，竭尽全力让孩子成为优胜者，如果赢了，不过是升学占了便宜而已，如果输了，就输得精光；另一种是把重点放在素质教育上，适当兼顾应试，即使最后在升学上遭遇了一点挫折，素质上的收获却是无人能剥夺的，必将在孩子的一生中长久发生作用。

其实，根据我的体会，只要真正注重素质的培养，孩子有了好的智力素质，应试会是相当轻松的事。智力是一种综合素质，其效果也一定会体现在需要运用智力的一切事情上，包括功课和考试。所以，以素质的优秀为目标，把应试的成功当作副产品，是最合理的定位。啾啾做功课一直比较省力，考试成绩在班上也始终名列前茅，无疑是得益于综合素质。比如语文，她的成绩总是前一二名，这当然和她喜欢读书直接有关。

我坚持一个原则：不给啾啾报任何课外补习班、辅导班、特长班和提高班。现在她小学六年级了，六年里，她真的是一个这样的班也没有上过。这在她的班上是绝无仅有的，一个孩子在周末上好几个班是普遍现象。有一回，班上推荐若干同学上区里的奥数班，她被选上了，回家来征求我的意见。我举出她班上一个一直在上奥数的同学，问她，和这个同学比，两人谁的数学成绩好。她说是她，我说这不就行了，事情就这样决定了，而她也很高兴。她妈妈曾经表现出一点儿动摇，觉得人家都上，唯独我们不上，好像不放心，我一个责备的眼色，她就不再提了。

我之所以如此坚决，理由有三：其一，孩子的课余时间已经非常有限，绝不能再给她增加负担，我要捍卫她的休息、玩耍和课外阅读的时间，这也就是捍卫她的健康、快乐和真正的优秀；其二，我看透了这类班，料定它们没有多大价值，即使在应试上也基本如此，在多数情况下，只是把课内的教学内容提前讲授，反而打乱了知识的内在秩序，不利于理解和吸收；其三，我甚至对这类班深恶痛绝，因为我清楚，它们是当今寄生在应试教育上的整个产业链的重要一环，对于加剧教育不公平和教育腐败起着恶劣的作用。

（摘自《宝贝，宝贝》第三卷）

把赌注下在素质教育这一边

我收到一个今年应届高中毕业生的来信，她叫王卉媛，她在信中详细叙述了她抵制应试教育并获成功的经历。大致情况是，在父母顺其自然的教育态度和自己兴趣至上的学习态度支配下，从小学到中学，她似乎一直不用功，也没有上任何课外班。但是，她喜欢看“闲书”，包括简本英文小说，高中时迷上了相对论、哲学等，兴之所至，还看动漫，看电视的科学类节目，写作，画画。她的课内成绩长期平平，但奇迹般地后来居上，最后轻松地考入了北大中文系。

我在我的公开邮箱中发现了这封信，读得津津有味。今年一月，我出版《宝贝，宝贝》一书，书中叙述了我在女儿的教育上的做法，也是把快乐和兴趣放在第一位，鼓励她看“闲书”、想问题，不上任何课外班，结果很好，即使在应试上也名列前茅。我的女儿毕竟刚升初中，王卉媛已经渡过应试教育中最艰难的中学阶段，她的案例是更有说服力的，证明了在应试体制下，个人——包括作为个体的学生、家长、教师——仍有可能最大限度地坚持素质教育，与应试体制相抗争，并且做到在这个体制中也不成为输家。

我相信，类似的案例一定还有不少，只是这一个碰巧让我知道了。我还相信，一定有更多的学生和家长处在矛盾之中，一方面对应试体制的祸害有切肤之痛，另一方面又怕抗争会使自己遭到淘汰，只好痛苦地被它拖着走。对于他们，王卉媛的案例尤其具有激励的作用，能够在抗争这一边增加一个砝码。因此，在征得她的同意之后，我把她的信和我的回信发表在了我的博客上。

反响非常热烈，许多人表示赞赏和受到鼓舞，也有不少质疑的声音，网友们围绕这个案例展开了讨论。被质疑得最多的一点是：王卉媛考上了北大，你为她叫好，你岂不仍是在用应试的结果衡量教育的成败？是否可以认为，她的方法不是应试的，而最终的评价指标仍是应试的？对于这个质疑，好些网友替我做了回答，他们指出：这个故事的主题与北大无关，作为一次突破应试教育的阶段性成功，北大只是做了一次检测的量具，这个故事真正的主题是有关教育，有关人的成长和人才的培养；即使没有考进北大，只要她保持喜欢、兴趣、研究性学习的能力，这在任何一所大学，都将使她收获到更多，也必将对她今后的人生带来更有价值的东西。这些话都说得非常好。

我真不认为考上北大有什么了不起。我在给王卉媛的回信中说："北大现在也沾染了这个时代的许多毛病，你仍要独立思考。"遵循应试轨道考进名校的人多得是，她的特别之处在于，从不以名校为目标，考上北大因此仿佛只是一个意外收获，是坚持自我素质教育的一个副产品。她在应试上的成功不是证明应试正确，而是证明对付应试可以有别的方式。我一向认为，在学生阶段，衡量教育成败的标准是看是否拥有了两种能力，一是快乐学习的能力，二是自主学习的能力。喜欢学习，能够按照自己的兴趣安排自己的学习，这就是好的智力素质，这样的学生不管是否考进名校，将来都会有出息。

事实上，王卉媛考上北大多少带有偶然性，她自己也为她运气太好感到不安。有网友指出，她的这种方式充满风险，完全有可能在应试上失败，所以家长们哪敢冒这个险。我们的确不能低估应试体制的威力，与这个体制抗争的人未必都像王卉媛那样幸运，一定会有人在考场上折戟。应试体制实际上把所有学生和家长逼入了一个赌局，一边是应试教育，另一边是素质教育，看你把赌注下在哪一边。现在的情况是，绝大多数人把赌注完全押在了应试教育上，竭尽全力成为赢家。在我看来，这样做的风险其实更大，如果赢了，不过是升学占了便宜而已，如果输了，就输得精光。相反，把赌注下在素质教育这一边，适当兼顾应试，即使最后在升学上遭遇一点挫折，素质上的收获却是无人能剥夺的，必将在整个人生中长久发生作用。所以，以素质的优秀为目标，把应试的成功当作副产品，是最合理的定位。

其实，只要真正注重素质的培养，有了好的智力素质，应试也不会太困难。智力是一种综合素质，其效果一定会体现在需要运用智力的一切事情上，包括功课和考试。王卉媛对语文和英语的死板教学方法十分抵触，但因为喜欢读文学作品和英文小说，结果课内成绩也能轻松地保持优秀。她如此谈自己的体会："应试考查的是素质中的冰山一角，拥有整座冰山的孩子当然不会害怕有人来试探他的边沿。"有网友认为此言涉嫌为应试教育辩护，我理解他的真正意思是，即使应试只考查露出水面的东西，你仍应该让自己拥有整座冰山，而不只是一块浮冰。针对某些网友谴责她能上北大是应试上的不公平，对她的自我素质教育却毫无所感，一位网友说得好："这是很悲哀的，简直就像放着金子不拿，却和别人争夺分配石头的公平。"

还有的网友认为，王卉媛只是一个特例，她有天分，爱学习，所以能实施素质教育，绝大多数孩子不肯主动学习，就必须实施严格的应试教育。我们的确看到，现在不喜欢学习的孩子似乎占多数，然而，正如王卉媛所指出的：现在的学生之所以学得那么痛苦，就是因为在应试体制下被残忍地剥夺了"喜欢"的能力。学习不快乐原是应试教育的恶果，怎么能反过来把它当作应试教育的理由呢。这样做的结果只能是恶性循环，越应试就越不爱学，越不爱学就越强化应试，走进了死胡同。人都要追求快乐的，现在许多孩子之所以沉湎于玩电脑游戏、网聊、追星、八卦，就是因为在学习中得不到快乐，只能用低级快乐来替代了。人的天赋当然有差别，但是，孩子都有旺盛的好奇心和求知欲，只要正确引导，每一个孩子都能尽其天赋生长得最好，这正是素质教育的目标。所以，天赋的差异绝非实施应试教育的借口。

王卉媛在给我的信中一再为自己的幸运表示不安，觉得这对于许多挣扎在应试体制中的孩子来说是一种不公平。我回信劝慰她说："不公平是体制造成的。在一场规模巨大、旷日持久的灾难中——今天的教育正是这样的一场灾难——有大量遇难者，只有少数幸存者，这是没有办法的。难道所有人都遇难才公平吗？当然不，为了战胜灾难，为了灾后重建，幸存者越多越好，凭借自己的能力和机会成为幸存者，这本身就是一种贡献。"这是我的真实想法。应试体制的弊端有目共睹，业已引起政府和各界人士的关注，但积重难返，改革之路艰难而漫长。在这个过程中，个人不是无能为力的。把主要力气花在素质教育上，向应试教育争自由，能争到多少是多少，在应试体制面前保护孩子，能保护一个是一个，这不但是可行的，而且是一种责任。在一切战争中，保存和发展有生力量是一个基本原则，在素质教育与应试教育之战中也是如此。可以确信，抗争者的队伍壮大了，两种教育之间的力量对比就会发生变化，应试体制要不变也难了。现在它既然已经失人心，那么，让我们共同努力，让它也失天下吧。

2010 年 8 月

兴趣为王

幼儿都会表现出艺术上的某种兴趣和能力，比如绘画、音乐、舞蹈等，但这并不意味着人人长大了都要成为艺术家，都能成为艺术家。做艺术家必须有天赋，而单凭幼儿期的兴趣是不能断定有无天赋的。幼儿期艺术活动的真正价值在于，它是心智发育的一个重要方面，能使幼儿的感受力、想象力、表现力、创造力得到良好生长。这本身就是重大收获，不管孩子将来从事什么职业，这个收获都会在她（他）的工作和生活中体现出来。

所以，对于啾啾在艺术方面表现出来的兴趣，我都给予热情的鼓励，至于将来的发展会如何，则完全不予考虑。我的原则是：兴趣为王，快乐生长。她喜欢就行，高兴就行，一切顺其自然。是否在课外学点什么，学多久，也根据她的兴趣来决定。当然，要知道有没有兴趣，必须给她机会，让她尝试，并且要经过相当时间的观察。在学习一种艺术的过程中，孩子的情绪可能会出现波动，这时不要轻易放弃，不妨看一段时间再下结论。一旦发现她确实没有兴趣，就要果断放弃，绝不强迫她继续学。在我看来，长期强迫孩子学习一门艺术，是完全违背艺术的本性的。这样做往往是出于强烈的功利目的，最后即使培养出了一个艺术上的能工巧匠，付出的惨痛代价却是不可治愈的心灵创伤和人性扭曲。

我不但不想把啾啾培养成一个音乐家或画家，而且也从来没有把她培养成一个作家的打算，即使在阅读和写作上，我对她基本上也是放任自流的，从不特意提出要求和进行指导。我的一个同事的女儿，两岁时能认一两百个字，六岁时能读大部头文学作品，相比之下，啾啾的进度慢多了。但是，我仍喜欢啾啾的天真，宁愿她按照她自己的节奏向前走。现在早早出书和出名的小作家多得是，我丝毫不想让啾啾仿效。比起我自己上小学甚至上初中时的阅读和写作水平，她已远远超过，我有什么资格和理由催她呢。

对于孩子的未来，我从不做具体的规划，只做抽象的定向，就是要让她成为一个身心健康、心智优秀的人。人们喜欢问孩子：“你将来想做什么？”我不问这样的问题。孩子自己有时会说，但是别当真。我直到上大学时还不知道自己将来会做什么呢。给孩子规定或者哪怕只是暗示将来具体的职业路径，是一种僭越和误导。总之，我只关心一件事，就是让孩子有一个幸福的童年，能够快乐、健康、自由地生长。只要做到了这一点，她将来做什么，到时候她自己会做出最好的决定，比我们现在能做的好一百倍。

（摘自《宝贝，宝贝》第三卷）

孩子是一个独立的灵魂

我很早就发现，啾啾虽然很乖，很爱爸爸妈妈，但绝不盲从。对于我们的言行，她若不以为然，就一定会表明自己的态度。我非常欣赏她的这种表现，总是给予鼓励。要让孩子将来成为一个有主见的人，必须现在就鼓励她不盲从父母。其实，孩子都是乐于说出自己的真实感觉和想法的，而只要真实，就总有一定的道理。可是，如果大人不予尊重，孩子就会逐渐失去思考和表达的兴趣，也会失去自信心，从而成为一个没有主见的人。

看到一个小人儿对事物发表与你不同的见解，和你顶嘴和争论，真使人感到神奇。这个时候，我会想起纪伯伦的话："他们是借你们而来，却不是从你们而来，他们虽和你们一同生活，却不属于你们。你们可以给他们以爱，却不可给他们以思想，因为他们有自己的思想。你们可以庇护他们的身体，却不可庇护他们的灵魂，因为他们的灵魂居于明日之屋宇，那是你们在梦中也不能想见的。"是啊，站在我面前的这个发表独立见解的小人儿是我的女儿，但更是一个灵魂，一个和我完全不同的灵魂。如果说她看事物有自己的眼光，那是因为她的灵魂正在觉醒，是她的灵魂通过她的眼睛在看。

和孩子相处，最重要的原则是尊重孩子。从根本上说，这就是要把孩子看作一个灵魂，一个有自己独立人格的个体。而且，在孩子很幼小时就应该这样，我们无法划出一个界限，说一个人的人格是从几岁开始形成的，实际上这个过程伴随着心智的觉醒早就开始了。爱孩子是一种本能，尊重孩子则是一种教养，而如果没有教养，爱就会失去风格，仅仅停留在动物性的水准上。

在我们家里，啾啾是可以自由地和大人顶嘴的，事实上她也经常反驳我们，反驳得好，一定会得到夸奖。她头脑清楚，占理的时候居多。有时候，我会故意说错话，给她制造反驳的机会。鼓励孩子发表不同看法，既能培养独立人格，又能锻炼思维能力，是一举两得的事。

（摘自《宝贝，宝贝》第四卷）

第五辑

人生成功的真谛

成功的真谛

在通常意义上，成功指一个人凭自己的能力做出了一番成就，并且这成就获得了社会的承认。成功的标志，无非是名声、地位和金钱。这个意义上的成功当然也是好东西。世上有人淡泊于名利，但没有人会愿意自己彻底穷困潦倒，成为实际生活中的失败者。歌德曾说："勋章和头衔能使人在倾轧中免遭挨打。"据我的体会，一个人即使相当超脱，某种程度的成功也仍然是好事，对于超脱不但无害反而有所助益。当你在广泛的范围里得到了社会的承认，你就更不必在乎在你所隶属的小环境里的遭遇了。众所周知，小环境里往往充满短兵相接的琐屑的利益之争，而你因为你的成功便仿佛站在了天地比较开阔的高处，可以俯视从而以此方式摆脱这类渺小的斗争。

但是，这样的俯视毕竟还是站得比较低的，只不过是恃大利而弃小利罢了，仍未脱利益的计算。真正站得高的人应该能够站到世间一切成功的上方俯视成功本身。一个人能否做出被社会承认的成就，并不完全取决于才能，起作用的还有环境和机遇等外部因素，有时候这些外部因素甚至起决定性作用。单凭这一点，就有理由不以成败论英雄。我曾经在边远省份的一个小县生活了将近十年，如果不是大环境发生变化，也许会在那里"埋没"终生。我尝自问，倘真如此，我便比现在的我差许多吗？我不相信。当然，我肯定不会有现在的所谓成就和名声，但只要我精神上足够富有，我就一定会以另一种方式收获自己的果实。成功是一个社会概念，一个直接面对上帝和自己的人是不会太看重它的。

我的意思是说，成功不是衡量人生价值的最高标准，比成功更重要的是，一个人要拥有内在的丰富，有自己的真性情和真兴趣，有自己真正喜欢做的事。只要你有自己真正喜欢做的事，你就在任何情况下都会感到充实和踏实。那些仅仅追求外在成功的人实际上是没有自己真正喜欢做的事的，他们真正喜欢的只是名利，一旦在名利场上受挫，内在的空虚就暴露无遗。照我的理解，把自己真正喜欢做的事做好，尽量做得完美，让自己满意，这才是成功的真谛，如此感到的喜悦才是不掺杂功利考虑的纯粹的成功之喜悦。当一个母亲生育了一个可爱的小生命，一个诗人写出了一首美妙的诗，所感觉到的就是这种纯粹的喜悦。当然，这个意义上的成功已经超越于社会的评价，而人生最珍贵的价值和最美好的享受恰恰就寓于这样的成功之中。

2000 年 11 月

成功是优秀的副产品

1

在确定自己的人生目标时，不应该把成功作为首选。首要的目标应该是优秀，其次才是成功。

所谓优秀，是指一个人的内在品质，有高尚的人格和真实的才学。一个优秀的人，即使他在名利场上不成功，他仍能有充实的心灵生活，他的人生仍是充满意义的；相反，一个平庸的人，即使他在名利场上风光十足，他也只是在混日子，至多是混得好一些罢了。

事实上，一个人倘若真正优秀，而时代又不是非常糟，他获得成功的机会还是相当大的。即使生不逢时，或者运气不佳，也多能在身后得到承认。优秀者的成功往往是大成功，远非那些追名逐利之辈的渺小成功可比。人类历史上一切伟大的成功者都出自精神上优秀的人之中，不管在哪一个领域，包括创造财富的领域，做成伟大事业的绝非钻营之徒，而必是拥有伟大人格和智慧的人。

一个人能否成为优秀的人，基本上是可以自己做主的，能否在社会上获得成功，则在相当程度上要靠运气。所以，应该把成功看作优秀的副产品，不妨在优秀的基础上争取它，得到了最好，得不到也没有什么。在根本的意义上，作为一个人，优秀就已经是成功。

2

事业是精神性追求与社会性劳动的统一，精神性追求是其内涵和灵魂，社会性劳动是其形式和躯壳，二者缺一不可。

所以，一个仅仅为了名利而从政、经商、写书的人，无论他在社会上获得了怎样的成功，都不能说他有事业。

所以，一个不把自己的理想、思考、感悟体现为某种社会价值的人，无论他内心多么真诚，也不能说他有事业。

3

在人生中，职业和事业都是重要的。大抵而论，职业关系到生存，事业关系到生存的意义。在现实生活中，两者的关系十分复杂，从重合到分离、背离乃至于根本冲突，种种情形都可能存在。人们常常视职业与事业的一致为幸运，但有时候，两者的分离也会是一种自觉的选择，例如斯宾诺莎为了保证以哲学为事业而宁愿以磨镜片为职业。因此，事情最后也许可以归结为一个人有没有真正意义上的事业，如果没有，所谓事业与职业的关系问题也就不存在，如果有，这个关系问题也就有了答案。

4

我们都很在乎成功和失败，但对之的理解却很不一样，有必要做出区分。譬如说，通常有两种不同的含义：其一是指外在的社会遭际，飞黄腾达为成，穷困潦倒为败；其二是指事业上的追求，目标达到为成，否则为败。可以肯定，抽象地谈问题，人们一定会拥护第二义而反对第一义。但是，事业有大小，目标有高低，所谓事业成败的意义也就十分有限。我不知道如何衡量人生的成败，也许人生是超越所谓成功和失败的评价的。

5

现在书店里充斥着所谓励志类书籍，其中也许有好的，但许多是垃圾。这些垃圾书的内容无非是两类：一是教人如何在名利场上拼搏，发财致富，出人头地；二是教人如何精明地处理人际关系，讨上司或老板欢心，在社会上吃得开。偏是这类东西似乎十分畅销，每次在书店看到它们堆放在最醒目的位置上，满眼是“经营自我”“人生策略”“致富圣经”之类庸俗不堪的书名，我就为这个时代感到悲哀。

“自我”原是代表每一个人最独特的禀赋和价值，认识和实现“自我”一直被视为人生的目的，现在它竟成了一个要经营的对象，亦即谋利的手段。说到“人生”，历来强调的是人生理想，现在“策略”取而代之，把人生由心灵旅程变成了功利战场。“圣经”一词象征最高真理，现在居然明目张胆地把致富宣布为最高真理了。这些语词的搭配本身已是一种亵渎，表明我们的时代急功近利到了何等地步。

励志没有什么不好，问题是励什么样的志。完全没有精神目标，一味追逐世俗的功利，这算什么“志”，恰恰是胸无大志。

6

我对成功的理解：把自己喜欢的事做得尽善尽美，让自己满意，不要去管别人怎么说。

快乐工作的能力

中央电视台经济频道开展“年度雇主调查”活动，并以“快乐工作”为本次雇主调查的年度主题和核心价值观。我觉得“快乐工作”是一个有意思的题目，愿意谈一谈我的理解。

我们在这个世界上生活，快乐是人人都想要的东西。不过，在多数情况下，快乐与工作好像没有什么关系。相反，人们似乎只有在工作之外才能找到快乐，下班之后、双休日、节假日才是一天、一周、一年中的快乐时光。当然，快乐是需要钱的，为此就必须工作，工作的价值似乎只是为工作之外的快乐埋单。

工作本身不快乐，快乐只在工作之外，这种情况相当普遍，但并不合理，因为不合人性。

什么是快乐？快乐是人性或者说人的需要得到满足的一种状态。人性有三个层次：一是生物性，即食色温饱之类生理需要，满足则感到肉体的快乐；二是社会性，比如交往、被关爱、受尊敬的需要，满足则感到情感的快乐；三是精神性，包括头脑和灵魂，头脑有进行智力活动的需要，灵魂有追求和体悟生活意义的需要，二者的满足使人感到的是精神的快乐。

精神性是人的最高属性，正是作为精神性的存在，人与动物有了本质的区别。同样，精神的快乐是人所能获得的最高快乐，远比肉体的快乐更持久也更美好。对于那些禀赋优秀的人来说，这一点是不言而喻的，如果让他们像一个没有头脑和灵魂的东西那样活着，他们宁可不活。获得精神快乐的途径有两类：一类是接受的，比如阅读、欣赏艺术品等；另一类是给予的，就是工作。正是在工作中，人的心智能力得到了积极实现，使人感受到了生命的最高意义。如同纪伯伦所说："工作是看得见的爱，通过工作来爱生命，你就领悟了生命的最深刻秘密。"

当然，这里所说的工作不同于仅仅作为职业的工作，人们通常把它称作创造或自我实现。但是，就人性而言，这个意义上的工作原是属于一切人的。人人都有天赋的心智能力，区别在于是否得到了充分运用和发展。现在我们明白快乐工作与不快乐工作的界限在哪里了：仅仅作为谋生手段的工作是不快乐的，作为人的心智能力和生命价值的实现的工作是快乐的。用马克思的话说，前者是一个必然王国，后者是一个自由王国。

毫无疑问，在现实生活中，我们都还必须为谋生而工作。最理想的情况是谋生与自我实现达成一致，做自己真正喜欢做的事情，同时又能借此养活自己。能否做到这一点，在一定程度上要靠运气。不过，我相信，在开放社会中，一个人只要有自己真正的志趣，终归是有许多机会向这个目标接近的。就个人而言，最重要的还是要有自己真正的志趣，机会只可能对这样的人开放。也就是说，一个人首先必须具备快乐工作的愿望和能力，然后才谈得上快乐工作。

正是在这方面，今天青年人的情况令人担忧。中华英才网发起的"中国大学生最佳雇主调查"表明，在大学生对雇主的评价中，摆在首位的是全面薪酬和品牌实力两个因素。择业时考虑薪酬不足怪，我的担心是，许多人也许只有这一类外在标准，没有任何内心要求，对工作的唯一诉求是挣钱，挣钱越多就越是好工作，对于作为自我实现的工作毫无概念，那就十分可悲了。

事实上，工作的快乐与学习的快乐是一脉相承、性质相同的，基本的因素都是好奇心的满足、发现和创造的喜悦、智力的运用和得胜、心灵能力的生长等。一个学生倘若在学校的学习中从未体会过这些快乐，在走出学校之后，他怎么可能向工作要求这些快乐呢？学校教育的使命是让学生学会快乐地学习，为将来快乐地工作打好基础。能够快乐地学习和工作，这是精神上优秀的征兆。说到底，幸福是一种能力，它属于那些有着智慧的头脑和丰富的灵魂的优秀的人。首先要成为一个优秀的人，而只把成功看作优秀的副产品。不求优秀，只求成功，求得的至多是谋生的成功罢了。

毋庸讳言，今日的学校乃至整个社会存在着严重的急功近利倾向，对于培养快乐学习和工作的能力不是一个有利的环境。把大学办成职业培训场，只教给学生一些狭窄的专业知识，结果必然使大多数学生心目中只有就业这一个可怜的目标，只知道作为谋生手段的这一种不快乐的工作。这种做法极其近视，即使从经济发展的角度看，一个社会是由心智自由活泼的成员组成，还是由只知谋生的人组成，何者有更好的前景，答案应是不言而喻的。对于企业来说也是如此，许多企业已经强烈地感觉到，那些只有学历背景和专业技能、整体素质差的大学生完全不能适合其发展的需要。教育与市场直接挂钩，其结果反而是人才的紧缺，这表明市场本身已开始向教育提出质疑，要求它与自己拉开距离。教育应该比市场站得高看得远，培养出人性层面上真正优秀的人才，这样的人才自会给社会——包括企业和市场——增添活力。

近年来，国内若干人才中介机构和媒体相继举办雇主调查和雇主品牌评选活动，这样的活动无疑是有意义的。不过，我认为，其意义不应限于促进雇主与求职者之间的沟通，更重要的意义也许在于调查研究人才供需脱节的问题及原因，促使人们对今天流行的教育观、人才观、价值观进行深刻的反省。

2005 年 10 月

对自己的人生负责

我们活在世上，不免要承担各种责任，小至对家庭、亲戚、朋友，对自己的职务，大至对国家和社会。这些责任多半是应该承担的。不过，我们不要忘记，除此之外，我们还有一项根本的责任，便是对自己的人生负责。

每个人在世上都只有活一次的机会，没有任何人能够代替他重新活一次。如果这唯一的一次人生虚度了，也没有任何人能够真正安慰他。认识到这一点，我们对自己的人生怎么能不产生强烈的责任心呢？在某种意义上，人世间各种其他的责任都是可以分担或转让的，唯有对自己的人生的责任，每个人都只能完全由自己来承担，一丝一毫依靠不了别人。

不止于此，我还要说，对自己的人生的责任心是其余一切责任心的根源。一个人唯有对自己的人生负责，建立了真正属于自己的人生目标和生活信念，他才可能由之出发，自觉地选择和承担起对他人和社会的责任。正如歌德所说："责任就是对自己要求去做的事情有一种爱。"因为这种爱，所以尽责本身就成了生命意义的一种实现，就能从中获得心灵的满足。相反，我不能想象，一个不爱人生的人怎么会爱他人和爱事业，一个在人生中随波逐流的人怎么会坚定地负起生活中的责任。实际情况往往是，这样的人把尽责不是看作从外面加给他的负担而勉强承受，便是看作纯粹的付出而索求回报。

一个不知对自己的人生负有什么责任的人，他甚至无法弄清他在世界上的责任是什么。有一位小姐向托尔斯泰请教，为了尽到对人类的责任，她应该做些什么。托尔斯泰听了非常反感，因此想到：人们为之受苦的巨大灾难就在于没有自己的信念，却偏要做出按照某种信念生活的样子。当然，这样的信念只能是空洞的。这是一种情况。更常见的情况是，许多人对责任的关系确实是完全被动的，他们之所以把一些做法视为自己的责任，不是出于自觉的选择，而是由于习惯、时尚、舆论等原因。譬如说，有的人把偶然却又长期从事的某一职业当作了自己的责任，从不尝试去拥有真正适合自己本性的事业。有的人看见别人发财和挥霍，便觉得自己也有责任拼命挣钱花钱。有的人十分看重别人尤其上司对自己的评价，谨小慎微地为这种评价而活着。由于他们不曾认真地想过自己的人生使命究竟是什么，在责任问题上也就必然是盲目的了。

所以，我们活在世上，必须知道自己究竟想要什么。一个人认清了他在这世界上要做的事情，并且在认真地做着这些事情，他就会获得一种内在的平静和充实。他知道自己的责任之所在，因而关于责任的种种虚假观念都不能使他动摇了。我还相信，如果一个人能对自己的人生负责，那么，在包括婚姻和家庭在内的一切社会关系上，他对自己的行为都会有一种负责的态度。如果一个社会是由这样对自己的人生负责的成员组成的，这个社会就必定是高质量的有效率的社会。

2001 年 7 月

青年与幸福

主持人：尊敬的各位领导，亲爱的同学们，大家晚上好！欢迎光临第五届学术文化节精品讲座现场。有这样一位写作者，他的写作速度很慢，每四年磨一剑，但连续二十年却出版了数百本书籍，几乎每一本都名列畅销榜的最前列。有这样一位哲人，他喜欢活得更明白一些，从童年就开始了对生与死的冥想，甚至为不能和释迦牟尼同一时代相识相知而憾恨，甚至流下了眼泪。有这样一位师长，他将大魄力和人情味融为一身，哪怕在一个恶人身上发现了一个优点，也愿意原谅他的一千件恶行。今天我们的校党委书记邱东教授专门为我们中财学子将这位作家、哲人、师长请到了我们学术文化节的现场。同时邱书记和侯慧君副书记也将和我们一起在现场相约这位大师。下面让我们用更为热烈的掌声请出忧郁、敏感、怕羞、拙于言谈、疏于功名、不通世故、不善社交的小王子——周国平先生。

周国平：刚才对我的介绍不符合事实啊。（笑声）首先第一条就不对，四年磨一剑是事实，我写作速度很慢，四年出一本，原创性著作差不多是这样，但这样下来如果出了数百本书，那我算了一下，我应该是一千多岁了。我这些年出的书比较多，但很多其实是各个出版社选编的，真正原创性的大概也就十几本，并不多。我非常高兴能够来到中央财大和同学们进行交流。我们今天在这里相会，我觉得首先要感谢邱东书记。邱书记亲自出马打电话，想办法找到我，然后电话打到了我家里。同学们，这个不简单，近几年我在全国各地包括一些学校作讲座，作了大概有几十场了，但是第一次是学校的第一把手亲自来跟我联系，来邀请我。当时是我太太接的电话，她跟我说了以后，我马上说当然要去。我为邱书记这种礼贤下士的风度、这种人情味儿所感动，非常感动。我要在这里对邱书记表示我的一份敬意。(鼓掌)

前言：幸福是多层次、可持续的快乐

这么隆重地邀请我，第一把手亲自出马，我讲什么好呢？最后我决定就讲“青年与幸福”。为什么讲这个题目呢？并不是说我很懂幸福，但是我想对于青年人来说，对于你们财大的学生来说，什么是幸福，怎么理解幸福，是很重要的问题。用拜伦的话来说，在你们的天空中还有许多彩虹，你们还对未来充满着各种各样的憧憬、幻想、期待，所有这些对未来的向往，概括成一个词，就是“幸福”。

人人都向往幸福，希望有一个幸福的人生。那么，到底什么是幸福？我想可能很多人并不清楚。我也不很清楚，但是我比你们年纪大得多，你们的人生道路刚开始，我已经走了大部分。所以我可以回过头去想一想，这一辈子，这个人生中间，究竟什么东西是真正值得去追求的，是值得去珍惜的，这里面就有我对幸福的理解。经过这么多事情，从自己的经历里边，我还是有所体会的。我比你们可能会清楚一些，当然这也不是什么好事情，你们还有很多想法，我就想得比较简单了，这也许意味着我的人生中的可能性少了许多。我自己想明白了的东西，我到底要什么，要到了以后觉得我的生活是踏实的，我的心灵是充实的，我就谈谈这方面的体会。所以今天是和大家谈心，没有多少理论上的东西。

现在我们这个时代跟我年轻的时候很不一样了，现在这个时代大家比较看重的东西是成功和金钱，我觉得可以理解。其实我也觉得成功和金钱是好东西，因为以前很长时间我是很不成功的，现在好像取得了一点小小的成功，比如写作得到相当一些读者的认可，书比较好卖，这也算成功吧。我在社会上得到了更多读者以后，我的生活好过多了，书好卖了，收入比以前多得多了，这样我就可以比较超脱了，这是我感觉到的最大好处。譬如说，单位里往往会有一些人为了一点小利益争夺，我可以不在乎，你们去争吧，我都不要。有了超脱的本钱，这当然是好事。但是我要说，成功和金钱不是最好的东西，它们本身还不能称其为幸福，还有比成功和金钱更好的东西。是什么呢？第一是生命，生命比金钱好得多。第二是精神，内在的精神充实比外在的成功好得多。

对幸福的理解，西方哲学史上主要分两大派。一派认为幸福就是快乐，这派被称为快乐主义，比如古希腊的伊壁鸠鲁，一直到近代英国的经验论者休谟、约翰·穆勒、亚当·斯密这些人，他们基本上认为幸福就是快乐。还有一派认为幸福就是精神上的完善，或者道德上的完善，在古希腊以苏格拉底、柏拉图为代表，后来主要是德国的一些哲学家，最典型的是康德。不管这两派有什么不同的意见，我觉得有一点是共同的，就是他们都更重视精神，包括快乐主义那一派，也是更重视精神上的快乐，认为这是幸福更重要的方面，而完善论者也都承认完善本身伴随着精神上的快乐。那么，也许可以简单地把幸福归结为快乐，不过对这个快乐要进行分析。

快乐要成其为幸福，我认为必须符合两个条件。第一，这个快乐必须是丰富的、多层次的，其中包含了高层次的快乐。如果只是单一的、低层次的快乐，例如只是肉体欲望的满足，就不能称作幸福。第二，这个快乐还必须是长久的、可持续的，它有生长的能力，快乐本身能生成更多的快乐。如果只图眼前的快乐，实际上埋下了今后痛苦的种子，当然也不能称作幸福。那么，什么快乐符合这两个条件呢？我觉得有两种快乐，一个是生命的快乐，一个是精神的快乐。我们想一想，老天把我们造就为人，我们身上最宝贵的东西是什么？无非就是这两样东西。首先是生命，这是最基本的价值，没有生命其他就谈不上。其次，人比其他生命高的地方，就在于人是有精神的。要说快乐，生命的快乐就是深层次的快乐，精神的快乐就是高层次的快乐。所以，快乐的源泉其实就在人自己身上，你真正感到幸福的时候，其实是把人身上这两样最宝贵的东西开发出来了，实现出来了，你去享受它们了。你真正具备了健康的生命和优秀的精神，你自己身上就有了用之不竭的快乐的源泉，你的快乐是可以不断生长的，你的幸福是有保障的。我今天讲幸福的问题，主要就从这两个方面来讲。

一、生命的快乐

先说生命的快乐。我们每一个人，上帝给了我们这一个生命，我们只有这一次机会，我认为我们应该享受生命。苦行主义把生命的快乐看作低级的快乐，我认为是大错特错的。但是我发现，真正懂得享受生命的人并不多，人们往往把满足生命本身的需要和满足物质欲望等同起来了，其实这是两回事。现在社会上把金钱看得很重要，人们把全部精力都用来挣钱，挣了钱就花钱，全部生活由挣钱和花钱组成，以为这就是快乐。其实，物质的欲望是社会刺激出来的，并不是生命本身带来的。一个人的生存当然需要有物质条件，要有钱，在这个社会里你没有钱就会很可怜，所以不妨让自己有钱一些。但是，生命有它本身的一些需要，它们的满足给人带来的快乐是最大的，而这其实并不需要有很多的物质、很多的钱。

有一些需要，可以说是生命骨子里的东西，是生命古老又永恒的需要。比如健康，享受生命最基本的一个方面是享受健康。你看那个古希腊哲学家伊壁鸠鲁，他讲幸福就是快乐，他给快乐下的定义是什么？他说快乐就是身体的无痛苦和灵魂的无纷扰，也就是说，你有一个健康的身体，一颗宁静的灵魂，你就是快乐的，你就是一个幸福的人。我特别欣赏托尔斯泰的一句话，他说真正的物质幸福不是金钱，从物质角度来看什么是幸福，那也不是金钱，是什么呢？他说：对个人来说是健康，对人类来说是和平。这个道理其实很简单，如果没有健康，你金钱再多有什么用。现在有些人为了挣钱，累出一身病，英年早逝，值得吗？

人是自然之子，和自然交融，享受大自然，享受阳光、空气，这也是满足生命本身的需要，给人以莫大的快乐。关于这一点，我就不多说了。

生命的快乐还有一个方面，就是所谓天伦之乐，爱情、亲情、家庭，这是人生非常重要的价值。我这个人是很看重家庭的，我觉得这是人生太重要的一个内容了。回想起来，我这一辈子幸福感最强烈的时候是什么时候？有两段时光。一段是刚上大学时，我是十七岁进了北大，正值青春期，整个人在发生变化，我眼中的整个世界也在发生变化，我突然发现天下有这么多漂亮的姑娘，真觉得这个世界太美好了。（笑声）那个时候，实际上我并没有谈恋爱，你们现在很幸福，你们在大学里是可以自由谈恋爱的，我六十年代上大学的时候，大学生是不允许谈恋爱的，尤其是如果被发现了发生关系或怀孕，那是要受处分甚至开除的。但是你挡不住青春啊，这个感觉在啊。我记得海涅有一句诗："在每一顶草帽下面，都有一个漂亮的脸蛋。"那个时代的时尚吧，女士、小姐戴一顶精致的草帽。我当时的感觉就是，好像有一件未知的、还不太清楚的、但是非常美好的事情在等待着我，这是一种非常强烈的幸福感。

我确实觉得恋爱是非常美好的。现在有些人说，大学生谈恋爱不好，是早恋。大学生都十七八岁了，还说是早恋啊？这正是恋爱的季节！大学生谈恋爱，天经地义。我们这一代人已经被压抑了，不应该再压抑新的一代，是吧？我对大学生恋爱是这样看的：第一，我觉得特别正常。第二，我觉得你也不要当作一个任务去完成。我知道有些同学是当作任务去完成的，别人有女朋友、男朋友了，别人在谈恋爱了，好像我不谈恋爱就没面子似的，这个就不必要了，应该顺其自然嘛，你的日子长得很，不用勉强去谈，不要攀比，是吧？第三，我希望是这样的，要高质量地谈恋爱。恋爱是有质量的差别的，质量取决于谈恋爱的当事人的质量，境界不同，素质不同，恋爱的质量是有差别的。如果你光是沉湎在卿卿我我这种关系里，别的什么都不要了，我觉得挺可悲的。我刚才强调，快乐应该是可持续的，有生长能力的。你们这个年纪可以说是为一生的幸福打基础的时候，应该是通过恋爱互相促进，互相激励，激励精神的向上、求知的努力和创造的冲动。恋爱是可以有极大的激励作用的。我真正谈恋爱是比较晚的，但我那时候的状态非常好（笑声），写了很多诗啊，很多爱情诗、哲学诗，还写了很多哲学的随感。因为当时我的女朋友啊，她是一个爱文学的人，特别看重文学才华，我就想表现自己，就使劲写啊，能够博美人一笑就特别满足，特别有成就感。我当时写这些东西，根本没有想到要出版，许多年后出版了，现在来看，仍然是我自己最满意的作品之一。我是想说，我是支持大学生谈恋爱的，但是你们这个状态应该是一个更好的状态，一个能够开花结果的状态。这是一段时间，就是青春期、谈恋爱，幸福感特别强烈。

还有一段时间，我也觉得幸福感特别强烈，就是自己刚当了爸爸，初为人父的时候，第一次迎来了一个小生命。你们现在没有孩子，你们是不知道的，将来你们就会知道，现在跟你们说了也没用。我自己没有孩子的时候，人家跟我说孩子多么可爱，我是没感觉的，原来没有孩子的时候，我对要不要孩子的问题就是顺其自然，有也可以，没有也可以，我觉得没有也不是什么缺陷。但是有了孩子以后，真是不一样，你心里面的一些东西，有些你不知道的本能被打开了。那是我又一次感觉到世界非常美好，有某种未知的非常美好的事情在等待着我，那个感觉就是每一天都是新的。当然我的第一次经历是很不幸的，你们可能看过我写的《妞妞——一个父亲的札记》，我的第一个孩子刚满月的时候，就发现患有先天癌症，一岁半就去世了，我为她写了一本书。后来我又有了一个女儿，我觉得每次孩子来到的时候，那种心底里的快乐都无比强烈，我愿意什么也不干，整天陪着她，跟她玩，给她记录。尤其孩子快到一岁的时候，开始学说话，到两岁、三岁，话语的那种美妙啊，大人是想象不出来的。我为我现在的女儿写了很多日记，那几年里面，我的日记大部分是写她的，是她的话语的记录。我准备把这些东西好好整理，作为一个礼物送给她，我想这是给孩子最好的礼物。我们自己小时候的事情，我们都忘了，这是很可惜的，所以我不能让我的孩子的童年也是空白。我写过一篇文章叫《我为女儿当秘书》，我那时候真是给她当秘书，认真记录她的言行。当时她也习惯了，说出一句妙语，我夸她，她马上说，爸爸你给我记下来。

这种感觉不光是我有，我看很多人，无论是大人物还是小人物，这个感觉是共同的。比尔·盖茨，全球首富，现在不是了，好像是老二了吧，他有一张照片，是他抱着当时两岁的女儿照的，下面有一句题词：“只有在这个时候我才感到最幸福。”他有五百亿美元的家产，但是财产带给他的快乐，那种打动人心的深度，远不如这个小生命给他带来的。凭我自己的体验，我相信他讲的完全是真话。财富带来的名利欲、权力感、雄心的满足，是另一种性质的快乐，在深度上无法与生命根底里的快乐相比。还有美国现代舞的创始人邓肯，她是一个天性非常健康的女人，一生谈了无数次恋爱，她的自传写得非常真实。在刚有小孩的时候，她这样喊道：“上帝啊，在这个小生命面前，我的那些艺术算得了什么呀，所有的一切算得了什么呀！”其实普通人也一样。有一次我在北京坐出租车，从我上车开始，那个司机就跟我说他的孩子，说他有了一个一个月大的儿子，一直说到我下车。在我临下车前，他跟我说：“你知道吗，我以前最讨厌的就是人家跟我说他的孩子，婆婆妈妈的，琐琐碎碎的，有什么意思，现在我自己有了孩子，我忍不住要说啊。这个东西真是人性根底里的东西，生命核心里的东西。”

后来我就分析了，我说人的性本能实际上有两个层次，一个层次是快乐本能，就是男女之间的事情，当然这也是很大的快乐，不过还是比较低的层次。它的更深的层次是什么？是种族本能，就是所谓的传宗接代。大自然把这个本能安在人的身体里面，我们平时是不知道的，没有孩子的时候，这个本能是沉睡着的，一旦有了孩子，这个本能就苏醒了，会给你一种更强的快乐。当然，我现在跟你们说也是白说，以后你们自己体会吧。我只有一条建议，不要做丁克家族，应该要孩子，没有的时候，你不知道孩子会给你带来多大的快乐，也就不知道不要孩子是多大的损失了。

我就强调一点，就是要把生命本身的需要和物质的欲望区分开来，这是两回事。其实，中国的道家是很懂这个道理的，主张保护好生命真实的、完整的本性，不可用物质欲望去戕害它。古希腊的哲学家也认为，生命的快乐基本上是不依赖于物质的。这可以说是哲学家们的共识。我们现在太看重物质的东西了，所以我说，你应该静下心来，听一听你生命的声音，听一听它真正需要的是什么。

当然金钱也很重要，我不主张你们特别清高，光是精神追求了。我认识一个青年，他精神需求很强烈，写了很多哲学的东西，但没有谋生的能力，也不愿意有，没有职业，生活非常潦倒。他觉得他应该过这样的纯粹精神性的生活，可是他又受不了贫困，所以很痛苦。我是不主张这样的，生存问题要解决。在这样一个市场经济的社会里，必须为自己争取一个生存的基本保障。但是，我想你应该看清楚，金钱这个东西永远不应该是目的，你不能活着就是为了金钱，金钱仅仅是手段。

德国有一个作家叫伯尔，是诺贝尔文学奖的获得者，他有一篇很短的小说，讲了这么一个故事。有一个旅游者，西方发达国家的一个旅游者，到了一个偏僻的渔村。他看见一个青年渔夫正躺在小渔船上，晒着太阳打瞌睡。他觉得这个情景很美，就给他照相，“咔嚓咔嚓”，把渔夫吵醒了。于是他就跟那个渔夫聊天，他说你不应该躺在这儿晒太阳，渔夫问我应该干什么，他说你应该出海打鱼。渔夫就问然后呢，他说然后你就把鱼卖了，得到钱以后，你就可以买更大的渔船，挣更多的钱。然后呢，买一条更更大的渔船，说到最后，买一条现代化的最先进的渔船。渔夫问，然后呢，旅游者说，然后你就可以躺在这里晒太阳了。渔夫说，用不着，我现在就可以。这个故事讲了一个很深刻的道理：本来你挣钱是为了什么，是为了享受生命，可是我们往往这样，挣着挣着，忘记自己本来的目的是什么了，挣钱本身成了目的了。

人太穷当然不行，但是，金钱对幸福的作用是有限的，因为生命对物质的需要是有限的。我的主张是，一个人有这方面的能力，能够发大财，不妨去发，但是，一般来说，还是把目标定得低一点为好，小康就可以了。我给自己定的目标就是小康，过社会上中等水平的生活，过得去就行了。套用托尔斯泰的话，我说我在物质上的理想是什么呢，就是在一个和平的世界上，有一个健康的身体，过一种小康的生活，如此足矣。这个目标已经够高的了，并不容易达到。

在金钱的问题上，我想应该是这样的：在你生活没有基本保障的时候，应该把金钱作为满足你基本生存需要的手段；一旦生存问题解决了以后，就应该把金钱作为满足你精神需要的手段。有了钱确实也可以满足你很多精神方面的需要，譬如说，我喜欢读书，那我钱多就可以买很多书，甚至可以给自己建一个比较像样的藏书室，这当然很好。但是我说，实际上金钱对一个人幸福的这种贡献是取决于他的精神素质的。如果你精神素质高，金钱确实可以为你的精神享受提供更多的手段，能够更好地满足你的这种需要，但前提是你有这方面的需要。我看有些素质低的大款，其实挺可怜的，他们很空虚，那么多钱，却不知道该怎么享受，只能是在物质的奢华上、在纵欲上玩花样，以为这就是享受。

所以，金钱对于一个人的幸福，它最后到底产生什么结果，取决于一个人的素质。在高素质的人身上，它可以赢得幸福；在低素质的人身上，它可以造成不幸。金钱本身是中性的，以前有句话，“金钱是万恶之源”，这句话我完全不赞同。金钱不是万恶之源，金钱在道德上是中性的，没有善恶之分，就看你怎么用它，怎么对待它。你们是搞财经的，关于这个怎么看待财富的问题，我不妨多说一些。也许你们看过德国大社会学家马克思·韦伯的一本书，就是《新教伦理与资本主义精神》，它里边提出了一种新的财富观，关于资本主义精神是如何看待财富的，我觉得他讲得很透彻，跟我们以前的观念很不一样。历来的宗教家也好，哲学家也好，基本上对财富、金钱是持否定态度的，认为金钱会导致人的道德上的堕落，所以主张不应该去争取财富。但是，马克思·韦伯说，资本主义精神是鼓励人去争取财富的，多多益善，不过，这里面关键的一点是，要把财富的这种获取和财富的使用分开。获取的时候，人应该敬业，应该勤劳，你越发财越光荣。这个其实在我们这个社会里已经成为占支配地位的价值观念了，反正身价高的人，大家挺羡慕他。只要你的手段是正当的，发财就是光荣的。另一方面呢，在使用的时候，你仍然应该节俭，就是说还是应该过比较俭朴的生活，你获取财富不再是为了自己个人的这种物质上的享受。总起来说，就是肯定财富，反对贪婪。这样就促进了财富的积累，积累起来的财富，一是扩大再生产，二是用来做公益事业。

我归纳一下，正确的金钱观、财富观应该是什么样的？我觉得有这么几条。

第一条是获取财富的时候应该使用正当的手段，对不义之财不动心。这一点不容易做到，人一旦有机会获得不义之财，这个心里面矛盾啊，斗争啊，很多人就是最后过不了这一关，这一关不容易过。

第二条就是有了钱以后，你应该有一种比较超脱的态度，仍然跟财富保持距离，仍然要看到这是身外之物。我很欣赏古罗马哲学家塞内卡，他在罗马当了很大的官，相当于宰相，在这期间敛财，过着非常奢华的生活，当时很多人都看不惯。但是他说，你们别以为我被财富控制住了，我把得到的东西放在一个很远的距离上，放在一个命运女神伤害不了我的地方，一旦命运女神要把它拿回去，我不会经历那种撕裂的痛苦。他始终保持这样一种心态。后来，他丢了官，被流放，财产全部被没收，最后尼禄皇帝上台赐他自杀，他果然都非常平静。临死的时候，他周围的学生哭成了一团，他从容问道：“你们的哲学哪里去了？”一个人不管有钱没钱，对金钱都抱这样一种比较超脱的态度，就不会在金钱的问题上太痛苦了。

第三条，就是我刚才说的，你即使有钱了，也要过俭朴的生活。一个人没钱的时候过俭朴的生活是迫不得已，但是你有了钱以后还过俭朴的生活，我觉得这是很高的境界。古希腊哲学家苏格拉底，他讲课不像我们这样在课堂里，而是在街头闲逛，然后喜欢他的人就跟着他，听他聊天，他用这样的方式来传授他的哲学。有一回，他带着一帮弟子在雅典街头逛了一圈，街头有很多商铺嘛，他就发感慨说："我真没想到，这里有那么多我不需要的东西啊！"他有一句名言："一无所需最像神。"一个人对物质的需要特别少，达到最低的限度，这时候最像神。我发现，一个素质高的人，往往很少的物质就可以让他满足了，可是另一方面呢，你给他再多的物质他也满足不了。满足不了什么？精神上的需要，就是说富裕本身不能使他满足，因为他的最重要的需要是在精神上。

最后一条，你永远要把金钱当成手段。一个人把金钱当作目的，甚至是主要目的，唯一目的，这样的人是最糊涂的，甚至是最愚昧的，你这样就是一辈子为金钱打工了。我再重复一遍：金钱永远是手段，开始的时候是满足生存基本需要的手段，在这个需要满足以后，是满足精神需要的手段。

二、精神的快乐

下面我讲幸福的第二个方面：精神的快乐。人不但应该享受生命，而且人还有一个更高的层次，就是人是有精神属性的，人应该享受自己的精神属性，满足自己的精神需要。精神需要的满足，精神能力的生长和发展，是人生幸福更加重要的源泉和方面。

那么，人有哪些精神需要，有些什么样的精神能力呢？我套用柏拉图的一个分类，不过可能跟他的原意不太一样。我们可以把人的精神能力、精神属性分为三个方面：第一是智，智力，理性，人有思考的能力；第二是情，情感，人有感受的能力；第三是意，意志，人有实践的能力，能够支配自己的行为，这实际上是指人有道德和信仰上的追求。和三种能力相对应，智追求的是真，情追求的是美，意追求的是善。

1. 智力活动的快乐

我先讲第一点。人的精神快乐很重要的一个方面，是智力活动的快乐，通俗地说，就是动脑筋的快乐。这一点对学生来说特别重要，因为在学校里智育是主要任务，占据了最多的时间。智力活动的主要因素是什么？我认为有两个。一个是好奇心。人有理性，面对外部世界的时候，理性一旦发动，就会产生好奇心。另一个是独立思考的能力。你对事物感到好奇，发生了兴趣，就要用自己的头脑去思考，探究它的谜底。一个人对事物充满好奇心，又善于独立思考，他就能充分地享受智力活动的快乐。

大科学家就是如此。爱因斯坦是怎么走上科学道路的？他自己回忆，他最早对科学发生兴趣是在五岁的时候，他爸爸送给他一个指南针，他看见里面的针自己会转，总是指向同一个方向，就觉得非常神奇。当时他的感觉是：事物内部藏着一个秘密，等着我去把它找出来。这正是一种科学探索的心情。事物内部藏着一个秘密——这是怎样的诱惑！把它找出来——这是怎样的成就感！前者是好奇心，后者是独立思考，这两者都给人以莫大的快乐。一个人始终保持这样一种心情，他不成为一个科学家才怪呢。爱因斯坦说过一句话："神圣的好奇心是一棵非常脆弱的嫩苗，很容易被扼杀掉。"科学家是什么人？就是好奇心没有被扼杀掉的人，他们是幸存者。

好奇心之所以容易被扼杀掉，最大的敌人是功利心。我觉得在中国这个问题挺严重的，我们总是把精神价值看得很空，好像必须落实到物质的价值，否则就不承认它有价值。智力活动本身就是快乐，探索世界的秘密本身就有价值，我们对这样的观点是陌生的。实际上这涉及一个根本问题，就是怎么看精神和肉体的关系。精神和肉体，哪个是目的，哪个是手段？人的精神能力，在这里是理性、智力，它的价值仅仅是为肉体服务吗？当然，无论个人还是人类，肉体的生存是前提，在这个问题解决之前，我们不得不把主要精力用在满足生存的需要上，智力好像更是肉体生存的手段。但是，一旦生存的需要得到了满足，智力活动仍然只是手段吗？精神需要的满足是否应该逐渐上升到主要地位，我们是否应该逐渐把主要精力用在精神需要的满足上了呢？因为从人之为人的本质属性看，应该说肉体只是手段，精神才是目的。我们动脑筋，不是为了填饱肚子，只是因为动脑筋本身让我们感到快乐，智力的运用和真理的探究本身让我们感到快乐，在这样的一种状态中，我们岂不更像是万物之灵？事实上，人类也好，个人也好，越是能够从精神活动本身获得快乐，就的确越是处在人性的一个更高的阶段上。

好奇心和独立思考能力具体到学习上，作为一个学生来说，看一个学生在智育上是不是过关，智力素质好不好，我就看两条。第一条，你有没有快乐学习的能力。学习是好奇心和求知欲的满足，本来应该是一件快乐的事情。第二条，你有没有自主学习的能力。尤其是大学生，一个是你要对知识有兴趣，另一个是你要知道自己的兴趣在什么地方，对什么东西最有兴趣，然后你就根据你的兴趣来安排自己的学习。大学生不应该是跟着老师走的人，要具备自己安排自己的学习的能力。所以，我觉得大学期间的学习有两个目标，一个是爱上学习，另一个是学会自学。有了这两条，你就获得了一笔终生的财富。因为大学期间的学习，学生阶段的学习，仅仅是学习的一个开端，你要真正在知识上大有作为，做出成就，那你是一辈子要学习的，以后就靠你自己了。我认为一个人在受过大学教育以后，应该成为一个知识分子。什么是知识分子？就是热爱智力生活的人，养成了智力活动习惯的人。你品尝到了智力活动的快乐，养成了智力活动的习惯，一辈子也改不掉了，不让你从事智力活动你就难受，这就叫知识分子。如果你离开学校后就仅仅是去谋生了，你对智力活动再也不感兴趣了，那你就真的是白受了教育，你没有成为知识分子。

当然，从我们现在这种应试教育的体制来看，要让孩子们、学生们成为热爱智力活动的人，实在是太困难了。基本上这个体制起了相反的作用，让你讨厌智力活动。其实也不是讨厌智力活动，因为你还没有真正品尝过智力活动的快乐，你从事的很多活动根本不是智力活动，那些为考试做的死记硬背不是智力活动，你跟智力活动还没有沾边，你还没有被引入到智力活动里面去，问题在这里。结果你就这样从大学毕业了，由于在学校里就没有品尝到智力活动的快乐，走上社会以后，在择业的时候，你也就不会有真正属于自己的兴趣和志向，只有薪金之类的外在标准，这真是很可悲的。一个人没有自己的真兴趣，是永远不可能活得有意思的。

在我看来，学习不快乐，把学习变成折磨，仅此一点，就已经是教育的最大失败了。从小学开始，孩子们就受这个折磨，上了一天学，回家还必须做大量枯燥的作业，天天上床时都筋疲力尽，其用途只是应付考试，对真正的智力开发毫无益处。到了初中，尤其高中，折磨越来越甚，简直是虐待了。

我认识一个中学校长，他任职的学校是当地最好的中学，所谓高考名校吧，升学率最高，反正高官、大款都把自己的子女送到那里去。那次我去那个城市作一个讲座，他听说了，就一定要请我吃饭。在饭店，他见我的第一面就说："周老师，我们这些人都是历史的罪人，我们将来是要受审判的。"据他说，他这个学校考上清华、北大的多了，考上北师大算差的。怎么做到的？全封闭管理，两周休息一天。在应试体制下，不这样做，他的学校就会出局。他自己的孩子也在这个学校上高中，毕业那天，他请孩子吃饭，流着泪对孩子说："你的生活从今天才真正开始。"是啊，原来过的不是生活，不是人的生活！

你们也都受过这种苦，中国的教育，你们都是直接受害者，从初中、高中过来，就好像从炼狱里过来。现在过了高考关，进了大学，好像进到了天堂，可以松一口气了。大学比中学好得多，多少有一点自由了，但还是很可怜的，是吧？在大学作讲座时，有些学生让我题词，我就题两句话：做学习的主人，向教育争自由。现在大学的问题是急功近利，你要清醒，把弊端对你的损害减小到最低。几年的时间一晃就过去了，你要珍惜，自己好好想一想，这几年怎么学，自己有一个计划，真正做学习的主人。

这是我讲的精神快乐的第一点：智力活动的快乐。其实，幸福观和人生观是统一的，从幸福观的角度讲，是智力活动的快乐；从怎么做人的角度讲，就是要有一个自由的头脑，把上帝赋予你的理性能力的价值实现出来。

2. 情感体验的快乐

第二点讲一讲情感体验的快乐。我这里讲的情感是广义的，指人的感受能力。人不光有智力，也就是认识能力，还有感受能力。如果说认识能力主要是面向世界的，那么，感受能力主要是面向人生的。当然，这只是相对而言，实际上两者难以分开，我们在认识世界时也在感受，我们在感受人生时也在认识。你在这个世界上生活，无论是在认识外部事物的过程中，还是在和人打交道的过程中，你的感情是参与的，你有顺心的时候，也有不顺心的时候，有些人你喜欢，有些人你讨厌，你会快乐或者痛苦。人带着感情生活，有好恶，有喜怒哀乐，在我看来这都是财富。不是说只有快乐才是财富，你遇到了讨厌的人，倒霉的事，就完全是损失了。如果说心灵是一本账簿，那么，对于这本账簿来说，没有支出，全是收入。

在生活中，我也跟大家一样，常有情感的波动。我会遇到我特别讨厌的人，有时候真是很愤怒，世界上怎么有这样的人，干这样的事，觉得无法忍受。但是，我比较能够跳出来，把自己当作一个认识者，把这种人当作认识的对象，我来解剖他，人性是这样的，社会是这样的。当你这样做的时候，真是一种解脱，你比他站得高许多，不在同一个平面上较量，你是在他上面观察他，分析他。然后，我就在日记里把我的感受记下来，把这种人的面貌刻画一番，分析一番，就觉得不那么难受了，甚至会有一种快乐，因为有了认识上的收获。

我很早就有这样一种意识，就是要把我的外部经历转化成内在的财富。怎么转化呢？主要就是通过写日记。纯粹外部的经历，你是留不住的，但是你是带着感情去经历的，内心会有感受，你要珍惜这种内心的感受，不让它轻易流逝，这样也就是以某种方式留住了你的经历。很多人生活一天天过下来，从小到大，过一天少一天，什么也没留住，我就说，你是把你的日子都消费掉了，这太可惜了。

经常有人问我：周老师，你是从什么时候开始写作的？我说惭愧，比韩寒、郭敬明差远了。我的第一本所谓成名之作是《尼采：在世界的转折点上》，那是1986年出版的，那个时候我已经四十一岁了。（骚动）我现在多大了，你们知道吗？（笑声）我1945年生，现在六十三岁。不像吧？我自己也觉得不像。（笑声）我写过一段话，意思是一想到我的年龄，我就觉得这是岁月加在我身上的一个污点。我不该是这么大岁数啊。言归正传，别人问我从什么时候开始写作，我总说是从五岁开始的。我五岁上小学一年级，会写字了，就自发地开始写日记了。一开始挺幼稚的，我爸爸经常带我到他的同事、朋友家玩，主人就会拿一点好吃的东西给我吃，无非是饼干、点心之类，那时候困难，吃到这些东西不容易。我就想：今天吃了，明天忘了，不就白吃了吗？不行，我要把它记下来。我自己做了一个小本子，哪天吃了什么，就记下来，然后翻开来看看，心里放心了，觉得没有白吃，都留下了。后来回顾，我发现是这样的：我已经意识到我的外部生活是会流逝的，我一定要用某种方式把它留住。通过写日记，我的确留住了我生活中很多好的滋味，当然这好的滋味就不仅仅是点心了，而是人生中的许多感受。从小学到中学，尤其上了高中以后，我非常认真地写日记，每一天都要写好几页，这个习惯一直坚持到大学四年级。四年级的时候，“文化大革命”爆发了，不敢写了，抄家成风，好些学生的日记被抄出来，写成大字报公布，学生被揪到大字报前面斗，北大当时经常出现这样的情景。不但不敢写，我还把以前的日记都烧掉了，到二十一岁为止，满满的一箱啊！后来我无数次为此痛哭，觉得我的童年和青春岁月永远丢失了，那些日子白过了。当然，其实没有白过，日记也没有白写，因为养成了写日记的习惯，我和没有这个习惯的人的生活状态是不一样的。在生活的过程中，我的灵魂是醒着的，我在品味哪些经历对我是有意义的。我觉得自己好像有了一双内在的眼睛，我不但在用外在的眼睛看，我灵魂中的眼睛也是睁着的。

通过写日记，我真的受益无穷。主要收获倒不在于提高了写作能力，后来成了一个作家，虽然我的写作能力的确是写日记打下的基础，但这不是最重要的，最重要的是，通过写日记，我的内心生活从来没有中断过。一个人有了持续的内心生活，你就会感到你在这个世界上生活的时候是有灵魂的，不是一个行尸走肉，你活得很充实，这是特别大的快乐。其实，我后来成为作家完全是偶然的，即使永远没有成为作家，我仍然会写，为自己写。现在我也是把为自己写的东西放在第一位，那些发表的东西是第二位的。我建议你们都养成写日记的习惯，这对一个人内在的深化特别有好处。

怎样让自己的内心丰富起来，从而能够享受情感体验的快乐，这是一个方面。另一个方面是阅读。在阅读上，我强调一点，就是要读好书，尤其是那些经典名著。人类创造了很多物质财富，我们都很在乎去享受这些物质财富，但是人类还创造和积累了那么多精神财富，它们主要的存在形式就是经典书籍，如果不去享受，我觉得实在太可惜了。不要只读专业书、财经书，阅读面宽一些，其实人文和社会科学各科是相通的，基础不深厚，专业上也不会有大出息。做学问的根本是做人，人不优秀，学问肯定好不到哪里去。优秀的一个重要方面，就是心灵的丰富。有一种误解，好像写作只是作家的事情，读书只是学者的事情。其实，本来意义上的写作和阅读是属于每一个关心精神生活的人的，你只要看重你的灵魂，你就会不由自主地要留住自己的内心感受，不由自主地要读那些精神含量高的书，以此来使你的灵魂变得越来越丰富。

这是第二点，从幸福的角度讲，是情感体验的快乐；从做人的角度讲，就是人要有丰富的心灵。

3. 精神追求的快乐

第三点是精神追求的快乐，涉及道德和信仰的问题。人不但有理性，即认识能力，有情感，即感受能力，而且有意志，即实践能力。哲学上讲实践能力，比如康德的《实践理性批判》，讲的就是道德和信仰问题，实践能力指人能够用道德和信仰来指导自己的行为。

关于道德，我想强调的是，对德育的理解不应该表面化，流于规范的教育，比如爱国主义、集体主义之类。这些东西也可以谈，但是没有抓住道德的根本。道德的根本是什么？哲学家们主要讲两条。一条是同情心，做一个善良的人。所谓同情心就是说，自己是生命，别人也是生命，人和人之间要以生命和生命互相对待。按照亚当·斯密的说法，在同情心的基础上，形成了社会的两种基本道德，一个是正义，一个是仁慈。一个人是否善良，就表现在这两个方面。他是一个有正义感的人，看见别的生命受到伤害，他会挺身而出，见义勇为；他是一个有仁慈心的人，看见别的生命遭受痛苦，他会倾力相助，解忧排难。在精神的快乐中，道德感的满足处于很高的位置，做一个善良的人是极大的快乐。你看西方的那些富豪，到了最后，财富本身很难再给他带来快乐了，只有做慈善事业，才能得到更大的快乐，更大的成就感。

讲道德的根本，另一条是做人要有尊严。关于人身上的这个尊严，哲学家们有各种解释，归结起来，其实都是说人是有神性的，人的灵魂是高贵的，它有着神圣的来源。因此，人和人之间不仅要作为生命和生命互相对待，而且要作为灵魂和灵魂互相对待，自尊并且尊重他人。到了这个层次，道德也就是信仰了。一个人有没有信仰，倒不在于他是否相信某种宗教，最重要的是相信人身上是有不可亵渎的东西的，不管把这个东西称作神性、灵魂还是别的什么，都忠实于它，守护着它，在一切行为中体现出做人的尊严。在一定意义上可以说，信仰的快乐是做人的最高快乐。历史上有一些圣徒式的人物，他们在信仰的激励下为人类工作，即使在最艰难困苦的境遇中，内心仍充满着巨大的难以形容的欢乐。作为普通人，当我们在自己待人处世的行为中坚持了做人的原则，体现了做人的尊严，这时候所感到的快乐也是别的快乐不能相比的。

归纳一下我对幸福的理解，就是两条，一条是享受生命，一条是享受人的精神属性。展开来说，作为一个生命，要有健康的生命态度，作为一个精神性的存在，要有自由的头脑，丰富的心灵，善良、高贵的灵魂，我认为这样的人就是幸福的人。

讲了这么多，最后我想说，其实现在我对幸福的理解是很朴实的。有人要我用最简略的语言归纳一下我对幸福的理解，我说就两条。第一条，和自己喜欢的人在一起，并且让她（他）们感到快乐。这实际上是生命的快乐中的一个重要内容——爱情、亲情和家庭。第二条，做自己喜欢做的事情，并且能够靠这个养活自己。这实际上是精神的快乐在我身上的落实，我的工作是读书和写作，我的职业和我的精神享受是一致的，这的确是莫大的幸运。我觉得我基本上做到了这两条。

中央财经大学的现场交流

主持人：精彩的演讲不多，但这一场最为真诚；真诚的演讲不多，但这一场最为精彩。周先生用他最为实在的人生感悟，梳理出了我们青年学子的幸福感知，也用他最为深邃的思想引领了我们探索和学习的方向。让我们再次用热烈的掌声对周先生的人生分享表示感谢。（鼓掌）下面是我们的提问环节。

问：周老师您好，我有两个问题想问您。第一个问题是，您觉得我们现在这个社会从根本上说是缺钱还是缺德。第二个问题是，您刚才也说过，强烈建议大家阅读，我想问您，您在阅读经典的过程中，有没有感到痛苦的时候？谢谢。

答：到底一个社会有多少钱才算够，一个人有多少钱才算够，这个标准是相对的。古希腊的人，或者我们中国春秋战国时期的人，孔子、庄子那个时代的人，他们能有多少钱，如果把他们的物质生活水平折换成钱的话，肯定比我们少。和他们比，我们一点儿不缺钱。但是我们太缺德了，这个德是广义的德，指精神上的高度、精神上的丰富，我觉得我们比他们差得多。至于读经典，我没有觉得痛苦。当然，有些经典著作你会觉得比较难读，比如康德的《纯粹理性批判》，一开始像读天书一样，不过这个坎儿是可以过去的。连王国维这样的大才子，读了三遍都没有读懂，后来读了叔本华的解说，再回过头去读，读第四遍的时候读懂了。我不建议你们一开始就读这样深奥的书，其实经典著作里有很多是非常好读的。反正我的体会是，读经典比读那种第二手、第三手的解说性的东西要快乐得多，大师毕竟是大师，转了一手以后，最精彩的东西往往就弄丢了。

问：在我看来，幸福可能有两种。一种是经过了思考，在建立了一套比较完整的认识以后，那时候对幸福的感知。另一种是来自本来的无知，比如在我们年幼的时候，或者在我们生活水平很低的时候，没有更多的思考，那时候感受到的一种快乐。在您的定义中，您认为这种无知的快乐可以算作幸福吗？

答：我认为是幸福。我的定义是，幸福包括两个方面：生命本身的快乐和精神的快乐。在无知状态中，其实恰恰可能是生命本来的需要没有被扭曲，能够得到比较好的满足，不过我想那个精神方面的快乐可能会比较欠缺。在你说的第一种情况下，精神层次的快乐可能会比较多一些。但是，思考得多了，也可能把你引错了方向，损害了生命的快乐，反而不如无知状态中那样原汁原味。所以，幸福是一个复杂的问题。我希望两个都要，一个也不能少。所以，在追求精神快乐的时候，我还是警诫自己，不要放弃生命的快乐，那也是人生非常重要的价值。有些哲学家是放弃了，比如一辈子不恋爱、不结婚，我反正不愿意这样。

问：听了您的讲座很感谢，更为激动的是我们敬爱的邱东书记今天也在现场，我想接着您再烧一把火。邱东老师作为一个有一万多人学校的一把手，他有能力去做一些很直接的事情，而这个责任太重大了。我的问题是，中财的老师和领导如何更主动地监控我们这些产品的质量。

答：现在的教育体制不是某一个学校负责人能改变的，我觉得做得最好的就是说，能够在比较糟糕的大环境里面为学生创造稍微好的小环境，这已经很不容易了。（鼓掌）

问：我想请您谈一下马克思的唯物论和辩证法，您认为是不是完全正确？如果您认为不是完全正确，请您指出不正确的地方，列举一下。

答：你这个问题提得比较极端，比较武断。我觉得问题不在于马克思的辩证法和唯物论是不是正确，而在于我们把马克思的哲学归结为唯物论和辩证法，这样归结对不对。然后，我们的哲学教学仅仅从这个角度来进行，这样的教学对不对。我自己经过这么长时间的哲学方面的学习以后，深感当年我们在大学里学的哲学其实离哲学很远。把哲学归结为唯物主义和唯心主义两个阵营，辩证法和形而上学两种思想方法，这样一种归结是非常简单化的，基本上是斯大林的版本。斯大林的《联共（布）党史》里有一节，题目就是辩证唯物主义历史唯物主义，按照这个、作为一个大纲来编写的这样的一个马克思主义哲学，我认为和真正的马克思的哲学思想、马克思哲学的精华相距甚远。所以我自己觉得现在哲学公共课的教学很有改革的必要，应该让学生真正领略哲学思考的魅力，而不是让学生感觉哲学不过是教条而已，不过是投票而已，你赞成唯物论还是唯心论，赞成唯心论就是坏蛋。我们迄今为止的哲学教学基本上是这样的。

问：最近网上流传这样一个帖子，90 后已经入学了，很多人批判他们军训的时候，涂指甲油，染头发，连我们曾经被批的 80 后也加入批判 90 后的队伍中。您觉得老一辈以及社会对我们这些青年一代应该更宽容一些，还是更严厉一些，您觉得我们这一代存在哪些问题对我们以后的发展是不利的？

答：我当然主张宽容。老一代对年轻一代的看法不一定对，我们往往有一些比较固定的观念。但是老一代有他的权利，他也有发言的权利，批评的权利，他从自己的观点出发来提看法，可以给青年一代一种参考。我与 90 后、80 后的接触不是特别多，但我有一个感觉，这不是你们的问题，这是这个社会造成的，就是社会给你们压力太大，现在的年轻人一走出学校就面临生存的压力，所以比较实际。另外，你们大多是独生子女，加上中学期间的应试教育，因此比较单面，不够丰厚。不过总的来说，我认为每一个人自己成为什么样的人，这和属于哪一代关系不大，不能用代的标签来概括。我希望每一个年轻人，不要管是哪一代的，都应该成为善良、丰富、高贵的人，都要往这个方向努力。

问：有这样一种说法：伟大的领导人首先是一个哲学家。我想他们不一定都读过哲学方面的书，这是我的推测，我觉得哲学应该存在于生活中，您对这个怎么看？另外，我自己认为现在是中国文化发展最不好的时候，中国多少年一直崇尚文化，但现在发展最不好，您怎么看？

答：当然哲学不一定是书本上的，哲学的本义是爱智慧，就是跳出经验的范围、具体知识的范围，站在比较高的位置上看问题。那么，各行各业都会有比较智慧的人，不是局限在他所做的事情里面，而是经常跳出来，看人生的全局，社会的全局，然后回过头来看事情应该怎么做，这样的人都是有哲学的智慧的。但是，如果你要达到很高的高度，有更加自觉的哲学智慧，就有必要读一些哲学的书。当然，有些人读哲学书也不一定有智慧，这是两回事。至于你说现在是中国文化发展最不好的时候，我同意说“不好”，不同意说“最”，现在至少比文化专制的时代好吧！

（举行此讲座的时间地点：2007 年 12 月 9 日山东省团委“齐鲁青年讲坛”；2008 年 4 月 25 日中国工商银行团委；2008 年 11 月 14 日中央财经大学。根据中央财经大学录音和速记稿及讲课提纲整理。）

第六辑

生命教育

尊重生命是最基本的觉悟

若干天前，北京726路公交车上，因为一个微不足道的原因，一名十四岁的女孩被一个女售票员掐住脖子殴打，当场昏倒，女孩的母亲请求该车男司机把女孩送往医院，遭拒绝。女孩在好心路人的帮助下送到医院时已无生命体征，经抢救无效，宣告死亡。读了10月4日《新京报》上的这则报道，我至今感到胸口发堵。一个花季少女，兴冲冲随父母进城买书，焉知会无端死于非命。她的父母年事已高，只有这一根独苗，怎么经得住如此横祸。最使我震惊的是，那个女售票员和那个男司机都是普通百姓，不是什么恶人，竟会对一个年轻的生命如此凶狠，或者抱如此冷漠的态度。

这诚然是一个偶然事件，但是，联系到当今社会上相当普遍的对生命的冷漠态度，就不能不令人忧虑。随便翻翻报纸就可看到，残害生命的恶性事件屡有发生：医院认钱不认人，见死不救，或者渎职造成致人死命的医疗事故；矿难频繁，矿主靠牺牲工人的生命大发其财；不法商人制售假药和伪劣食品；素质低劣的执法人员草菅人命；交通肇事者抛下甚至故意压死受害者逃逸；当然，还有形形色色的杀人犯罪，其缘由有时小得与一条生命的价值太不相称。在一个普遍对生命冷漠的环境中，人是不可能有安全感的，无人能保证似乎偶然的灾祸不会落到自己头上。

生命的珍贵不言而喻。每个人都只有一条命，每个人的生命都是独一无二、不可重复的。在人生的一切价值中，生命的价值是最基本的价值，其余一切价值都以生命的价值之得到确认为前提。因此，源自古罗马的自然法传统把生命视为人的第一项天赋权利。法治理论的终极出发点就是寻求一种能够最大限度保障每个人生命权利的社会秩序，由此而主张规则下的自由，即一方面人人享有实现其生命权利的充分自由，另一方面不允许任何人侵犯他人的此种相同自由。如果说唯有健全的法治社会才能确保其绝大多数成员的生命得到尊重，那么，同样的道理，唯有当社会绝大多数成员具备尊重生命的觉悟之时，才能建成健全的法治社会。

在论证自由和法治原理时，亚当·斯密、斯宾塞等都谈到人的两种本性，一是利己的生命本能，二是同情心。由于同情心，人能够推己及人，由自爱进而尊重他人。这实际上相当于中国儒家所倡导的“仁”，按照孔子的解释，就是“己欲立而立人，己欲达而达人”。然而，值得深思的是，在中国漫长的历史实践中，这种推己及人的仁爱精神并未得到发扬；相反，“能近取譬”被归结成了孝道，由孝及忠，形成了三纲五常一整套等级伦理秩序。在这个秩序中，我们看不到个体生命的地位。问题的根源也许还要到儒家理论中去寻找，忽视个体生命的价值和权利原是这一理论的欠缺。如果每一个人自身生命尊严的意识阙如或得不到支持，那么，推己及人就失去了前提，对他人生命的尊重自然会落空。凡是对自己的生命麻木的人，必然会对他人的生命冷漠。

事实上，在两千年的专制政治下，不必说平民百姓，即使是朝廷命官，个人的生命也是毫无权利可言的。君命臣死，臣不得不死，而且动辄满门抄斩，株连九族，这样的惨案不知发生了多少。其流毒之深远，在历次运动尤其“文革”中也可见出，造成了许多夺命冤案。严格地说，在我们的文化传统中，始终没有确立生命尊严的普遍意识，对生命的冷漠由来已久。因此，一旦面对经济利益的诱惑，生命在权力面前等于零就很容易转变成了生命在金钱面前等于零。

转型时期的问题是复杂的，每一问题的根本解决既要靠体制的改革和完善，又要靠国民素质的提高，而这两者是彼此制约、相辅相成的。就提高国民素质而言，我认为，亟须把尊重生命列为公民教育的重要内容。从孩子开始，就要培育生命尊严的意识，使他们懂得善待自己的生命，由此推己及人，善待一切生命。当今急功近利的教育恰恰与此相悖，使人目中只有利益，没有生命，把生命当成了利益的工具，其结果真正是堪忧的。

2005 年 10 月

生命本来没有名字

这是一封读者来信，从一家杂志社转来的。每个作家都有自己的读者，都会收到读者的来信，这很平常。我不经意地拆开了信封。可是，读了信，我的心在一种温暖的感动中战栗了。

请允许我把这封不长的信抄录在这里——

不知道该怎样称呼您，每一种尝试都令自己沮丧，所以就冒昧地开口了，实在是一份由衷的生命对生命的亲切温暖的敬意。

记住你的名字大约是在七年前，那一年翻看一本《父母必读》，上面有一篇写孩子的或者是写给孩子的文章，是印刷体却另有一种纤柔之感，觉得您这个男人的面孔很别样。

后来慢慢长大了，读您的文章便多了，常推荐给周围的人去读，从不多聒噪什么，觉得您的文章和人似乎是很需要我们安静的，因为什么，却并不深究下去了。

这回读您的《时光村落里的往事》，恍若穿行乡村，沐浴到了最干净最暖和的阳光。我是一个卑微的生命，但我相信您一定愿意静静地听这个生命说："我愿意静静地听您说话……"我从不愿把您想象成一个思想家或散文家，您不会为此生气吧？

也许再过好多年之后，我已经老了，那时候，我相信为了年轻时读过的您的那些话语，我要用心说一声："谢谢您！"

信尾没有落款，只有这一行字："生命本来没有名字吧，我是，你是。"

我这才想到查看信封，发现那上面也没有寄信人的地址，作为替代的是“时光村落”四个字。我注意了邮戳，寄自河北怀来。

从信的口气看，我相信写信人是一个很年轻的刚刚长大的女孩，一个生活在穷城僻镇的女孩。我不曾给《父母必读》寄过稿子，那篇使她和我初次相遇的文章，也许是这个杂志转载的，也许是她记错了刊载的地方，不过这都无关紧要。令我感动的是她对我的文章的读法，不是从中寻找思想，也不是作为散文欣赏，而是一个生命静静地倾听另一个生命。所以，我所获得的不是一个作家的虚荣心的满足，而是一个生命被另一个生命领悟的温暖，一种暖入人性根底的深深的感动。

“生命本来没有名字”——这话说得多么好！我们降生到世上，有谁是带着名字来的？又有谁是带着头衔、职位、身份、财产等来的？可是，随着我们长大，越来越深地沉湎于俗务琐事，已经很少有人能记起这个最单纯的事实了。我们彼此以名字相见，名字又与头衔、身份、财产之类相联，结果，在这些寄生物的缠绕之下，生命本身隐匿了，甚至萎缩了。无论对己对人，生命的感觉都日趋麻痹。多数时候，我们只是作为一个称谓活在世上。即使是朝夕相处的伴侣，也难得以生命的本然状态相待，更多的是一种伦常和习惯。浩瀚宇宙间，也许只有我们的星球开出了生命的花朵，可是，在这个幸运的星球上，比比皆是利益的交换，身份的较量，财产的争夺，最罕见的偏偏是生命与生命的相遇。仔细想想，我们是怎样地本末倒置，因小失大，辜负了造化的宠爱。

是的——“我是，你是”，每一个人都是一个多么普通又多么独特的生命，原本无名无姓，却到底可歌可泣。我、你、每一个生命都是那么偶然地来到这个世界上，完全可能不降生，却毕竟降生了，然后又将必然地离去。想一想世界在时间和空间上的无限，每一个生命诞生的偶然，怎能不感到一个生命与另一个生命的相遇是一种奇迹呢？有时我甚至觉得，两个生命在世上同时存在过，哪怕永不相遇，其中也仍然有一种令人感动的因缘。我相信，对于生命的这种珍惜和体悟乃是一切人间之爱的至深的源泉。你说你爱你的妻子，可是，如果你不是把她当作一个独一无二的生命来爱，那么你的爱还是比较有限。你爱她的美丽、温柔、贤惠、聪明，当然都对，但这些品质在别的女人身上也能找到。唯独她的生命，作为一个生命体的她，却是在普天下的女人身上也无法重组或再生的，一旦失去，便是不可挽回地失去了。世上什么都能重复，恋爱可以再谈，配偶可以另择，身份可以炮制，钱财可以重挣，甚至历史也可以重演，唯独生命不能。愈是精微的事物愈不可重复，所以，与每一个既普通又独特的生命相比，包括名声、地位、财产在内的种种外在遭遇实在粗浅得很。

既然如此，当另一个生命，一个陌生得连名字也不知道的生命，远远地却又那么亲近地发现了你的生命，透过世俗功利和文化的外观，向你的生命发出了不求回报的呼应，这岂非人生中令人感动的幸遇？

所以，我要感谢这个不知名的女孩，感谢她用她的安静的倾听和领悟点拨了我的生命的性灵。她使我愈加坚信，此生此世，当不当思想家或散文家，写不写得出漂亮文章，真是不重要。我唯愿保持住一份生命的本色，一份能够安静聆听别的生命也使别的生命愿意安静聆听的纯真，此中的快乐远非浮华功名可比。

很想让她知道我的感谢，但愿她读到这篇文章。

1994 年 3 月

生命中不能错过什么

——《绿山墙的安妮》中译本序

安妮是一个十一岁的孤儿，一头红发，满脸雀斑，整天耽于幻想，不断闯些小祸。假如允许你收养一个孩子，你会选择她吗？大概不会。马修和玛莉拉是一对上了年纪的独身兄妹，他们也不想收养安妮，只是因为误会，收养成了令人遗憾的既成事实。故事就从这里开始，安妮住进了美丽僻静村庄中这个叫作绿山墙的农舍，她的一言一行都将经受老处女玛莉拉的刻板挑剔眼光——以及村民们的保守务实眼光——的检验，形势对她十分不利。然而，随着故事进展，我们看到，安妮的生命热情融化了一切敌意的坚冰，给绿山墙和整个村庄带来了欢快的春意。作为读者，我们也和小说中所有人一样不由自主地喜欢上了她。正如当年马克·吐温所评论的，加拿大女作家莫德·蒙格玛丽塑造的这个人物不愧是“继不朽的艾丽丝之后最令人感动和喜爱的儿童形象”。

在安妮身上，最令人喜爱的是那种富有灵气的生命活力。她的生命力如此健康蓬勃，到处绽开爱和梦想的花朵，几乎到了奢侈的地步。安妮拥有两种极其宝贵的财富，一是对生活的惊奇感，二是充满乐观精神的想象力。对于她来说，每一天都有新的盼望，新的惊喜。她不怕盼望落空，因为她已经从盼望中享受了一半的喜悦。她生活在用想象力创造的美丽世界中，看见五月花，她觉得自己身在天堂，看见了去年枯萎的花朵的灵魂。请不要说安妮虚无缥缈，她的梦想之花确确实实结出了果实，使她周围的人在和从前一样的现实生活中品尝到了从前未曾发现的甜美滋味。

我们不但喜爱安妮，而且被她深深感动，因为她那样善良。不过，她的善良不是来自某种道德命令，而是源自天性的纯净。她的生命是一条虽然激荡却依然澄澈的溪流，仿佛直接从源头涌出，既积蓄了很大的能量，又尚未受到任何污染。安妮的善良实际上是一种感恩，是因为拥有生命、享受生命而产生的对生命的感激之情。怀着这种感激之情，她就善待一切帮助过她乃至伤害过她的人，也善待大自然中的一草一木。和怜悯、仁慈、修养相比，这种善良是一种更为本真的善良，而且也是更加令自己和别人愉快的。

所以，我认为，这本书虽然是近一百年前问世的，今天仍然很值得我们一读。作为儿童文学的一部经典之作，今天的孩子们一定还能够领会它的魅力，与可爱的主人公发生共鸣，孩子们比我聪明，无须我多言。我想特别说一下的是，今天的成人们也应当能够从中获得教益。在我看来，教益有二。一是促使我们反省对孩子的教育。我们该知道，就天性的健康和纯净而言，每个孩子身上都藏着一个“安妮”，我们千万不要再用种种功利的算计去毁坏他们的健康，污染他们的纯净，扼杀他们身上的“安妮”了。二是促使我们反省自己的人生。在今日这个崇拜财富的时代，我们该自问，我们是否丢失了那些最重要的财富，例如对生活的惊奇感，使生活焕发诗意的想象力，源自感激生命的善良，等等。安妮曾经向从来不想象和现实不同的事情的人惊呼：“你错过了多少东西!”我们也该自问：我们错过了多少比金钱、豪宅、地位、名声更宝贵的东西？

2003 年 4 月

生命教育八题

一、珍爱生命

生命是我们最珍爱的东西，它是我们所拥有的一切的前提，失去了它，我们就失去了一切。生命又是我们最忽略的东西，我们对于自己拥有它实在太习以为常了，而一切习惯了的东西都容易被我们忘记。因此，人们在道理上都知道生命的宝贵，实际上却常常做一些损害生命的事情，如抽烟，酗酒，纵欲，不讲卫生，超负荷工作，等等。因此，人们为虚名浮利而忙碌，却舍不得花时间来让生命本身感到愉快，来做一些实现生命本身的价值的事情。

往往是当我们的生命真正受到威胁的时候，我们才幡然醒悟，生命的不可替代的价值才凸现在我们的眼前。但是，有时候醒悟已经为时太晚，损失已经不可挽回。

我们应该时时想到，每一个人对于自己的生命，第一有爱护它的责任，第二有享受它的权利。这两方面是统一的。在我看来，世上有两种人对自己的生命最不知爱护也最不善享受，其一是工作狂，其二是纵欲者，他们其实是在以不同的方式透支和榨取生命。

二、生命是最基本的价值

生命是最基本的价值。一个最简单的事实是，每个人只有一条命。在无限的时空中，再也不会有同样的机会，所有因素都恰好组合在一起，来产生这一个特定的个体了。一旦失去了生命，没有人能够活第二次。同时，生命又是人生其他一切价值的前提，没有了生命，其他一切都无从谈起。

由此得出的一个当然的结论是，对于每一个人来说，生命是最珍贵的。因此，对于自己的生命，我们当知珍惜；对于他人的生命，我们当知关爱。

上述道理似乎是不言而喻的。可是，仔细想一想，我们真的珍惜自己的生命和关爱他人的生命了吗？有些人一辈子只把自己当作了赚钱或赚取其他利益的机器，何尝把自己当作生命来珍惜。有些人更是只用利害关系的眼光估量一切他人的价值，何尝有过一个生命对其他一切生命的深切关爱的体验。

所以，在我看来，生命的价值仍是一个需要启蒙的话题。

三、感受生命的奇迹

生命是宇宙间的奇迹，它的来源神秘莫测。按照自然科学的假说，它是地球上物质化学反应的产物，或者是外星的来客。按照基督教的信仰，它是上帝的创造。在生命起源的问题上，我们只有假说和信仰。情况恐怕只能如此，宇宙间自有人类理性不可解开的秘密。

不过，在我看来，生命究竟是自然的产物，还是上帝的创造，这并不重要，重要的是用你的心去感受这奇迹。于是，你便会懂得欣赏大自然中的生命现象，用它们的千姿百态丰富你的心胸；于是，你便会善待一切生命，从每一个素不相识的人，到一头羚羊、一只昆虫、一棵树，从心底里产生万物同源的亲近感；于是，你便会怀有一种敬畏之心，敬畏生命，也敬畏创造生命的造物主，不管人们把它称作神还是大自然。

四、倾听生命自身的声音

生命原是人的最珍贵的价值。可是，在当今的时代，其他种种次要的价值取代生命成了人生的主要目标乃至唯一目标，人们耗尽毕生精力追逐金钱、权力、名声、地位等，从来不问一下这些东西是否使生命获得了真正的满足，生命真正的需要是什么。

生命原是一个内容丰富的组合体，包含着多种多样的需要、能力、冲动，其中每一种都有独立的存在和价值，都应该得到实现和满足。可是，现实的情形是，多少人的内在潜能没有得到开发，他们的生命早早地就纳入了一条狭窄而固定的轨道，并且以同样的方式把自己的子女也培养成片面的人。

我们不可避免地生活在一个功利的世界上，人人必须为生存而奋斗，这一点决定了生命本身的要求在一定程度上遭到忽视的必然性。然而，我们可以也应当减少这个程度，为生命争取尽可能大的空间。

在市声尘嚣之中，生命的声音已经久被遮蔽，无人理会。现在，让我们都安静下来，每个人都向自己身体和心灵的内部倾听，听一听自己的生命在说什么，想一想自己的生命究竟需要什么。

五、不失性命之情

在中国传统哲学中，最重视生命价值的学派应是道家。《淮南王书》把这方面的思想概括为“全性保真，不以物累形”，庄子也一再强调要“不失其性命之情”、“任其性命之情”；相反的情形则是“丧己于物，失性于俗者，谓之倒置之民”。

很显然，在庄子看来，物欲与生命是相敌对的，被物欲控制住的人是与生命的本性背道而驰的，因而是颠倒的人。

自然赋予人的一切生命欲望皆无罪，禁欲主义最没有道理。我们既然拥有了生命，当然有权享受它。但是，生命欲望和物欲是两回事。一方面，生命本身对于物质资料的需要是有限的，物欲绝非生命本身之需，而是社会刺激起来的。另一方面，生命享受的疆域无比宽广，相比之下，物欲的满足就太狭窄了。因此，那些只把生命用来追求物质的人，实际上既怠慢了自己生命的真正需要，也剥夺了自己生命享受的广阔疆域。

六、生命质量的两个基本要素

衡量一个人生命质量的高低，可以有许多标准。在一切标准之中，我始终不放过两个最重要的标准，一是看他有无健康的生命本能，二是看他有无崇高的精神追求。在我看来，这是生命质量的两个基本要素。没有健康的生命本能，萎靡不振，表明生命质量低下；没有崇高的精神追求，随波逐流，也表明生命质量低下。

我所说的健康的生命本能，不是医学意义上的健康或不生病，而是指一种内在的活力，生命力的旺盛和坚韧，对生命的热爱。这种品质与身体好坏没有直接关系，在一些多病甚至残疾的人身上也可见到；相反，有些体格强壮的人，内在的生命力却可能十分乏弱。

这两个要素其实是密切关联、互相依存的，生命本能若无精神的目标是盲目的，精神追求若无本能的发动是空洞的。它们的关系犹如土壤和阳光，一株植物唯有既扎根于肥沃的土壤，又沐浴着充足的阳光，才能茁壮地生长。

七、生命观与人生意义

最近有一所学校开展生命教育，让我题词，我写了三句话：热爱生命是幸福之源；同情生命是道德之本；敬畏生命是信仰之端。

这三句话，表达了我对生命观与人生意义之关系的看法。人生的意义，在世俗层次上即幸福，在社会层次上即道德，在超越层次上即信仰，皆取决于对生命的态度。

幸福是对生命的享受，对生命种种美好经历的体验，当然要以热爱生命为前提。哀莫大于心死，一个人内在生命力枯竭，就不会再有什么事情能使他感到幸福了。

孟子说："恻隐之心，仁之端也。"亚当·斯密说："同情是道德的根源，由之产生两种基本美德，即正义和仁慈。"可见中西大哲皆认为，道德是建立在生命与生命的互相同情之基础上的。同样，道德之沦丧，起于同情心之死灭。

基督教相信生命来自神，佛教不杀生。其实，不必信某一宗教，面对生命的奇迹，敬畏之心油然而生是最自然而然的事情。泰戈尔说："我的主，你的世纪，一个接着一个，来完成一朵小小的野花。"这已经就是信仰了；相反，对生命毫无敬畏之心的人，必与信仰无缘。

八、开展生命教育的迫切性

当今社会上，许多人对生命抱冷漠的态度，苛待和残害生命的现象相当严重。举其显著者，例如：医院认钱不认人，见死不救，恶性医疗事故屡有发生，医疗腐败之所以最遭痛恨，正是因为直接威胁了广大人群生命的权利；矿难频繁，贪官和不法矿主互相勾结，为牟取暴利而置工人的生命于不顾；假药、伪劣食品横行，非法美容业猖獗，不断造成损害性后果；某些执法者、准执法者乃至非执法者滥用私刑，草菅人命；交通肇事者扔下受害人逃逸，甚至故意拖、压受害人致死；翻开报纸，几乎每天都有凶杀案的报道，其中一些作案缘由之微小与一条命的价值惊人地不相称。

尤其令人担忧的是，冷漠的病菌也侵蚀了孩子们的心灵，校园暴力、青少年凶杀犯罪的案例明显增多。与此同时，孩子们对自己的生命也不知珍惜，中学生、大学生、研究生自杀成了多发现象。

当然，上述现象的原因是复杂的，不能单靠教育来解决。但是，也不能缺少教育。有必要把生命教育作为公民教育的重要内容，从孩子开始，培育生命尊严的意识，善待自己的生命，也善待一切生命。

2005 年 9 月

人的高贵在于灵魂

法国思想家帕斯卡尔有一句名言："人是一支有思想的芦苇。"他的意思是说，人的生命像芦苇一样脆弱，宇宙间任何东西都能置人于死地。可是，即使如此，人依然比宇宙间任何东西高贵得多，因为人有一颗能思想的灵魂。我们当然不能也不该否认肉身生活的必要，但是，人的高贵却在于他有灵魂生活。作为肉身的人，人并无高低贵贱之分。唯有作为灵魂的人，由于内心世界的巨大差异，人才分出了高贵和平庸，乃至高贵和卑鄙。

两千多年前，罗马军队攻进了希腊的一座城市，他们发现一个老人正蹲在沙地上专心研究一个图形。他就是古代最著名的物理学家阿基米德。他很快便死在了罗马军人的剑下，当剑朝他劈来时，他只说了一句话："不要踩坏我的圆!"在他看来，他画在地上的那个图形是比他的生命更加宝贵的。更早的时候，征服了欧亚大陆的亚历山大大帝视察希腊的另一座城市，遇到正躺在地上晒太阳的哲学家第欧根尼，便问他："我能替你做些什么?"得到的回答是："不要挡住我的阳光!"在他看来，面对他在阳光下的沉思，亚历山大大帝的赫赫战功显得无足轻重。这两则传为千古美谈的小故事表明了古希腊优秀人物对于灵魂生活的珍爱，他们爱思想胜于爱一切包括自己的生命，把灵魂生活看得比任何外在的事物包括显赫的权势更加高贵。

珍惜内在的精神财富甚于外在的物质财富，这是古往今来一切贤哲的共同特点。英国作家王尔德到美国旅行，入境时，海关官员问他有什么东西要报关，他回答："除了我的才华，什么也没有。"使他引以为自豪的是，他没有什么值钱的东西，但他拥有不能用钱来估量的艺术才华。正是这位骄傲的作家在他的一部作品中告诉我们："世间再没有比人的灵魂更宝贵的东西，任何东西都不能跟它相比。”

其实，无须举这些名人的事例，我们不妨稍微留心观察周围的现象。我常常发现，在平庸的背景下，哪怕是一点不起眼的灵魂生活的迹象，也会闪放出一种很动人的光彩。

有一回，我乘车旅行。列车飞驰，车厢里闹哄哄的，旅客们在聊天、打牌、吃零食。一个少女躲在车厢的一角，全神贯注地读着一本书。她读得那么专心，还不时地往随身携带的一个小本子上记些什么，好像完全没有听见周围嘈杂的人声。望着她仿佛沐浴在一片光辉中的安静的侧影，我心中充满感动，想起了自己的少年时代。那时候我也和她一样，不管置身于多么混乱的环境，只要拿起一本好书，就会忘记一切。如今我自己已经是一个作家，出过好几本书了，可是我却羡慕这个埋头读书的少女，无限缅怀已经渐渐远逝的有着同样纯正追求的我的青春岁月。

每当北京举办世界名画展览时，便有许多默默无闻的青年画家节衣缩食，自筹旅费，从全国各地风尘仆仆来到首都，在名画前流连忘返。我站在展厅里，望着这一张张热忱仰望的年轻的面孔，心中也会充满感动。我对自己说：有着纯正追求的青春岁月的确是人生最美好的岁月。

若干年过去了，我还会常常不由自主地想起列车上的那个少女和展厅里的那些青年，揣摩他们现在不知怎样了。据我观察，人在年轻时多半是富于理想的，随着年龄的增长就容易变得越来越实际。由于生存斗争的压力和物质利益的诱惑，大家都把眼光和精力投向外部世界，不再关注自己的内心世界。其结果是灵魂日益萎缩和空虚，只剩下了一个在世界上忙碌不止的躯体。对于一个人来说，没有比这更可悲的事情了。我暗暗祝愿他们仍然保持着纯正的追求，没有走上这条可悲的路。

1996 年 10 月

第七辑

剩下的才是教育

如果我是语文教师

我问自己一个问题：如果我是中学语文教师，我会怎么教学生？

对这个问题不能凭空回答，而应凭借切身的经验。我没有当过中学教师，但我当过中学生。让我回顾一下，在我的中学时代，什么东西真正提高了我的语文水平，使我在后来的写作生涯中受益无穷。我发现是两样东西，一是读课外书的爱好，二是写日记的习惯。

那么，答案就有了。

如果我是语文教师，我会注意培养学生对书籍的兴趣，鼓励他们多读好书，多读好的文学作品。所谓多，就要有一定的阅读量，比如说每个学期至少读三本好书。我也许会开一个推荐书目，但不做统一规定，而是让每个学生自己选择感兴趣的书。兴趣尽可五花八门，趣味一定要正，在这方面我会做一些引导。我还会提倡学生写读书笔记，形式不拘，可以是读后的感想，也可以只是摘录书中自己喜欢的语句。

如果我是语文教师，我会鼓励学生写日记。写日记第一贵在坚持，养成习惯；第二贵在真实，有内容。写日记既能坚持又写得有内容，即已证明这个学生在写作上既有兴趣又有能力，我会保证给予优秀的语文成绩。

我主要就抓这两件事。所谓语文水平，无非就是这两样东西，一是阅读的兴趣和能力，二是写作的兴趣和能力。当然要让学生写作文，不过，我会采取不命题为主的方式，学生可以把自己满意的某一篇读书笔记或日记交上来，作为课堂作文。总之，我要让学生知道，上我的语文课，无论阅读还是写作，最重要的是要有自己的真实感受和独立见解。

我最不会做的事情，就是让学生分析某一篇范文的所谓中心思想或段落大意。据我所知，我的文章常被用作这样的范文，让学生们受够了折磨。有一回，一个中学生拿了这样一份卷子来考我，是我写的《面对苦难》。对于所列的许多测试题，我真不知该如何解答，只好蒙，她对照标准答案批改，结果几乎不及格。由此可见，这种有所谓标准答案的测试方式是多么荒谬。

2008 年 1 月

尼采反对“扩招”

我正在整理尼采著作的译稿，其中有一部早期著作，题为《论我们教育机构的未来》，是他在巴塞尔大学的五次公开演讲，尚无中译本，我挑一点有趣的内容说一说。

德国的学校长期实行双轨制，中学分为文科中学和实科中学，前者着重于古典人文教育，学生毕业后可升入大学深造，后者着重于职业培训，学生没有升大学的资格。到了尼采的时代，这个界限变得模糊了，主要的表现是，文科中学向实科中学看齐，大规模扩招，而这意味着大学也以相应的规模扩招，同时，在教学内容上，古典人文教育大为削弱，强化了职业培训。对于这个倾向，尼采深感忧虑，为了说明他的忧虑之所在，我引一段他的原话——

“普及教育是最受欢迎的现代国民经济教条之一。尽量多的知识和教育——导致尽量多的生产和消费——导致尽量多的幸福：这差不多成了一个响亮的公式。在这里，利益——更确切地说，收入，尽量多赚钱——成了教育的目的和目标。按照这一倾向，教育似乎被定义成了一种眼力，一个人凭借它可以‘出人头地’，可以识别一切容易赚到钱的捷径，可以掌握人际交往和国民间交往的一切手段……按照这种观点，人们主张‘智识与财产结盟’，它完全被视为一个道德要求。在这里，任何一种教育，倘若会使人孤独，倘若其目标超越于金钱和收益，倘若耗时太多，便是可恨的……按照这里通行的道德观念，所要求的当然是相反的东西，即一种速成教育，以求能够快速成为一个挣钱的生物，以及一种所谓的深造教育，以求能够成为一个挣许多钱的生物。一个人所允许具有的文化仅限于赚钱的需要，而所要求于他的也只有这么多。简言之，人类具有对尘世幸福的必然要求——因此教育是必要的——但也仅仅因为此。”

人为了谋生必须学习相关的技能，这本身无可否认也无可非议，尼采反对的是把它和教育混为一谈，用职业培训取代和排挤了真正的教育。他强调：“任何一种学校教育，只要在其历程的终点把一个职位或一种谋生方式树为前景，就绝不是真正的教育”，而只是一份指导人们进行生存斗争的“说明书”，相关的机构则是一些“对付生计的机构”，绝不是真正的教育机构。他心目中的真正的教育，其核心是人文教育，是精神素质的培养和文化的创造。

尼采并不反对生计机构，但要求把它和教育机构加以区分，不能把所有的学校都办成生计机构。他预言，既然文科中学和实科中学在总体目标上已经无甚区别，不久后大学也理应向实科中学的毕业生开放。他的预言在三十年后得到了应验。然而，这种应验是令他痛苦的，因为在他看来，这意味着真正的教育机构已被生计机构同化和吞并。

双轨制的取消也许是教育民主化进程的必然，这不是问题的关键之所在。尼采提出的根本问题是：教育有无超出职业培训之上的更高使命？仅以谋生为目标的教育还是不是真正的教育？在教育日趋功利化的今天，这个问题更加尖锐地摆在了人们面前。

尼采还注意到了扩招产生的一个突出问题，就是教师和学生的素质大为下降。他指出，哪怕一个优秀的民族，能够胜任教育事业的人才也是相当有限的，而扩招使太多不够格的人进入了教师队伍。与此同时，大量不合格的学生也拥进了学校。在这种情况下，真正优秀的教师必然地被边缘化了，因为他们既敌不过平庸教师的数量优势，其实也最不适合于教育那些胡乱集合起来的青年；相反，平庸的教师则如鱼得水，因为他们的禀赋与多数学生的胸无大志、精神贫乏处于某种协调的关系之中。

事实上，扩招的最大受害者是学生。在学校里，“无人能够抗拒那个使人疲惫、糊涂、神经紧张、永无喘息之机的强迫性教育”。走出大学校门，等待着他们的是纠结和失败的人生。尼采生动地描绘了这种纠结和失败：走上被雇用的岗位之后，他们感到无能引导自己，于是绝望地沉浸到日常生活和劳作的世界里面；他们不甘心，企图振作起来，抓向某一个支撑物，可是徒劳；

在悲凉的心情中，他们放弃了理想，准备去追求任何实际的乃至低级的利益；他们被卷入到了时代的永不停歇的骚动之中，仿佛被切割成了碎片，不再能领略那种永恒的愉悦；他们受尽怀疑、振奋、生计、希望、沮丧的捉弄，最后让缰绳松开，开始蔑视自己……

做这一组演讲时，尼采才 27 岁，距学生时代不远，但已经在巴塞尔大学做了三年教授。无论是以前作为学生，还是现在作为年轻教师，他对学校教育的状况都有切身的感受。扩招只是现象，实质是教育的功利化和真正的教育之缺失。他面对的主要听众是大学生，他寄希望于其中“被相同的感受所震荡”的少数人，呼唤他们投身教育事业，为德国教育机构的新生而奋斗。可是，在他发出这个呼唤之后，不但德国而且全世界的教育机构都在功利化的路上走得更远了。就此而论，面对当时初露端倪的现代教育之趋势，尼采既是一位预言家，又是一个“堂·吉诃德”。

2011 年 9 月

剩下的才是教育

在论教育的名言中，我特别喜欢这一句俏皮话：“忘记了课堂上所学的一切，剩下的才是教育。”

爱因斯坦和怀特海都说过这个意思的话。爱因斯坦是大科学家，怀特海是大哲学家，两人都是智力活动的大师。凡智力活动的大师，正因为从自己身上亲知了智力活动的性质和规律，因此皆深通教育之真谛。他们都是出色的自我教育者，而教育的道理不过是他们自我教育的经验的举一反三罢了。

据我所见，没有一个大师是把知识当作教育的目标的。他们当然都是热爱知识、拥有知识的人，但是他们一致认定，在教育中有比知识重要得多、根本得多的东西，那个东西才是目标。

其实，不必大师，我们这些受过一定教育的普通人也能从自身经历中体会到这个道理。不妨回想一下，从小学到大学，学了这么多课本知识，现在仍记得的有多少？恐怕少得可怜，至少在全部内容中所占比例不会多。大致来说，能记住的东西不外乎两类，一是当时就引起了强烈兴趣因而留下了深刻印象的东西，二是后来因为不断重温而得到了巩固的东西。属于后者的，例如在生活和阅读中经常遇见的语言文字，与自己所从事的专业相关的基础知识。事实正是这样：任何具体的知识，倘若不用，是很容易忘记的；倘若需要，又是很容易在书中查到的，而用得多了，记住就是自然而然的事情了。所以，让学生把主要精力放在背诵具体的知识上，既吃力又无必要，而且说到底没有多大价值。

那么，那个应该剩下的配称为教育的东西是什么呢？依我看，就是两种能力，一是快乐学习的能力，二是自主学习的能力。教育的目标，第一要让学生喜欢学习，对知识充满兴趣；第二要让学生善于学习，在知识面前拥有自由。一个学生在总体上对人类知识怀有热烈的向往和浓厚的兴趣，又能够按照自己的兴趣方向来安排自己的学习，既有积极的动力，又有合理的方法，他就是一个智力素质高的学生。这样的学生，日后一定会自己不断地去拓展知识的范围，并朝某一个方向纵深发展。

学习是一辈子的事，学校教育仅是一生学习的开端，即使读到了研究生毕业，情况仍是如此。然而，我们看到的现实是，许多人一走出校门，学习就停止了，此后最多是被动地接受一些职业的培训。检验一个人的学校教育是否合格，最可靠的尺度是看他走出校门后能否坚持自主学习。大学是培养知识分子的地方，可是，一个人取得了本科乃至研究生的学历和文凭，并不就算是知识分子了。唯有真正品尝到了智力活动的快乐，从此养成了智力活动的习惯，不管今后从事什么职业，再也改不掉学习、思考、研究的习惯了，这样一个人，我们方可承认他是一个知识分子。我如此定义知识分子：一个热爱智力生活的人，一个智力活动几乎成了本能的人。这个意义上的知识分子与文凭和职业无关。据我所见，各个领域里的有作为者，都一定是自觉的终身学习者和思考者。

当然，在学校里，具体知识的学习仍有相当的重要性，问题是要摆正其位置，使之服从于培养智力活动习惯这个主要目标。在这一点上，中学阶段的任务格外艰难。怀特海如此划分智力发展的阶段：小学是浪漫阶段，中学是精确阶段，大学是综合运用阶段；小学和大学都自由，中学则必须是自由从属于纪律。在全世界，中学生和中学老师都是最辛苦的，因为无论从年龄的特征来说，还是从教学的顺序来说，中学都是最适合于奠定文理知识基础的阶段，知识的灌输最为密集。但是，正因为如此，就更有必要十分讲究教材的编写和教学的方法，以求最大限度地引发学生学习和思考的兴趣。

怀特海说：在中学，学生伏案于课业，进了大学，就要站起来环顾周围了。是的，大学是自由阶段。那么，像我们这样，学生在中学里被应试的重负压得喘不过气，现在终于卸下重负，可以尽兴地玩了，这就是自由吗？显然不是。怀特海说的自由，是指在大学的学习中，具体知识退居次要地位，最重要的是透彻理解所学专业的原理——不是用文字叙述的原理，而是渗透入你的身心的原理，知识的细节消失在原理之中，知识的增长成为越来越无意识的过程。这是一个饱满的心智在某个知识领域里的自由，其前提正是对人类知识的一般兴趣和对所学专业的特殊兴趣。倘若一个学生没有这两种兴趣，只是凭考分糊里糊涂进了某个专业，他当然与这样的自由无缘了。

最后回到那句名言，我们可以说：假如你忘记了课堂上所学的一切，结果是什么也没有剩下，你就是白受了教育。想一想我们今日的教育，白受了教育的蒙昧人何其多也。当然，责任不在学生，至少主要不在学生。

2011 年 3 月

功利化教育与其中的学生

——北师大《京师学人》杂志的采访

问：近日一名高二学生在国旗下演讲时把老师“审核”后的讲稿偷换成了自己撰写的“檄文”，炮轰教育制度，称学生是人而不是考试的机器。您如何看这名学生的举动？

答：我很赞赏这位学生的勇气。事实上，现在的教育制度把学生不当人而当成考试的机器，这几乎是所有学生的同感，他只是把这个同感说了出来而已。但他说的方式令人敬佩，换了别人也会发牢骚，可是在正式场合往往会说一些言不由衷的套话，而他偏偏选择一个似乎庄严的场合说真话，把似乎庄严变成了真正庄严。

问：身在中国，高考在所难免，您会让您的女儿走这条路吗？您是如何帮助您的女儿应对考试制度的，在其中怎样平衡应试教育和素质教育呢？您和您的女儿有代沟吗？您认为家庭教育和学校教育如何实现良性互动？

答：现行高考制度的主要弊端有二，一是一锤定终身，二是偏重课本知识而非独立思考。因此，解决的办法，一是减轻这一锤的威力，把平时的综合成绩也列为录取的重要依据；二是在考题类型上和面试时侧重考查独立思考的能力。但是，高考改革困难重重，进展缓慢。我的女儿是否走这条路，到时候由她自己决定吧。不管她以后怎样决定，现在我都鼓励她把精力更多地用在提高素质上，对考试持平常心。考试本身已是压力，家长不应该再加压，至少要在心理上给孩子减压。每次考试前，我都会对她说：“考咋样就咋样，考砸了也没关系。”我觉得我们之间没有代沟，很平等，彼此能畅所欲言。家庭教育是一种潜移默化的熏陶，这一点是学校教育难以做到的。当然，关键是家长的素质，做父母意味着上帝向你提出了更高的要求，你必须提高自己的素质。好的家庭教育对于学校教育的作用有二，一是给素质教育加分，二是给应试教育减负。

问：高校招生中出现了不少学校间恶意抢生源的现象，特别是名校抢高考状元的竞争异常激烈，有人说这是学校的“面子工程”，也有人认为这给了中小学教育“以考为本”的不良示范，您怎么看这一现象？生源对于一个学校是至关重要的吗？

答：在我看来，名校抢高考状元是对自己的羞辱，因为这说明它们已经意识到了自己尽失昔日光彩，只能靠这种低级炒作来给自己贴金了。好生源当然重要，可以使大学教育有一个扎实的基础和较高的起点，但是，现在的所谓好生源是用应试成绩来衡量的，未必真好，很可能淘汰掉了一些真正有培养前途而未必擅长或愿意花力气应试的人才。衡量大学教育的水平，标准不是招进了什么样的人，而是培养出了什么样的人。我很担心，在大学尤其名牌大学急功近利的现状下，好生源也会被教坏了。

问：教育部表示就业率连续两年低于60%的专业应减招直至停招，怎么看高校成为职业培训所的趋势？在就业率与专业命运挂钩的形势下，冷门专业的学生应如何应对？

答：这当然是极其近视的政策。最基础的学科都是非实用的，但在人类知识的发展中起着决定作用，如果把学科的命运交给市场支配，这类专业都只能关闭。冷门专业的学生应如何应对？我觉得没什么好办法，就看你对这个专业有没有真兴趣了，有就坚守，没有就改行吧。

问：目前考研、做科研都越来越功利，甚至“保研路”成为一个尴尬而“深陷”黑幕的名词，在这样的社会氛围之中，我们如何保护“学术”的“贞操”？

答：学者、教授的堕落是最触目惊心的，也是最卑鄙的，应该用法律狠狠地整治黑幕后的那些家伙。作为学生，应该自重，如果别无选择，就宁可不读研。你想一想，跟一个卑鄙的人又能学到什么。人生有两种选择，一是做人的选择，二是做事的选择，两者发生冲突时，做事服从做人。当做事是做学问时，就更应该如此，因为做学问最要紧的是做人。人的最大自由就体现在做人上，哪怕普天下男盗女娼，你仍可以做良男贞女。

问：而今学术论文的数量成为大学老师评职称的硬性指标，一讲师坦言：“如果一个老师的论文不能达到数量，犹如一个人什么都好就是没有钱一样，无法生存。”您怎么看待这种现象？学术的评价标准能够“量化”吗？

答：学术评价标准不能量化是一个常识，量化是教育和学术机构行政化的必然结果，因为行政当局无能评价学术，量化是唯一的也是最方便的办法。所以，关键在于去行政化，回归教育和学术机构的学术性质。

问：如今许多高校都一致追求“高、大、全”的一流名校定位，在建筑规模上扩大校区，在院系上极力扩展，甚至搞高校间的兼并，您认为这样有利于高校发展吗？

答：一个大学有真正懂教育的一流校长，能够感召和团结一定数量有真才实学的一流教师，从而培养出相当数量青出于蓝的一流学生，这才配称为一流名校。如今竞相通过圈地、盖楼和扩展院系来创一流名校，这只能说是中国教育的丑闻和笑柄，足以说明现在许多校长不但不是一流，而且根本不入流。

最后，我要向你们这些提问的小记者表示敬意。你们都是低年级本科生，但所提的问题很有水平，问题本身已表明了你们对现行教育体制的清醒认识。我祝愿你们在上学期间坚持独立思考，不被环境同化，做自己命运的主人，而你们的坚持本身就会成为改善整体环境的一种力量。

2012 年 7 月

养成写日记的习惯

不论在什么场合，只要是面对着中学生，我最经常提的一个建议就是：养成写日记的习惯。中学是人生的一个关键时期，许多好习惯和坏习惯都是在这个时期养成的。有两种好习惯，一旦养成了，就终身受益。我指的是阅读的习惯和写日记的习惯。这里我只说一说写日记的好处。

第一，日记是岁月的保险柜。每个人都只拥有一次人生，而人生是由每天、每年、每个阶段的活生生的经历组成的。如果你热爱人生，你就一定会无比珍惜自己的经历，珍惜其中的欢乐和痛苦，心情和感受，因为它们是你真正拥有的东西。令人遗憾的是，这一切不可避免地会随着时间的流逝而失去。为了留住它们，人们想出了种种办法，例如用摄影和录像保存生活中的若干场景。但是，我认为写日记是更好的办法，与图像相比，文字的容量要大得多。通过写日记，我们仿佛把逝去的一个个日子放进了保险柜，有一天打开这个保险柜，这些日子便会历历在目地重现在眼前。记忆是不可靠的，对于一个不写日记的人来说，除了某些印象特别深刻的经历外，多数往事会渐渐模糊，甚至永远沉入遗忘的深渊；相反，如果有日记作为依凭，即使许多年前的细节，也比较容易在记忆中唤醒。在这个意义上，日记使人拥有了一个更丰富的人生。

第二，日记是灵魂的密室。人活在世上，不但要过外部生活，比如上学，和同学交往，而且要过内心生活。内心生活并不神秘，它实际上就是一个人自己与自己进行交谈。你读到了一本使你感动的书，你看到了一片使你陶醉的风景，你见到了一个使你心仪的人，你遇到了一件使你高兴或伤心的事，在这些时候，你心中也许有一些不愿或者不能对别人说的感受，你就用笔对自己说。当你这样做的时候，你是在写日记，同时也就是在过内心生活了。

有的人只习惯于与别人共处，和别人说话，自己对自己无话可说，一旦独处就难受得要命，这样的人终究是肤浅的。人必须学会倾听自己的心声，自己与自己交流，这样才能逐渐形成一个较有深度的内心世界，而写日记正是帮助我们达到这一目的的有效手段。

第三，日记是忠实的朋友。我们在人世间不能没有朋友，真正的友谊使我们在困难时得到帮助，在痛苦时得到慰藉，在一切时候得到温暖和鼓舞。不过，请不要忘记，在所有的朋友之外，每个人还可以拥有一个特殊的朋友，那就是日记。在某种意义上，它是你最忠实的朋友。没有人——包括你最亲密的朋友——是你的专职朋友，唯有日记可以说是。别的朋友总有忙于自己的事情而不能关心你的时候，而日记却随时听从你的召唤，永远不会拒绝倾听你的诉说。一个人养成了写日记的习惯，他仍会有寂寞的时光，但不会无法忍受，因为有日记陪伴他。在隐私权受到法律保护的社会里，日记的忠实还表现在它不会背叛你，无论你对它说了什么，它都只是珍藏在心里，绝不违背你的意愿向外张扬。

第四，日记是作家的摇篮。要成为一个够格的作家，基本条件是有真情实感，并且善于用恰当的语言把真情实感表达出来。在这方面，写日记是最好的训练，因为日记是写给自己看的，一个人总不会把空洞虚假的东西献给自己。对于提高写作能力来说，日记有作文不可代替的作用。作文所起的作用在很大程度上取决于教师的水平，如果教师水平低，指导失当，甚至会起坏作用。与写作文不同，在写日记时，你是自由的，可以只写自己感兴趣的东西，不用为你不感兴趣的题目绞尽脑汁。你还可以只按照自己满意的方式写，不用考虑是否合乎某个老师的要求或某种固定的规范。按照自己满意的方式写自己感兴趣的题材，这正是文学创作的主要特征，所以写日记是比写作文更接近于创作的。事实上，许多优秀作家的创作就是从写日记开始的，而且，如果他们想继续优秀，就必须在创作中始终保持写日记时的那种自由心态。

我说了这么多写日记的好处，那么，是不是一个人只要随便怎样写一点日记，就能得到这些好处呢？当然不是。依我看，要得到这些好处，必须遵守三个条件。一是坚持，尤其开始时每天都写，来不及就第二天补写，绝不偷懒，绝不姑息自己，这样才能形成习惯。二是认真，对触动了自己的事情和心情要仔细写，努力寻找确切的表达，绝不马虎，绝不敷衍自己，这样写出的日记才具有我在上面列举的这些价值。三是私密，基本上不给人看，这样在写日记时才能排除他人眼光的干扰，坦然面对自己，句句都写真心话。

写到这里，我不得不对天下的老师和家长们进一忠告，因为要遵守这第三个条件，必须有你们的理解和配合。你们一定要把日记和作文区别开来，语文老师当然可以布置学生写若干篇日记然后加以批改，但这样的日记实际上是作文，只不过其体裁是日记罢了。我现在提倡学生写的是名副其实的日记，这意味着老师和家长都必须尊重其私密性，如果不是孩子自愿，任何人不得查看。我不止一次听说这样的事情：有的孩子自发地写起私人日记来，家长和老师觉察后，便偷看或突击检查，一旦发现自以为不妥当的内容，就横加指责和羞辱。这是十足的愚蠢和野蛮，是对孩子正在生长的自由心灵和独立人格的摧残。我们应该把孩子的私人日记看作属于他们的一块不容侵犯的圣地，甚至克制我们的好奇心，鼓励孩子不给我们看。我们要相信，孩子的心灵隐私越是受到尊重，他们就越容易培养起真诚、自信、独立思考等品质，他们在精神上就越能够健康地成长。不必担心因此会互相隔膜，实际上，唯有在平等和尊重的氛围中，我们和孩子之间才可能产生实质性的交流。也无须靠检查日记来了解学生的语文水平，学生写日记是否认真，有无收获，必定会在作文中体现出来，而被有慧眼的教师看到。

2003 年 7 月

人文精神与教育

教育的目标是实现人的价值

我今天的讲演题目是《人文精神与教育》，因为在座的都是大学生和研究生，面对同学们，我想从人文精神的角度着重谈一谈我对教育的理解。

同学们一路拼搏，终于进了大学，当然都是抱有一定的目的的。究竟要达到什么目的呢？为什么要上大学？想从大学得到什么？可能许多同学最主要的目的是要拿到文凭，有比较高的学历，当然也要学到一点知识，这些都是谋职的资本，然后能够找到一个好的工作。抱着这样的目的，我觉得无可非议，但还远远不够。如果只有这一个目的，你就仅仅是受了职业培训，不能算是真正受了大学教育。如果大学仅仅做到这一点，大学也只是起了一个职业培训场所的作用，不能算是真正的大学。但是，这正是我们今天大学的现状。我认为中国教育现在的一个严重问题就是太急功近利，大学基本上成了职业培训场，这当然不是学生的问题，而是体制的问题，这种体制使大学变成了职业培训场，迫使学生也把职业培训当成了上学的主要目的甚至唯一目的。那么，怎样的教育才是合格的教育呢？我认为这就要从人文精神来谈了。

现在许多人在谈教育的理念、大学的理念，在我看来，这个理念应该就是人文精神。人文精神是教育的灵魂，它决定了教育的使命、目标和标准，没有人文精神，教育就没有灵魂，就是徒有其表的教育。当今教育的种种问题，归结为一点，实际上就是人文精神的失落，而且失落得相当全面。

什么是人文精神呢？我理解的人文精神，简单地说，就是现在人们经常说的“以人为本”。也就是说，要把人放在最重要的位置上，要尊重人的价值。具体到教育上，就是要把人身上的那些最宝贵的价值通过教育实现出来，一种合格的教育就应该是把学生身上那些人之为人的价值放在最重要的位置上的，应该是能够让学生把这些价值实现出来的。教育就是育人，就是要把学生培育成真正的人，亦即人的宝贵禀赋都得到发展的人，而不是仅仅能够满足社会上、市场上某种需要的人。简要地说，人文精神的核心是尊重人之为人的价值。与此相应，教育的根本使命就是要实现人之为人的价值。

那么，人身上到底有哪些价值是最宝贵的，是人文精神所尊重的，因而是教育应该促进它们实现的呢？我认为人身有三样东西是最宝贵的：第一个是生命，生命对于每个人来说都是最宝贵的，没有生命其他一切都谈不上；第二个是头脑，人是有理性能力的，有智力活动的；第三个是灵魂，人是有精神需要、精神追求、精神生活的。所以，与这三样东西相应，为了实现这三样最宝贵的东西的价值，我们就有相应的教育项目。现在与生命相应的教育是体育，我认为范围狭小了一点，应该扩大，成为生命教育。可惜“生命教育”这个词没有办法简称，简称就成了“生育”，比体育还狭窄，成了光教你生孩子了。针对头脑的教育，我们有智育，就是智力教育，这个词很准确，但我们现在的做法有问题，我下面再讲。相对于灵魂来说，我们有德育，就是道德教育，我觉得还不够，应该加上美育，也就是审美教育。德育和美育都是灵魂教育，如果说德育的目标是灵魂的高贵，那么美育的目标是灵魂的丰富。因此，我认为在学校里应该有这样四种教育，就是生命教育、智力教育、道德教育和审美教育。

1. 生命教育：实现生命的价值

首先谈一下生命教育。生命教育包括体育，但体育只是生命教育的一个部分。体育就是身体教育，以健康的身体为目标。如果一个人只是身体健康，体格强壮，却不懂得热爱生命，尊重生命，享受生命，那么，健康有什么意义？所以，我主张把体育扩展为生命教育，生命教育的目标是培育对生命的尊重。

生命是最基本的价值，我想这一点是毫无疑问的。人只有一次生命，这个生命是他一生中所有其他价值的基础。有一个学校开展生命教育，请我题词，我题了三句话：热爱生命是幸福之本；同情生命是道德之本；敬畏生命是信仰之本。一个人只有热爱生命，对生活充满兴趣，才有可能感到幸福。那种生命力乏弱的人，心如死灰的人，是不会有什么事情能让他开心的。同情生命是道德之本，这是中西哲学家的共同看法，人类的一切道德都发端于同情心，都建立在同情心的基础之上。对生命怀有敬畏之心，因为生命的奇妙而相信它有着神秘的来源，这是有信仰的人的共通感情。信仰的本质就是相信生命具有某种神圣的性质。无论你信基督教，信佛教，还是什么教也不信，如果你对生命的神秘性有一种领悟，你可能就是一个有信仰的人。

那么，怎样才算尊重生命呢？我想，一个是要珍惜自己的生命。现在学校里屡屡发生中学生、大学生、研究生自杀的事件，当然这里面有社会的原因，包括现行教育体制的问题，应试教育的压力，生存的压力，等等，但也有学生自己的原因，就是把生命看得太轻，一时想不开就结束了自己的生命。尊重生命还包括应该享受生命，上帝给了你唯一的一次生命，干吗不享受啊？从某种意义上说，享乐主义是正确的，活着时不行乐，以后就再没有机会了。生命本身所具有的欲望都不是罪过，禁欲主义是完全违背人性的。有健康的生命本能，能够感受到生命的乐趣，这是人生的强大动力。比如说恋爱，我觉得恋爱就是一种推动人向上的动力。我读初中时暗恋一个女生，使劲在她面前表现自己，为了让她佩服我，毕业时我报考上海最好的中学，就是上海中学，结果考上了。我上大学时，大学生是不准恋爱的，这真是没有道理。当然更不准发生性关系，这种事如果被发现，就必被开除学籍。现在大学生在这方面已经很自由了，不过太自由也有弊病，你可能沉湎在花前柳下，革命意志衰退。所以说我不反对及时行乐，关键是行怎样的乐。快乐有层次的高低，有些人往往沉湎于较低层次的快乐，从来不知道高层次的快乐是什么，真正的享受生命应该更注重高层次的快乐。另外我还想强调，尊重自己的生命，最重要的是要有对自己的生命的责任心，有意义地度过一生。

在尊重自己生命的同时，当然也要尊重他人的生命。刚才我说了，同情心是道德的开端和基础，一个没有同情心的人是不可能讲道德的。在现在社会上，同情心是越来越弱了，善良成了一种稀有品质，这是很可悲的。不但在社会上，而且在大学里，诸如杀人这样的恶性案件也越来越多，包括耸人听闻的马加爵杀人案，最近还发生了复旦学生虐杀流浪猫的事，表现出对生命的冷漠甚至残忍。

所以，我觉得，在学校里开展生命教育，把生命教育作为最基本的人生观教育，不但很有必要，而且十分迫切。如果学校里培养出的人不爱生命，没有人性，无异于是教育的最大失败。教育的第一目标，应该是使学生成为热爱人生的人，同时也是善良的人。生命教育如何开展，还需要好好研究，基本内容应该是引导学生善待自己的生命，由此推己及人，善待一切生命。这是我要说的第一个点，就是生命教育。

2. 智力教育：实现头脑的价值

第二点是智育，就是智力教育。智育是学校教育的主要任务，学生在学校里的大部分时间是在接受知识方面的教育，所以我对这个问题要着重谈一谈。

智育的目标是实现头脑的价值。现在对智育流行一种狭隘的理解，就是把它仅仅理解为知识的灌输，甚至归结为考试的分数，职业的技能。头脑的真正价值不在这里，你这样做只是把宝贵的头脑当成了一个容器，一个工具。智育的真正目标应该是让学生的智力得到健康生长，鼓励和培养他们对智力生活的爱好，使他们懂得享受智力生活的快乐。

在人的智力品质中，第一重要的品质是好奇心。人类所有智力活动的形式，比如哲学、科学，都是从好奇心开始的。好奇心是天生的，每个人在智力生长的一定阶段都会显现出来，实际上是一个人的理性觉醒的朕兆。从我的孩子身上，我就看到了这一点。在很小的时候，她就会问很多让人很意外的问题，问得最多的是五岁的时候，还没上小学，上小学后这样的提问就少一些了。所以我认为，从幼儿园到上小学，孩子的哲学水平是下降的（笑声），大约因为越来越接受老师给的现成答案了吧。你们听听她五岁时都问什么样的问题。有一段时间，她经常说我不想长大，又说要是没有时间该多好呀，我估计她是知道了人长大就会变老，她不愿意变老。那些天里，她就老问什么是时间，时间是怎么回事，我怎么跟她讲得清楚。但她自己在那里琢磨，有一天她说："我知道时间是怎么回事了，时间是一阵阵过去的，譬如说刚才我说的那句话，刚才还在，现在不在了，想找也找不回来了，这就是时间。"她知道时间一去不返的性质了。还有一回，她问妈妈："世界的外面是什么?"妈妈随口说："那还是世界吧。"她不满意这个回答，想了一会儿，就说："世界的外面是世界的下一曲。"她听CD，一曲完了还有下一曲，她用这个比方说明世界是无限向外延伸的。还有一回更神了，她问我："爸爸，在世界的另一个地方会不会有另一个我?"我一听就毛骨悚然，赶紧打岔说："可能吧，说不定你还会遇到她呢。"我是不想让她想这个问题，没想到她听了很生气，说："不会的!"然后转过脸对妈妈说："有一天，你老了以后，在世界的另一个地方又会生出一个人来，那个人跟你长得完全不一样，但她就是你。"她说的是轮回啊。（笑声，掌声）你们不要以为她是受了我的影响，实际上我非常小心，从来不向她谈这些大问题，这些问题都是在她头脑里自发产生的。有一本书的书名是《孩子都是哲学家》，我完全相信这个论断。你们为人父母之后，留意一下，肯定有一段时间孩子会提大量的这样的问题。现在大人对待孩子这样的提问一般是三种态度：一种是置之不理；一种是顶回去；还有一种是自以为聪明地给孩子一个简单的回答。这些做法都很粗暴，其实所有的哲学问题都是没有答案的，对待孩子这种提问的最好办法就是鼓励孩子继续想。我在这种情况下往往这样说：宝贝你提了一个特别好的问题，可是爸爸回答不出来，我们一起慢慢想。我觉得孩子的这种好奇心特别可贵，一定要鼓励和保护，绝不能挫伤它。

好奇心是非常可贵的，但也很容易被扼杀和磨灭掉。在我看来，好奇心有两个最大的敌人。一个是习惯，往往是随着年龄的增长，对一些事物见多了，习以为常了，就自以为懂了，其实哪里是懂了，不过是麻木了罢了！真要你讲出其中的道理，就讲不出来了。好奇心还有一个更大的敌人，就是功利心。出于好奇心提的问题大多是无用的，但是关系到人的灵魂，我们往往因为它们无用就认为它们没有什么意义，就把它们pass掉，这种功利心不知扼杀掉了多少好奇心！我觉得我们的教育就有这样一个问题，不光是教育，我们的文化都有这个特点，就是实用性，无论对什么事物，首先就问有没有用。我看过一个笑话，我觉得编得很有意思。在一个国际夏令营里，老师让孩子们讨论一个问题，题目是“世界粮食匮乏问题”，孩子们都不明白这个题目，但原因不同。美国孩子问：什么是世界？他太狂了，美国就是一切，不知道美国之外有世界。非洲孩子问：什么是粮食？他太穷了，没有见过粮食。欧洲孩子问：什么是匮乏？他太富了，不知道有匮乏这种事。中国孩子问什么呢？他问：什么是问题？这是讽刺中国孩子没有好奇心，我觉得基本上符合事实。

从好奇心这一点来看教育，在教育中，兴趣是非常重要的，是教育第一要保护和鼓励的东西。杜威说，兴趣是一个人的能力的可靠征兆。事实也是这样，你做什么事情特别感兴趣，那你肯定在这个方面是有天赋的。学习有没有成效，关键是有没有兴趣。一个人在学习和研究自己感兴趣的东西时，精神处在一个非常快乐的状态，他真正是在享受。享受什么？就是享受智力活动本身的快乐。在这个时候，心智的运用本身就是快乐，就成了最大的快乐源泉。这就是古希腊人所看重的智性的快乐。一个善于享受这种快乐的人，他的心智始终处于活泼状态，这样的人是最容易出成就的。事实上，对世界充满兴趣是天才的主要品质。人们常常说天才就是勤奋，并且以为勤奋就是死用功，其实完全不是这样，他是太喜欢他所做的事情了，欲罢不能，在旁人看来他就是很勤奋，其实他是在享受，但是你不知道！（笑声，掌声）所以，教育最重要的任务就是要培养和保护学生的兴趣。看一个学生的智力素质好不好，第一个尺度就是看他对事物有没有好奇心，对知识有没有兴趣。具体的兴趣点是可变的，在一段时间里，你也许对某个领域、某个问题更感兴趣，以后又转移到另一个领域和问题。但是，充满兴趣的状态是一贯的，享受智性快乐的状态是一贯的，只要你能保持这样的状态，要你不出成就也难。

智力品质的另一个要素是独立思考的能力。所谓独立思考的能力，就是对于任何理论、说法，你都要追问它的根据，在弄清它有无根据之前，你要存疑。笛卡儿所说的怀疑一切，意思就是对未经独立思考过的一切要存疑，这其实是思想者的必备品质。爱因斯坦把独立思考能力称作人的内在自由，并且认为教育的目标就在于培育这种内在的自由，而不在于灌输特定的知识，不在于培养专家。他说专家无非是训练有素的狗。（笑声）如果你仅仅在某个狭窄的领域里受过良好的训练，具备相关的专业知识，你当然可以算是一个专家，但用这个标准看，一条训练有素的狗也可以算是一个专家。拥有独立思考能力的人对一切知识处于支配的地位，训练有素的狗则被它所受到的训练所支配，这是二者的分界线。

那么，从独立思考的能力这一点看，具体到教育上，我认为就是要培养自主学习的能力。教育最重要的任务，第一是培养学生对知识的兴趣，第二是培养学生自主学习的能力。作为大学生，尤其是研究生，你必须有这个清醒的意识，千万不要把注意力放在学习死的知识上。你要学会自己安排自己的学习，知道自己要朝哪个方向钻研，应该看些什么书。自主学习是一切有成就的人的共同特点，他们都必定是具备这个能力的。举爱因斯坦为例，我认为他非常了不起，他不仅是一个大科学家，而且是一个哲学家、教育家，他对人类的智力品质和灵魂都有非常透彻的了解。在他去世前一个月，他的母校苏黎世理工大学百年庆典，请他写了一篇纪念文章。在这篇文章里，他没有吹捧母校而是批评母校，也批评整个教育制度。他说：从入学开始我就发现，按照学校的教育方式，我不可能成为好学生，因为成为好学生就意味着要认真听讲，要做很多作业，而我是不可能这样做的。所以，我当时就下定决心，满足于做一个中等成绩的学生，而把大量时间用于“以极大热忱在家里向理论物理学的大师们学习”。所以，爱因斯坦虽然上了大学，但实际上他是自学的。毕业后，他又拒绝了学校的留校邀请。他说：如果留校的话，我就不得不去写大量的论文，结果便是变得浅薄。他在一个专利局找了一份差事，做一个小公务员，干了七八年，用业余时间研究理论物理学，他自己说那是他一生中最富于创造性活动的时期，为此他感到极大幸福，他的相对论就是在这段时间产生的。

我相信，各个领域里的杰出人物都是这样的，他们的成才史都是向教育争自由的历史。作为一个学生，你无法改变现行的教育体制，但是你如果足够优秀，你就完全不必跟着这个体制走，你可以最大限度地保持对它的独立性。在我看来，一切教育归根到底都是自我教育，一切学习归根到底都是自学。我很赞成一句话：“学习就是学会学习。”你学会了学习，有了自主学习的能力，这是一笔终生财富，一辈子受用不尽。有成就的人都是终身自学者，不需要老师，永远在自学。英国哲学家怀特海说过一句话：什么是教育？教育就是把你在课堂上学的东西全部忘记了，把你为考试背的东西全部忘记了，那剩下的东西就是教育。如果你什么也没有剩下，就意味着你完全没有受过教育，白上了学。（笑声）那剩下的东西是什么呢？就是自主学习的能力。用怀特海的话来说，最重要的东西是智力活动的习惯和融入身心的原理，至于那些具体的知识，如果你不用，是很容易忘记的，如果你要用，又是随时可以查到的。大家不妨想一想，自己在学校里是不是把功夫都用在那种很容易忘记又随时可以查到的东西上了，如果是这样，就太亏了。怀特海主张，应该像一个无知的人那样思考。说得真是精辟，不管你已经拥有多少知识，都当它们不存在，你的头脑永远直接面对事物本身，这正是一个具有独立思考能力的人的基本状态。

关于智育，我还想强调一点，就是智力生活的非功利性。爱因斯坦说："欧洲的伟大传统是为了知识自身的价值尊重知识。"我们可以看到，这个传统从古希腊就开始了。毕达哥拉斯发现了勾股定理，为此举行百牛宴，杀了一百头牛来庆祝。在当时，发现了这个原理有什么用啊？任何物质上的好处都不可能有，他感觉到的完全是智力活动得到胜利的巨大喜悦。把心智的运用、知识的获得看作最大快乐，看作目的本身，这确实是欧洲的传统，马克思也不例外。马克思心目中的理想社会也就是共产主义社会是怎么样的？仅仅是物质的极大丰富吗？完全不是。那是一个自由王国，用他的话来说，这个自由王国是存在于物质生产领域的彼岸的。到那个时候，人的一切活动不是为了外在的目的，不是为了物质的生产，而是为了发展人的能力，人发展和享受自己的能力这本身就是目的。按照马克思的设想，那时候必要劳动时间缩短到了最低限度，整个社会只需要花很少时间就能够满足自身的物质需要了，剩下的绝大部分时间都是自由时间，这些时间用来搞什么呢？用来搞艺术、科学、哲学这些精神活动，人人都是这样，只为了自己喜欢，只做自己喜欢的事，这才是理想的共产主义社会。

物理学诺贝尔奖获得者丁肇中有一段话讲得非常好。在一次讲座时，有学生问他：丁教授，你现在的研究有什么经济价值？他回答说：我不知道。但是，诺贝尔物理学奖第一届和第二届分别奖给了电子和 X 光的发现者，这两项发明在当时都没有什么经济价值。同样，后来的量子力学和原子物理学在产生时都被认为是花钱最多而最没有经济效益的。他说：科学最重要的是兴趣，是为了满足好奇心，而不是为了名利，这个利也包括经济价值。我相信，不管哪个领域的大师，都一定有这样一种眼光和态度。智力活动本身就是快乐，就是人的高级属性的满足，你为什么非要把高级属性的满足落实到、实际上是降低为低级属性的满足即所谓有用呢？所谓有用，不就是吃好、穿好、住好嘛，不就是物质丰富一点嘛！人为什么只想去满足自己的低级属性，不肯去满足自己的高级属性呢？为什么要以低级属性的满足为标准来判断高级属性的价值呢？这不是颠倒了吗？

很多人问中国为什么出不了世界级的大师。虽然有获得诺贝尔物理学奖的中国人，但他们都是在国外受的教育，如果一直待在国内，恐怕就不会有这个成就。我觉得根本的原因就是我们太实用，什么东西都要问有没有用，这是我们传统文化的一个大弱点。一个民族如果尊重精神本身的价值，纯粹出于兴趣从事精神事业的人越多，那个民族就会成为肥沃的土壤，最容易出大师。所以，我认为，我们应该改变我们文化的实用性品格，形成一种全民族尊重精神价值的氛围，那样才会有希望。

总之，智育的目标应该是培养好奇心、纯粹的兴趣和非功利的探索精神，培养独立思考、自主学习和享受智性快乐的能力，这是智力教育的本义，而不仅仅是灌输知识，当然更不仅仅是培养职业技能。

3. 灵魂教育：实现灵魂的价值

我把灵魂与头脑、心灵生活与智力生活区别开来。人有一个头脑，这是可以看见的，而灵魂是看不见的，你问我灵魂在身体的哪个部位，我说不出来。但是，我认为灵魂与头脑是有区别的，人对美和爱的需要，对意义的需要，这些都不能用头脑来解释，我只能说来自灵魂。套用柏拉图对于知、情、意的分类，可以说头脑是知，也就是理性，灵魂是情和意，也就是情感和意志。情感是审美性质的，意志是道德性质的，与此相应，灵魂的教育可以相对地区分为美育和德育。美育的目标是造就丰富的灵魂，使人有丰富的情感体验和内心生活，德育的目标是造就高贵的灵魂，使人有崇高的精神追求，二者合起来，灵魂教育的目标就是心灵的健康生长，实现灵魂的价值。

谈到美育，现在许多家长好像很重视孩子的艺术教育，给孩子报各种班，学各种技能，弹钢琴呀，画画呀，但出发点极其功利，无非是为了孩子将来多一条路可走。这是很糟糕的，违背了美育的本义，结果只能是败坏孩子对艺术的感觉。艺术是最自由、最没有功利性的精神活动，掺杂进功利的考虑，就不是艺术了。美育也绝不限于学一点吹拉弹唱或者画画的技能，它的范围广泛得多，凡是能陶冶性情、丰富心灵的活动都是审美教育。我把美育归入灵魂教育，我认为这一点很重要，美育是对灵魂的教育，对心灵的教育，它的目标是灵魂的丰富，是体验美和爱的能力。

那么，怎样才能使灵魂丰富呢？欣赏艺术，欣赏大自然，情感的经历和体验，这些都很重要。除此之外，我提两点一般性的建议。一个是要养成过内心生活的习惯。上面谈智力教育时，我说人应该养成过智力生活的习惯，现在谈灵魂教育，就是要养成过心灵生活的习惯，优秀的人应该有这两种习惯。我们平时总是在和别人一起聊天、谈话、办事，但是人应该留一点时间给自己，什么事也别做，什么人也不见，和自己的灵魂在一起，这叫独处。静下来，想一想人生的问题，想一想自己的生活状况，想一想所经历的人和事。现在的世界太喧闹太浮躁了，人们都生活在表面，生活在外部世界里，我觉得这很可悲。这个时代大家都很看重交往的能力，这次我来四川，在北京机场的书店里看到一本书，书名叫《能说会道者赢》，我一看就感到别扭，能说会道也就是做一个推销员罢了，那算什么成功。我承认交往是一种能力，但独处是一种更重要的能力，缺乏这种能力是更大的缺陷。一个人不喜欢自己，和自己在一起就难受，这样的人肯定是没有内涵的，他对别人也不会有多大益处，他到别人那里去对别人只是一种打扰。（笑声）一些没有自己心灵生活的人在一起，他们之间的交往就无非是利益关系，就会互相争夺和打仗。

另一个建议是读书，读好书。不能光读专业书，还要读一些与专业无关的书，罗素所说的“无用的书”。文科有很好的条件，因为“有用的书”与

“无用的书”是统一的。一定要读好书。我比较爱读书，但还是有许多好书没有来得及读，也许永远来不及读了，这是特别大的遗憾。当你读了从古希腊以来的哲学人文经典，你会发现这是莫大的享受，如果没有读，你是遭受了多大的损失，可是正因为没有读，你还不知道自己遭受了这么大的损失。人类的精神宝库属于每一个人，向每一个人敞开着，你不走进去享受里面的珍宝，就等于你把自己的权利放弃了，那是何等可惜。

最后谈德育。我觉得对德育也一直有一种狭隘的理解，就是把它仅仅看成一些规范的灌输，比如集体主义、爱国主义、诚实、守纪律之类。智育限于知识，美育限于技能，德育限于规范，都是舍本求末。和美育一样，德育也应该是对灵魂的教育，目标是实现灵魂的价值。人的灵魂应该是丰富的，也应该是高贵的，前者是美育的目标，后者是德育的目标。

从人性看，道德有两个层次：一个是人的社会性层次，道德是维护社会秩序的手段；另一个是人的精神性层次，道德是灵魂的追求。这两个层次都不可缺少，但精神性的层次是更为根本的。康德说，人能够为自己的行为立法，就是说的这个层次的道德。人有超越于生物性的精神性，它是人身上的神性，意识到自己身上有这个神性部分，并且按照它的要求来行动，这是道德的本义。这个真正意义上的道德，它的基础是人身上的神性，是人的灵魂的高贵，它是真正自律的。如果没有这个基础，只在社会层面上谈道德，道德就仅仅是维护社会秩序和处理人际关系的手段，是一种功利性的东西，是他律。我们进行道德教育，应该从根本入手，使人们意识到人的灵魂的高贵，在行为中体现出这种高贵。什么是灵魂的高贵呢？就是有做人的尊严，有做人的原则，在任何情况下都不做亵渎人身上的神性的事。一个人为了满足物欲而百无禁忌，不择手段，只能说明他身上的神性已经泯灭，只剩了兽性，就已经不是人了。事实上，那些做出了道德沦丧之事的人，他们有一个共同之处，就是不知人的尊严为何物。

关于教育的目标，我就讲到这里。总的来说，我认为教育应该远离功利和实用，贯彻人文精神，教育的目标应该是培养健康、善良的生命，活泼、智慧的头脑，丰富、高贵的灵魂，如果这样，我们的教育就真正成功了。

教育机构的使命和今日教育的问题

1. 教育机构的使命

上面我从人文精神的角度讲了教育的目标，就是要把人身上那些最宝贵的价值实现出来。事实上，人身上这些最宝贵的东西，包括人的智力品质和心灵品质，在一定意义上都是人性中固有的。每一个人，从他出生以后，这些东西都已经以萌芽状态存在于他的身上了，有了合适的环境，它们就会生长。所以，我特别赞成卢梭提出的一个观点，就是教育即生长。教育不是强行把一些能力从外面放到人这个容器里面去，这些能力在人性中本来就已经存在了，教育只是提供一个良好的环境，让它们正常地生长。

我完全相信教育就是生长，这一点我在我女儿身上看得特别清楚。我女儿现在七岁，她四岁认字，五岁能看书，那时候还没有上学，这个过程我觉得特别有意思。每天晚上，她妈妈给她读一点诸如格林童话那样的经典童话书籍，她非常爱听。有一天，她问妈妈：书上都是字，故事在哪里？（笑声）我们没法跟她解释清楚。后来她逐渐识了一点字，识字的过程非常自然，她有时候看光盘，就会跟着声音看字幕，有时候妈妈带她出去，她就会问妈妈招牌上是什么字，这样一来她逐渐地、零零星星地认识了一些字。后来有一回，妈妈晚上给她念了一段故事，第二天发现她自己拿着故事书在念，其实大部分字她还不认识，但她养成了这个习惯，妈妈读的故事她第二天就自己去看，这样认识的字越来越多。有一天，她对妈妈说：妈妈，你不要给我念了，你念了我再读就没有意思了。你看，认字这个过程，需要我们去强迫她吗？根本不需要！其实每个孩子都有这样一种能力，但是如果你强迫他，他就会反感。通过这个事例，我真的看到人的很多能力是天生的，教育只是给它环境，让它生长出来。

对于卢梭提出的教育就是生长的观点，杜威做了进一步的阐发，他说："这意味着生长本身就是目的，并不是在生长的前头另外还有一个目的，比如说将来适应社会、谋求职业、做出成就之类。"我觉得杜威讲得非常到位。那些谋职之类的东西当然不是不要，但它们不是生长的目的，只要你生长得好，成为一个优秀的人，那些东西自然能够解决。所以，我们不应该用狭隘的功利尺度来衡量教育。用什么尺度衡量教育呢？应该用人性的尺度，看教育是否使学生的天性和与生俱来的能力得到了健康生长，包括同情心、好奇心、思考和感受的能力等。换一种说法，也可以说是人生的尺度，教育应该为幸福而有意义的人生打下良好的基础。怎样才算打好这个基础呢？非常简单，就是看受教育者现在的生活是不是幸福而有意义。用生长的眼光看，人生的每个阶段都有自身的价值，每个阶段的价值都应该得到实现。有一种流行的错误观点，就是把学生时代仅仅看作人生的一个准备阶段，它的全部价值似乎只是为将来走上社会做准备。我们今天的教育基本上是在这个错误观点的支配之下，以未来的名义无情地剥夺孩子们的童年和青春。卢梭说：为了某个不确定的未来而剥夺现在，这种做法是残酷的。依我看，这种做法其实也剥夺了未来，一个人在童年和青年时代过得不幸福，他的那个不确定的未来就凶多吉少了。另外，我觉得还应该用精神的尺度来衡量教育，大学要培养的是优秀的头脑和灵魂，在这个意义上就是精神贵族，不只是所谓有用人才，有知识的打工者。大学大学，大人之学，什么是“大人”？就是精神高贵的人，精神贵族。当然，我们也应该用社会的尺度衡量教育，但这个社会尺度应该是广阔的而不是狭隘的。罗素说：由本性优秀的男女组成的社会肯定是一个好社会。如果社会的成员都受过真正良好的教育，他们的本性和能力都得到健康的生长，那么，他们互相之间就必定能够较好地理解和欣赏，在这样一个社会里，人的高级属性就能够最大限度地得到尊重和发扬；相反，如果在学校里只是学一点知识和技能，学生一心想的是谋一个好职业，精神上贫乏而狭隘，那么，在他们走上社会之后，人与人之间就只有低水平的竞争，由这样的人组成的当然不是一个好社会。

从教育就是生长的观点看，教育机构和教育者的使命是什么？就是为生长提供最好的环境。所谓最好的环境，我认为有两个方面，一个是自由，一个是好老师。用植物的生长打比方，自由就是充足的阳光水分，教师就是园丁。

如果说内在禀赋的生长是内在自由的拓展，那么，教育就是要为这个生长提供外在的自由。外在自由的第一个含义是自由时间。在希腊文中，“学校”一词的意思就是闲暇。在希腊人看来，到学校上学就意味着从日常事务中摆脱出来，有充裕的闲暇，可以无所事事地体验和沉思了，正是在这样的无所事事之中，人的心智能力得到了生长。这次在成都，我发现成都人的日子过得很悠闲，闲暇时间很多，看来成都人的教育状况非常好。（笑声，掌声）不过搓麻将还是太多了一些，如果能匀一点时间给自己的头脑和灵魂就更好了。卢梭有一个谬论：最重要的教育原则是不要爱惜时间，要浪费时间。不过，他有他的道理，他说：误用光阴比虚掷光阴损失更大，教育错了的儿童比未受教育的儿童离智慧更远。今天我们许多家长和老师唯恐孩子虚度光阴，驱迫着他们做无穷的作业，不给他们留出一点儿玩耍的时间，自以为这就是尽了做家长和老师的责任。卢梭会问你：什么叫虚度？快乐不算什么吗？整天跑跑跳跳不算什么吗？如果满足天性的要求就算虚度，那就让他们虚度好了。仔细想一想，卢梭的话多么有道理，我们今日的所作所为其实正是在逼迫孩子们误用光阴。外在自由还有一个含义，就是思想和言论的自由，在学校里就是学术自由，学校要为学生的独立思考和自主学习提供一个宽松、宽容的环境。

最好的环境的另一个方面是好的教师。事实上，在学校里，教师构成了学生学习的最重要的环境。大学教育的核心问题是要有一批心灵崇高、头脑活跃的学者，通过他们去影响学生。林语堂曾经说，在牛津和剑桥，那些教授们是怎么教学生的？他们把学生叫来，一边抽着烟斗，一边天南海北地聊，学生被他们的烟和谈话熏着，就这么熏陶出来了。（笑声）教师当然要传授知识，但是更重要的是他们本身的素质所形成的一种氛围，这种氛围对学生有更本质的影响。什么叫好学校？一个大学有一批好教师，就是好大学；一个学科有一两个好教师，就是好专业。现在大家都说要创办一流大学，据我看，所谓一流大学就是有一流的教师，有好的体制把一流的教师吸引来，让他们充分发挥作用。你只是圈大地盘，盖大校舍，算什么一流大学！什么是名校？就是有一个懂教育、具慧眼的名校长，凝聚了一批人品和学问都好的名教授，带出了真正优秀的学生。比如说，人们津津乐道的蔡元培时期的北大，吴宓领导的清华国学院，好就好在这里。你只是靠名校的招牌录取考分高的学生，你的体制却是压制和排斥品学兼优的教师，让一些平庸功利之徒在那里折腾，算什么名校！素质好的学生到了你那里，也会被带坏，或者愤而退学。

总之，大学能够为学生提供的最好的东西，一个是自由宽松的环境，一个是品学兼优的教师，有了这两样东西，就不愁培养不出优秀的人才。优秀的人才是生长成的，不是训练成的。教育应该为生长提供充足的阳光，如果做不到呢，最低限度是不要挡住阳光。一个好的学生对于坏的教育可以说的话，就是哲学家狄欧根尼对亚历山大大帝说的那句话："不要挡住我的阳光。"

2. 今日教育的问题

用人文精神的眼光来衡量，我认为今日的教育有三大弊病。第一个是急功近利，市场支配大学教育，所谓"与市场接轨"，使大学成了职业培训场。怀特海说：在古代的学园里，哲学家们向弟子传授的是智慧，而在今天的大学里，卑微的目的是教授各种科目，这标志着教育的失败。这么来看，我们今天的教育就更失败了，因为我们的目的更加卑微，只是升学、就业甚至金钱。

当然，急功近利不只是教育的问题，而是整个社会的问题。现在市场上流行所谓励志类的书，据我看其中大量的是垃圾，它们的内容无非是两个，一个是教人怎样在名利场上拼搏、发财、出人头地，另一个是教人怎样精明地处理人际关系，讨上司或老板的欢心，在社会上吃得开。到机场、车站的书店去看看，摆在最醒目位置上的都是这类东西，还有就是所谓谋略类的书，经管类的书。什么"经营自我""人生策略""财富圣经"，光看这些书名就让人恶心，这样的书名本身就是堕落。自我是经营的对象吗？从古希腊开始，那些哲学大师们谈到自我是怎么谈的？是让人发现自我、认识自我，去认识自我的价值，去实现自我的价值。现在自我竟然成了一个经营的对象，要用它去赚钱，去谋一些表面的成功。"人生策略"，以前的哲学家是不谈人生策略的，他们谈的是人生意义、人生理想，现在却把人生当作一桩生意来做了。"圣经"本来是最高价值的象征，"财富圣经"的概念公然把财富抬到了最高价值的宝座上。据我所知，这样的书大多是那些层次极低的书商炮制的，他们瞄准现代人渴望成功的心理，出一些迎合这种心理的题目，用低廉的价格雇一帮写手来写，那些写手自己是极不成功的倒霉蛋，能教给你什么成功的诀窍吗？今年我遇到一个事，有两本书冒用我的名字出版，其中一本叫《纯粹的智慧》，内容也是这种乌七八糟的所谓励志，许多读者上当购买了。我希望大家擦亮眼睛，看见了千万不要买。不但不要买这种冒名的伪书，所有这类低俗的励志书都不要买，要以读这种书为耻，因为这证明你水平太低，口味太差。

我不反对励志，问题是励什么样的志。一个人可以为自己树立很多目标，但第一个目标应该是优秀，成功只是其次的目标，应该把成功看成是优秀的副产品。首先要让自己成为一个优秀的人，成了优秀的人，你可能成功，也可能在社会的意义上不太成功，但是不管怎么样，你的人生是有意义的。如果你是一个平庸的人，你最多只能得到渺小的成功，因为你始终只是在混日子，最多只是混得好一些罢了。平庸者只有职业，优秀者才有事业，一切伟大的成功者必定是优秀者。所以，你们一定要以优秀为目标，不要去在乎那些小成功，有大成功在等着你们。（掌声）

今日教育的第二个弊病是应试教育。对于应试教育的害处，大家谈论得很多了，素质教育的口号也喊了很久了，事实却是应试教育愈演愈烈，原因在哪里呢？我认为在高考，只要高考制度没有根本改变，素质教育就是一句空话。问题是高考的成绩不但决定了学生的命运，而且决定了学校、校长、教师的命运，就像教师们所说的：我们是挂在应试列车上的一节车厢，工资、奖金、职称、学校排名都与高考成绩挂钩。因此，必然的结果是，不应试就无法生存。

怀特海真是一位大教育家，在教育问题上有许多真知灼见，他早就指出：统一考试是灾难性的，必然会使所有被迫参加这种考试的学校包括校长和教员都受到束缚。他说的统一考试，是指那种考题不是由学生自己的老师设计，而是由某个机构设计的考试。西方国家没有全国统一的高考，只有较小范围内的统一考试，对此他也反对。统一考试的问题是统一命题，有标准答案，这就使它只能偏重死记硬背的知识而不是独立思考。统一考试在我们的高考中达到了空前的规模，它的危害也达到了顶点。为了对付高考，老师和学生都把掌握应试技巧看作最重要的事情，把精力放在大量猜题、做题上面，真正的智力教育完全遭到荒废。现在有所谓“高考能校”，对学生实行封闭式管理，像军营一样，学生从早上七点到晚上九、十点都在做题和背诵，一天学习十四个小时，两周休息一天。前不久我看到报道，辽宁有一所这样的学校，辽中县第一高中，每天上十五个小时的课，一个女生猝死在课堂上。高中生是最苦的，但初中生、小学生也好不了多少。你看现在的小学生，一年级就背起了沉重的书包，二、三年级就有大量家庭作业，做作业做到深夜。面对全民奔高考的逼人形势，许多家长心理上极其紧张，怕孩子跟不上，从小学起就给孩子报各种课外班，什么奥数、英语、语文等等。武汉有一个小学生每个周末上七个班，真是令人发指，上了媒体，其实上三四个班的很普遍。高考的威力甚至影响到幼儿园，有一句话叫作："不能让我们的孩子输在起跑线上"。可是，在我看来，这种态势恰恰一开始就已经是输局了。我们逼迫孩子们从幼儿园开始就投入可怕的竞争，从小学到大学一路走过去，为了拿到那张最后的文凭，不知道要经受多少作业和考试的折磨，为了如此渺小的一个目标牺牲了宝贵的童年和青春，这简直是全国性的野蛮和疯狂。我不禁要问：这还是教育吗？教育究竟要干什么？

我们现在的高考制度是二十世纪五十年代学苏联的产物，"文革"后恢复，一开始还不是这个样子的。现在成这个样子，原因很复杂，与现行教育体制的其他弊端有密切联系。我本人认为，唯一的出路是扩大高校的自主招生，最后的目标则是废除高考。有人担忧，现在教育腐败这么严重，如果让高校完全自主招生，岂不会加重腐败，加剧不公平。我的看法是，自主招生必须置于法律的监督下，做到程序合理和透明，而对自主招生中可能出现的营私舞弊行为，也完全可以用法律来对付。无论如何，我们不能让这个高考制度继续摧残一代又一代孩子的身心健康了，且不说它与现在的腐败脱不了干系，事实上它滋生了一整个靠高考牟利的腐败产业，即使废除了它会出现一些新的腐败，只要能制止今日这种全国性的野蛮和疯狂，我认为也是完全值得的。

今日教育的第三个弊病是腐败。腐败的根源，我认为主要有两个：一个是管理体制的高度行政化、官本位化；另一个是公益事业的产业化，把公立学校变成了盈利工具。在这个社会转型时期，无论哪个领域，只要权力与市场联手，就必然产生腐败。关于这个问题，我不准备多谈。我只想强调，教育腐败是最可怕也是最可恨的。教育直接关系到人的头脑和灵魂，原本是最需要人文精神的领域，现在竟然成了最没有人文精神的领域。老百姓最痛恨的腐败，一个是医疗腐败，一个就是教育腐败。在一切文明国家和时代，大学都是抵御社会腐败的堡垒，如果大学也腐败了，就真没有希望了。

我就讲到这里，有冒犯之处，请批评。

四川大学的现场交流

问：您曾经说您要做一个守望者，您觉得您做得如何？您认为知识分子的最高使命就是做一个守望者吗？

答：我不知道做守望者是不是知识分子的最高使命，但我认为知识分子不可缺少这个使命。当然，我也不认为这是知识分子的唯一使命。知识分子完全可以投入时代潮流，但你必须有跳出来的时候，有与这个时代潮流保持一段距离审察它的时候，没有距离是无法审察的。站在什么立场上审察呢？就是站在人类那些基本的精神价值的立场上，看时代潮流是否偏离了这些基本价值。我说的守望者，就是这个意思。至于我自己做得如何，我也不知道，但我一直在要求自己这样做。

问：您说过性遵循的是快乐原则，与道德无关。我同意前一句，不同意后一句。您怎么看？

答：作为一种生理行为，性的确是与道德无关的，我是在这个意义上说的。但是，实际的性行为总是发生在具体的人之间，会带进人与人之间的其他关系，这就可能涉及道德的问题。譬如说，你并不爱一个女孩，但为了使她愿意与你发生性关系，就谎称爱她，这就是不道德。在这里，不道德的不是性行为本身，而是欺骗行为。

问：和九十年代以前相比，现在这一代青年普遍缺乏社会责任心，您认为原因何在？

答：原因比较复杂，可能主要是两个，一个是八十年代末的前车之鉴，一个是九十年代以来市场化的全面推进。不过，我相信，青年毕竟是青年，终归是有热血、有理想的，是关心国家前途和人生意义的，今天这个场面就是证明。

问：学术著作往往艰涩难读，而您的著作都比较通俗易读，您是有意这样做的吗？

答：其实我现在的许多作品不能算学术著作，虽然也许可以算哲学著作。哲学著作和学术著作是两回事，哲学史上绝大多数名著都不是学术著作，而现在哲学界的许多学术著作没有多少哲学含量。即使是学术著作，我主张也应该尽量写得让人能够读懂。当然，有一些非常专业的东西，不是行内的专家就不可能懂，那么我很欣赏霍金的做法，他把自己的研究成果用比较通俗的语言重述一遍，使一般读者至少能够大致地了解。

问：您如何看待这个时代人文精神的失落？

答：我觉得人文精神并不是现在才失落的，在我们的传统文化中就比较缺乏，这个我已经谈到过了，就是我们一贯比较不重视精神本身的价值。现在的新问题是无序的市场经济，不过我寄希望于市场经济的发展，能够逐步形成秩序，推动法治社会的建立和完善。我相信，人文精神与法治社会之间存在着互相促进的关系。

（举行此讲座的时间地点：2005 年 3 月 27 日四川大学；2005 年 5 月 26 日中央财经大学；2006 年 3 月 2 日西南政法大学。正文部分根据四川大学录音带和备课提纲、参考西南政法大学录音稿整理。）

第八辑

道德的教育

这个世界会好吗？

这个世界会好吗？梁漱溟先生的父亲临终前有此一问，此问始终盘旋在梁先生的心头。二十多年前，他对人性有信心，回答是乐观的。那是 1988 年，我们在那个时候也是乐观的。可是，经历了 1989 年后的变化，今天选择乐观回答的人恐怕很少了。原因很多，其中之一是当今国人的道德状况令人沮丧，上面腐败盛行，下面人心冷漠，使人们对人性失去了信心。

人性真的变了吗？我的看法是：第一，基本人性不会变，不要说二十几年，几千年来也没有什么变化；第二，道德的基础在人性中，道德出问题不是因为人性变了，而是因为背离了人性。

当然，什么是人性，这是永远争不清的问题。我认为比较靠谱的一个说法是，作为生命，人有利己的本能，但也能推己及人理解别人的相同本能，在利己的时候不去损人，乃至于能去助人。这就是同情心，而同情心是道德的重要基础。所以，一个社会要有好的道德状况，关键在于建立好的法律秩序，给利己划定界限，这个界限就是不可损人。恕我无知，我很简单地把法治的实质归结为一句话，就是保护利己、惩罚损人。这样营造一个人人有安全感的环境，在这样的环境中，同情心最容易生长。

柏拉图曾经借格老孔之口讲过一个故事。有一个牧羊人捡到了一枚宝石戒指，可以使他隐身，他就靠隐身术勾引了王后，杀掉了国王，霸占了王国。格老孔得出结论说，如果能够为所欲为而不受法律的惩罚，世界上就不会有正义的人了。完全可以想象，如果人人有隐身术，天下必定大乱。即使一小部分人有隐身术，可以为所欲为而不受惩罚，也会使没有隐身术的大部分人毫无安全感，自身尚且难保，哪里还有心气同情和帮助他人。其实这就是我们今天的现实，而法治就是让任何人都不能有隐身术。

对人性还可以有另一层面的分析，就是人不只是生命，更是精神性的存在，而这才是人的本质。精神性相当于人身上的神性，是人之为人的尊严之所在，不可亵渎，而做人的尊严就是道德的另一个重要基础。这样来看道德，实际上已经是信仰了，因为信仰的实质就是相信人的精神实质，不管把这个本质叫作理性、心还是灵魂。

一个社会的道德状况如何，不是孤立的现象，取决于社会的整体状况能否把人性中的道德基础开发出来。最重要的东西是两个，一个是法治，一个是信仰。道德无非靠他律和自律，法治增强了他律的力量，信仰提高了自律的觉悟。道德好比一个淑女，她的力量太单薄，需要法治做她的卫士；她的觉悟不够高，需要信仰做她的教师。那么，在今日的中国，法治和信仰二者都欠缺，道德状况怎么好得了呢？

根据我对道德的人性基础的理解，我一直认为，最重要的道德品质是两个：一是善良，即有同情心；二是高贵，即有做人的尊严。可是，看一看我们的道德教育，从中小学的德育课到社会上的道德宣传，有多少这样的内容？大多是意识形态的灌输。这样的道德教育使人对道德的根本毫无概念，更坏的结果作用是导致虚伪，大家都说着自己不相信的话，好人人格分裂，坏人要两面派，使道德状况更加恶化。

我仍然对人性有信心，这个世界会好的。但是，为了让世界好起来，我们必须做艰巨的工作，包括实现法治，鼓励真正意义上的信仰，也包括回到人性来进行道德教育。

（本文为 2013 年 3 月 28 日在凤凰视频中国思想雅集的发言）

道德的根本

前言

道德问题是人生哲学的重大主题。在中西哲学中，从源头上看，道德问题的探究都占据了重要的位置。在中国，孔子创立的儒家哲学基本上就是一种道德哲学。在西方，苏格拉底探究的主要问题是什么是善，也就是什么是好的生活，正当的生活，道德的生活。人不但要过幸福的生活、让自己满意的生活，人还应该过正当的生活，作为人来说应该过的生活，配得上“人”这个称号的生活。所谓道德，就是真正作为一个人，作为一个大写的“人”生活在这个世界上。

探究道德问题，不能局限在规范上，停留在规范上，比如说五讲四美、遵守纪律之类；也不应该与意识形态相混淆，我们是有这个毛病的，往往一讲道德教育，就是爱国主义啊，集体主义啊，这些东西严格地说来不属于道德范畴，而是属于意识形态范畴。这些东西当然也可以谈，但至少没有触及道德的根本。真正谈道德问题，我觉得应该从根上去谈，就是道德在人性中的基础究竟是什么，一个人怎样才是配得上“人”这个称号的，一个社会怎样才是适合于人真正作为“人”生活的。

我一直强调，人身上有两个东西是最宝贵的，一是生命，二是灵魂。我讲幸福问题抓住的是这两个东西，得出的结论是幸福就在于生命的单纯和灵魂的丰富。现在我讲道德问题，抓住的也是这两个东西，道德的基础也是在这两个东西里面。作为生命，人对其他生命应该有、按理说也确实会有同情心。那么，这个同情心就是道德的一个基础。所谓同情心，无非是指人和人之间互相都把对方当作生命来对待，这是生命与生命之间应该有的情感。作为灵魂，人是有尊严的，应该尊重自己也尊重他人。那么，这个尊严感就是道德的另一个基础。所谓尊严感，无非是指人和人之间互相都把对方当作灵魂来对待，这是灵魂与灵魂之间应该有的态度。

在西方哲学中，哲学家们正是从这两个方面来论述道德的基础的。大体来说，英国哲学家比较强调同情心，德国哲学家比较强调尊严感。我本人觉得两者都对，可以把它们结合起来，不妨说同情心是道德的初级基础，尊严感是道德的高级基础。有同情心，作为生命对别的生命有同情的感应，就是善良；有尊严感，意识到并且在行为中体现出做人的尊严，就是高贵。所以，最重要的道德品质是善良和高贵。

我们谈论道德，理应从人性出发，抓住生命和灵魂这两个最重要的东西，抓住人性的这两头，生命是人性的地基，灵魂是人性的上层建筑，不能光从中间的社会层面来谈。中国的儒家，虽然也有这两方面的谈论，比如孟子讲的恻隐之心就是同情心，荀子讲的人因为有“义”所以“最为天下贵”接近于灵魂的尊严，但是，总的来说，儒家传统太看重社会这个层面了，主流是从维护宗法社会的秩序来谈道德问题。其实，一个社会，只有其成员生命的质量高、灵魂的质量高，社会整体的质量才会高。社会是干什么用的？我说社会应该是为生命和灵魂服务的。一个好的社会秩序，应该保护生命的权利和灵魂的自由，让二者得到很好的生长，这两头有好的状态，当中那个社会层面就自然会有好的状态。如果只顾社会的稳定，为此牺牲生命和灵魂，这个社会就一定有问题。生命的同情，灵魂的尊严，这两条是道德的根本，有了这两条，那些具体的道德规范就能纲举目张，很自然的事情，用不着你去盯着，道德本来就应该是一种自律。

道德的基础之一：同情心

1. 同情心是道德的初级基础

在中西哲学家中，都有人主张同情心是道德的基础，我觉得比较有代表性的，在中国是孟子，在西方是亚当·斯密。

孟子说，人都有“恻隐之心”“不忍人之心”，就是看到别人在痛苦，你会感到难受，其实他说的就是同情心。他说这个东西是“仁之端”，是道德的开端。如果没有这个东西呢，就“非人也”，就不是人，人和禽兽的区别是从有没有同情心开始的。

亚当·斯密，他是英国古典经济学家，也是一个哲学家。他一生写了两本大书：一本是《国富论》，是市场经济理论的奠基之作；另一本是《道德情操论》，就是谈道德问题的。他是怎么谈的呢？他是立足于人性来分析的。他说，从人性来说，人有两个方面。一方面，作为生命的个体，人都是利己的，是趋利避害的，对生命有利的就追求，对生命有害的就逃避，这是生命的本能。但是，另一方面，人还能将心比心，推己及人。你是利己的，别人也是利己的，你爱自己的生命，别人也爱自己的生命，你能够推己及人，通过自己的感受去体会别人的感受，这就是同情心。同情心比利己心可能弱一些，但也很强烈，可以说是生命的第二本能。这个同情心就是道德的根源，在同情心的基础上形成了社会的两种最基本的道德，即正义和仁慈，而人类所有其他的道德都是从这两种基本道德派生出来的，因此归根到底也都是从同情心发端的。

正义，简单地说就是不能损害别人，不能侵犯别人，不能给别人造成痛苦。你自己觉得有害的东西，你不要强加到别人头上，用孔子的话来说，就是“己所不欲，勿施于人”。你看到有人在做损害他人的事情，你要反对，要站出来主持公道，要尽你的力量去制止，从社会来说则要通过法律予以惩罚。这就是正义。

另外一种基本的道德是仁慈。如果说正义是不损人，仁慈就是不但不可损人，还要助人。看到别人有困难、有痛苦，你要去帮助他，要帮助弱者，帮助遭受苦难的人。你觉得好的东西，作为人应该享受到的东西，也要让别人享受到，用孔子的话来说，就是“己欲立而立人，己欲达而达人”。

一般来说，正义被称为消极道德，是不做坏事并且与坏事做斗争，仁慈被称为积极道德，是要做好事。对于一个社会来说，这两种道德都很重要，而它们都是建立在同情心基础上的，都是将心比心的结果。

我本人认为，同情心又是建立在珍惜生命的觉悟的基础上的。生命是最基本的价值，是人生其他一切价值的基础。每个人都只有一条命，都爱自己这唯一的生命，那么，当你看别人的时候，你要看到别人也只有一条命，也是爱自己这唯一的生命的。你要用你对自己生命的这种感觉去将心比心，推己及人，去体会别人的同样感觉。所以，同情心的前提是对生命要有一种敏感，真正把自己当生命对待，这样才可能也把别人当生命对待。人与人之间作为生命和生命互相对待，珍惜自己的生命也珍惜每一个他人的生命，这就是同情心。如果生命感麻痹，同情心也一定麻痹。

我觉得现在这个问题是存在的。当我们在社会上奋斗的时候，我们常常会忘记自己是一个生命，常常会把那些后来附加在生命上的东西，那些身份、地位、财产、权力等当成了自己，总是为这些东西活着。那么人和人之间势必也是这样，你都没有把自己看作一个生命，怎么可能把别人看作一个生命呢？结果，人和人之间往往是身份和身份的比较，利益和利益的较量，同情心就没有了立足之地。这非常可悲。所以，必须回到本原——每个人都是一个生命。你是一个生命，别人也是一个生命，要有这种强烈的生命意识，才会有同情心。

2. 做一个善良的人

人作为生命，作为能够意识到生命的珍贵的一种生命，同情心是人性中的一个基本成分，是道德的一个重要基础。一个有同情心的人，也就是一个善良的人。所以我认为，善良是做人的基本品质，是最基本的道德品质。看一个人的好坏，我第一就看他对生命的态度，看他面对生命现象是否感动。比如说，面对幼儿或者小动物，有的人不由自主地喜欢，有的人却无动于衷，我觉得是很能反映这个人的人性的。是不是善良，这是区分好人与坏人的最初界限，也是最后界限。一个人如果不善良，你就别跟我谈道德，你是虚伪的，什么爱国主义啊，什么集体主义啊，与道德都不搭界。你首先要善良，你有基本的善良，才配谈道德。

作为个人，你必须善良，才算是一个人。一个人不善良，没有同情心，就什么坏事都会做，还真不能算是一个人。善良、同情心是道德的底线，按照孟子的说法，是人与禽兽区别的开端，人和禽兽的区别就这么一点点东西，要把它发扬光大，如果泯灭了，人就成了“非人”，人沦为禽兽就是从同情心的麻木、死灭开始的。

在我看来，一个人如果不善良，没有同情心，对生命冷漠、冷酷，其实连禽兽也不如，比禽兽坏得多。那些猛兽，你站在弱小动物或者站在没有防护的人的立场上可以说它们残暴，但它们的残暴仅仅是一种本能，仅仅是为了满足生存的需要，不会超出这个生存需要的范围。但人不一样，人残酷起来没有边儿，什么坏事都能干，完全不是为了生存，和生存毫无关系，哪样的坏事也会干。人会以残酷为乐，从残酷中得到快乐，而且可以把人特有的精神能力，把智力、想象力都用在这上面。人的这种残酷的能力要远远超过动物，动物不会有法西斯，不会有恐怖主义，不会有形形色色的酷刑，只有人类才会有。

如果说个人没有同情心就不是人，那么，一个社会，如果普遍没有同情心，善良成为稀缺品质，那就不是人待的地方。生活在这样的社会里，没有安全感，没有温暖，没有幸福。一个好的社会，起码的条件是它的成员普遍有同情心，善良是占主导地位的品质。现在这个问题比较严重，从社会现状看，伪劣食品、假药泛滥，矿难、公共安全事故频繁，野蛮执法、见死不救的事件触目惊心，种种现象让人感到善良缺失，对生命的冷漠、冷酷比比皆是。我认为，除了从个人的生命觉悟找原因外，更应该从社会的角度反思，根本的原因是法治秩序没有真正建立起来，对残害生命的行为不能有效地防止和惩罚，相反，善良的人往往处于弱势，甚至因为善良而招祸。在这样的环境中，同情心得不到鼓励和保护，使得人们不敢善良。所以，从社会的角度讲，唯有健全法治，扬善惩恶，才能形成良好的道德氛围。

道德的基础之二：做人的尊严

1. 道德的高级基础：做人的尊严

在西方哲学史上，还有一些哲学家强调，人是有灵魂的，而作为有灵魂的存在，做人是有尊严的，这个做人的尊严是道德的基础。主张这样一个观点的，古希腊从苏格拉底开始，近代主要是康德这一派德国哲学家。我本人认为，这一派的观点与主张同情心是基础并非不相容的，因为人性本来就包含两个层次，一是生命，二是精神性，二者都可以是道德的基础，从二者谈道德都是言之成理的。

人不仅仅是一个生命的存在，而且是一个精神性的存在，这是人比动物高级的地方，是人之为人的特点。作为精神性的存在，人不但要活，而且要活得有意义，有对超出生存之上的意义的追求。所谓灵魂，就是指这样一种超越性，要超越生存，追求比生存更高的意义。在一定意义上可以说，这是人身上的神性。人的高贵在于灵魂，人不可以亵渎自己身上的这个神性，要有做人的尊严。和基于生命的同情心相比，这个基于灵魂的尊严感确实是道德的更高基础。

关于人的尊严，康德有一个经典表述，他说："人是目的，在任何情况下不可以把人用作手段。"这句话什么意思呢？康德说，人有两个方面，一个是身体，身体是物质的东西，人作为身体是属于现象世界的，受自然规律支配，是不自由的。但是人还有另一方面，就是灵魂，灵魂是超越物质的，人作为灵魂是属于本体世界的，因而是自由的。怎么证明人是自由的呢？康德说，证据就是道德，道德证明了人能够支配自己的行为，能够为自己的行为立法，证明了人是自由的。人的身体受自然规律支配，要趋利避害，是利己的，但是，人不仅仅是受本能的支配做事情，当人按照道德做事情的时候，人其实站得比本能高，超越了本能，做应当做的事。这时候，他是在用一个高于自然规律的法则指导自己，这个法则有时候甚至是对抗自然规律的，不但不利己，而且损害自己，牺牲自己。这是一个至高无上的法则，它不是自然界规定的，必定另有崇高的来源、神圣的来源。那么，康德说的人是目的，就是指这个作为灵魂的人，作为精神性存在的人，作为本体世界的人，这是人的真正本质之所在，人身上的这个最高贵的部分、神圣的部分是目的，永远不可以把它用作手段。

按我的体会，康德说的意思就是要把人当人，当那个大写的"人"，对自己、对别人都应该这样。从对自己来说，你要清楚，你是一个精神性的存在，你是有灵魂的，你的肉体的存在只是手段，精神性的存在才是目的。肉体要为灵魂服务，使灵魂的生活更有品质，不能颠倒过来，灵魂为肉体服务，为了肉体过得好什么坏事都干。如果为了满足肉体的欲望，为了物质的利益，不要道德，不要人格，什么坏事都干，那样的话，你实际上就是把自己身上那个高级部分当作为低级部分服务的手段了，你丢掉了那个使你成其为人的东西了。从对他人来说，道理也相同，你要把每一个人都当作是一个灵魂，是有尊严的，不可把任何人当作满足你的私欲的手段。

如果说同情是人和人之间互相作为生命对待，那么，尊严就是人和人之间互相作为灵魂对待。尊严体现在自尊和尊重他人，自尊是把自己当作灵魂，尊重他人是把他人当作灵魂，与同情相比，尊严在道德上提出了更高的要求。只有同情是不够的，比如说，按照同情的要求，你认为好的东西，应该将心比心，让别人也享受到。从生活基本需要譬如温饱来说，这是对的。但是，涉及生活方式、精神趣味、政治观点等，就不能这样了，己之所欲也不应该强施于人，你必须尊重他人的选择。这就属于尊严的范畴了。有的哲学家，例如尼采，很反对同情的道德，理由就是同情会侵犯他人的尊严。我的看法是，两种道德都需要，各有其领域，在涉及生命的事情上要讲同情，在涉及灵魂的事情上要讲尊重。

事实上，现在社会上很多人是没有做人的尊严感的，所谓道德滑坡、道德沦丧，尊严观念的缺乏是一个重要根源，道德上的很多问题可以从这里找到答案。反省我们的文化传统，我觉得缺两个东西，一个是对个体生命价值的尊重，一个是对个人灵魂的尊重，而这两个东西恰恰是普世道德的两个最重要的基础。这个问题我就不多说了。当然，问题的解决还是要靠法治，建立健全的法治秩序，让那些没有同情心、没有尊严感的人受到孤立，触犯法律的受到惩罚，这是必由之路。

2. 做一个高贵的人

做人不但要善良，而且要高贵。善良是有同情心，高贵就是意识到做人的尊严，并且在行为中体现出做人的尊严。我认为最重要的道德品质是善良和高贵，一个心地善良、灵魂高贵的人，就是一个完整意义上的有道德的人。

灵魂高贵者的特点是自尊和尊重他人，而且正是在对他人的尊重中，最真实自然地体现出了他的自尊。自尊绝非唯我独尊，恰恰相反，高贵的人待人一定是平等的，他在自己身上体会到了做人的尊严，因此很自然地把别人也看成有尊严的人。他把自己当人看，所以也把别人当人看。那些不把别人当人的人，暴露出的正是也没有把自己当人。

高贵曾经是人类一个特别重要的价值，古希腊人和古罗马人都讲高贵。欧洲长期的贵族制度当然有种种弊病，但也有功劳，就是培育了高贵的仪态和风度。法国大革命时期，国王路易十六和王后都上了断头台，王后在上断头台的那一刻，不小心踩了刽子手的脚，她留下的最后一句话是一声优雅的道歉："对不起，先生。"不管人们对她生前的行为有怎样的非议，我们看到，她在临死前证明了做人的尊严。

我们现在很少说高贵这个词了，或者滥用这个词，在房地产广告上用得最多，好像住豪华别墅就是高贵，就是至尊。当然，这是伪高贵。人的高贵在于灵魂，在于尊敬和发扬自己身上的神性。那些精神性薄弱的人，灵魂没有被光照亮的人，他没有内在的东西，就必定把外在的东西看得很重，就会用财产、权力、地位为自己估价，也为他人估价，以为这些东西就代表高贵。一个流行的说法，身价多少万、多少亿，觉得很了不起，庸俗到了极点，也可笑到了极点。尊严无价，只有无尊严者才会用金钱、用物质的东西为自己定价。

今天有很多人真是不把尊严当回事，为了金钱、权力出卖自己的尊严，又依仗金钱、权力凌辱他人的尊严。一个人有没有做人的尊严，是处处都能体现出来的。开一辆宝马，就觉得自己非常了不起，横冲直撞，飙车，如入无人之境，把人撞伤撞死。我觉得开车特别能显示一个人的品德，你是不是尊重行人，是不是尊重别的开车的人，发生剐蹭时你的态度，可以清楚地看到你的人品和教养。比如说下雨的时候，我在路上走，路很窄，路上有积水，这个时候我就注意观察。有的车经过你身边的时候，就放慢速度，生怕把积水溅到你身上，这时候我就对自己说，车里坐着一个有灵魂的人；有的车开足马力驶过去了，溅你一身水，这时候我就对自己说，车里面坐着一个没有灵魂的家伙。他目中无人，不把你当人，也就是不把自己当人，此时此刻他就的确不是人，他对别人身上和自己身上的那个"人"毫无概念。

我认为"精神贵族"是一个褒义词，人应该做精神贵族，做灵魂高贵的人。灵魂、精神属性本来就是人身上最高贵的部分，你要让它在你身上也高贵，不能让它蒙羞。即使你在社会上是一个平凡的人，但做人有尊严，你就是上帝喜欢的人，换一种说法，你的人生是成功的，如果有一个最高评判者，他会把你归到优秀者的阵营；相反，即使你在社会上多么吃得开，但做人很下作，你就只是一个有权有势有钱的精神贱民，你的人生是失败的，上帝算总账的时候会把你打入另册。

从幸福观的角度看，做人做得好是人生的最高幸福。这一点，尤其是完善主义那一派所强调的。苏格拉底把照料灵魂视为人生的主要使命，认为德行就是幸福，意识到自己一生过正义生活的人是最幸福的。儒家也有类似看法，把立德视为人生的最高境界，认为一个人的道德修养本身就有自足的价值，是幸福感的源泉。当然，基督教就更强调灵魂的修炼了。《约翰福音》里说：光明来到人世，人们宁爱黑暗不爱光明，这本身即是审判。也就是说，拒绝光明，灵魂始终在黑暗中，一生未尝享受过做人的快乐，这本身就已经是最严重的惩罚了。那么相反，灵魂被照亮，做一个有道德、有信仰的人，这本身就是奖赏，就是幸福。

其实，当我们把道德建立在做人的尊严基础之上，就已经进入信仰的领域了，这个道德本身就具有信仰的性质了。什么是信仰？无非是相信人身上是有神性的，不可亵渎它，要有做人的尊严；或者按照佛教的说法，人身上是有佛性的，不可埋没它，要有做人的觉悟。无论什么宗教，最后都落脚到开发内心的光明，在这个基础上处世做人，殊途而同归。

（在 2010 年以来以《哲学与人生》为题的讲座中，皆包含关于道德的内容，本文把这部分内容独立出来，单独整理成篇。）

第一重要的是做人

人活世上，除吃睡之外，不外乎做事情和与人交往，它们构成了生活的主要内容。做事情，包括为谋生需要而做的，即所谓本职业务，也包括出于兴趣、爱好、志向、野心、使命感等而做的，即所谓事业。与人交往，包括同事、邻里、朋友关系以及一般所谓的公共关系，也包括由性和血缘所联结的爱情、婚姻、家庭等关系。这两者都是人的看得见的行为，并且都有一个是否成功的问题，而其成功与否也都是看得见的。如果你在这两方面都顺利，譬如说，一方面事业兴旺，功成名就；另一方面婚姻美满，朋友众多，就可以说你在社会上是成功的，甚至可以说你的生活是幸福的。在别人眼里，你便是一个令人羡慕的幸运儿。如果相反，你在自己和别人心目中就都会是一个倒霉蛋。这么说来，做事和交人的成功似乎应该是衡量生活质量的主要标准了。

然而，在看得见的行为之外，还有一种看不见的东西，依我之见，那是比做事和交人更重要的，是人生第一重要的东西，这就是做人。当然，实际上做人并不是做事和交人之外的一个独立的行为，而是蕴含在两者之中的，是透过做事和交人体现出来的一种总体的生活态度。

就做人与做事的关系来说，做人主要并不表现于做的什么事和做了多少事，例如是做学问还是做生意，学问或者生意做得多大，而是表现在做事的方式和态度上。一个人无论做学问还是做生意，无论做得大还是做得小，他做人都可能做得很好，也都可能做得很坏，关键就看他是怎么做事的。学界有些人很贬薄别人下海经商，而因为自己仍在做学问就摆出一副大义凛然的气势。其实呢，无论商人还是学者中都有君子，也都有小人，实在不可一概而论。有些所谓的学者，在学术上没有自己真正的追求和建树，一味赶时髦，抢风头，唯利是图，骨子里比一般商人更是一个市侩。

从一个人如何与人交往，尤能见出他的做人。这倒不在于人缘好不好、朋友多不多，各种人际关系是否和睦。人缘好可能是因为性格随和，也可能是因为做人圆滑，本身不能说明问题。在与人交往上，孔子最强调一个“信”字，我认为是对的。待人是否诚实无欺，最能反映一个人的人品是否光明磊落。一个人哪怕朋友遍天下，只要他对其中一个朋友有背信弃义的行径，我们就有充分的理由怀疑他是否真爱朋友，因为一旦他认为必要，他同样会背叛其他的朋友。“与朋友交而不信”，只能得逞一时之私欲，却是做人的大失败。

做事和交人是否顺利，包括地位、财产、名声方面的遭际，也包括爱情、婚姻、家庭方面的遭际，往往受制于外在的因素，非自己所能支配，所以不应该成为人生的主要目标。一个人当然不应该把非自己所能支配的东西当作人生的主要目标。一个人真正能支配的唯有对这一切外在遭际的态度，简言之，就是如何做人。人生在世最重要的事情不是幸福或不幸，而是不论幸福还是不幸都保持做人的正直和尊严。我确实认为，做人比事业和爱情都更重要。不管你在名利场和情场上多么春风得意，如果你做人失败了，你的人生就在总体上失败了。最重要的不是在世人心目中占据什么位置，和谁一起过日子，而是你自己究竟是一个什么样的人。

1996 年 10 月